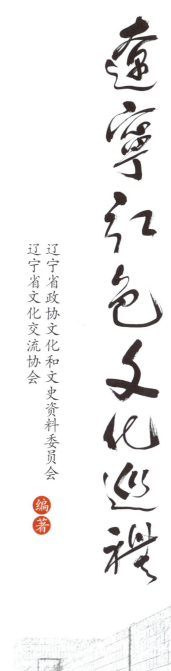

辽宁红色文化巡礼

辽宁省政协文化和文史资料委员会
辽宁省文化交流协会 编著

辽宁人民出版社

图书在版编目（CIP）数据

辽宁红色文化巡礼 / 辽宁省政协文化和文史资料委员会，辽宁省文化交流协会编著. -- 沈阳：辽宁人民出版社，2024. 11. -- ISBN 978-7-205-11428-2

Ⅰ. K293.1

中国国家版本馆CIP数据核字第2024P66K89号

出版发行：辽宁人民出版社

    地址：沈阳市和平区十一纬路25号 邮编：110003

    电话：024-23284325（邮 购） 024-23284300（发行部）

    http://www.lnpph.com.cn

印 刷：辽宁新华印务有限公司

幅面尺寸：180mm×250mm

印 张：24.25

字 数：385千字

出版时间：2024年11月第1版

印刷时间：2024年11月第1次印刷

责任编辑：阎伟萍 孙 雯

装帧设计：G-Design

责任校对：吴艳杰

书 号：ISBN 978-7-205-11428-2

定 价：98.00元

编委会

序言

弘扬辽宁红色文化的思考

胡晓华

在纪念中国共产党成立 100 周年和全党开展党史学习教育的日子里，我们深入贯彻落实习近平总书记关于"要把红色资源利用好，把红色传统发扬好，把红色基因传承好"的指示精神，省文化交流协会召开了专题研讨会，对辽宁红色文化形成了共识。

一、深挖辽宁红色文化"富矿"，打造红色文化辽宁品牌

所谓富矿，是富有，可供发掘的内容丰富。有人说："文化建立在符号的记忆之上。"辽宁红色文化记忆内容丰富，比较集中的载体有四大纪念馆及其相关的纪念馆。这些纪念馆完整地记录了我党不同历史时期的红色文化，辽宁也因此而厚重。

"九·一八"历史博物馆展现了"热血壮山河"的悲壮。它告诉世人辽宁是中国人民抗日战争十四年的历史起点，辽宁人民在这里用鲜血和生命书写了一首气壮山河、抵御外侮、救亡图存的史诗。中国人民在中国共产党领导下，

升华了以爱国主义为核心的民族精神，揭开了世界反法西斯战争的序幕。

辽沈战役纪念馆展示的是，在中国共产党领导下，为推翻国民党反动统治而进行的第一场大决战，是加速人民解放战争胜利的历史转折点。这场战争所创造的精神成为全国解放的脉动。

抗美援朝纪念馆展示的是一柱守望相助的烽火，一卷和平正义的史诗。新中国打赢这场保家卫国的战争，为中国人民赢得了和平、尊严与建设发展的时空。他所唱响的英雄赞歌，是为了人类和平与正义事业而奋斗的国际主义精神。

雷锋纪念馆展示了雷锋事迹和精神。作为工人和战士的雷锋，其工作和生活的经历主要在辽宁，雷锋精神的孕育、形成、生长在辽宁。学雷锋活动，自辽宁始，因此辽宁有多个雷锋纪念馆。半个多世纪以来，雷锋文化培育了许多英雄模范人物，也丰富了雷锋文化。随着时代的发展，雷锋文化内涵逐渐升华为一种时代文化。

历史是最好的教科书。辽宁四大纪念馆全景展示了中国共产党把马克思主义普遍原理同中国革命相结合的具体实践，全景展示了中国共产党人在四大历史阶段创造的时代精华。正如毛主席在《为人民服务》一文中所说的"我们这个队伍是为着解放人民的，是彻底地为人民的利益工作的"宗旨。知所从来，思所将往，对我们举什么旗、走什么路有了更坚定的自觉，必将增强我们对中国特色社会主义道路自信、理论自信、制度自信、文化自信。

历史因铭刻而永恒，精神因传承而不朽。建议发挥我省红色资源和革命文物集中的优势，着力挖掘红色资源的思想内涵和时代价值，构建具有辽宁特色的红色文化体系，形成红色文化辽宁品牌，用红色文化铸魂育人，用理想信念立根固本，让红色辽宁薪火相传。

二、坚持"三有"原则，为辽宁红色文化传承引航定向

红色文化是我省文化的高峰，在保护传承上已经取得巨大成果。我们建议，抓住建党 100 周年历史契机，形成合力，加强部门与地方的互动与联动，在深挖内涵上发力创新。

首先要坚持目标导向，使传承"有纲"。目标导向简单地说，就是用红色资源传承红色基因，以史育人。红色文化是党和国家的红色基因库，解答现实之问是实践的需要。只有红色文化才能够回答现实的追问，只有红色文化才能解读中国共产党为什么"能"、马克思主义为什么"行"、中国特色社会主义为什么"好"这三大根本问题。这是因为红色文化具有的历史性、时代性和现实性。

其次是深挖红色文脉，使传承"有根"。文化是人的存在方式。一个国家既需要科技、经济、军事等硬实力，也需要思想、文化、精神等软实力。红色文化彰显的是中华民族的精神。以抗战为例，九一八事变爆发后的次日，中共满洲省委和中共中央相继发布抗日"宣言"（《中共满洲省委为日本帝国主义武装占领满洲宣言》《中国共产党为日本帝国主义强暴占领东三省事件宣言》）揭露了日寇侵略罪行，指出国民政府"不抵抗"政策的实质，号召人民拿起武器，用民族自卫战争驱逐侵略者，吹响了抗日民族统一战线的号角；并派出杨靖宇、赵尚志、赵一曼等一批优秀干部深入东北领导抗日武装斗争，1936年至1937年统一建制成立东北抗日联军。史实表明，在骤然降临的国难面前，中国共产党担当起中流砥柱的作用。党的领导、武装斗争、统一战线"三大法宝"在东北战场发挥了决定性作用。史料表明，中国共产党领导的武装抗战在东北战场写下了浓墨重彩的篇章，不仅为全国抗战赢得了战略主动，也成为世界反法西斯战争的重要组成部分。

再次突出政治，使传承"有魂"。红色文化是以中国化时代化的马克思主义为核心的红色精神，社会主义的价值体系是它的内核，共同理想、爱国主义是它的精髓，它是中国文化自信的底色和本源。红色文化标注的是中国特色、中国道路和中国进取创新精神，体现着先进性。红色文化也是近代中国社会文化的精神总结，坚持红色文化，是一个实践的过程。在百年未有之大变局的新形势下，红色文化是我们占领政治思想高地，坚持党的领导、人民至上、站稳人民立场的思想武器。我们要汲取红色文化的信仰力量，坚定理想信念，砥砺意志品德，处理好传承与创新的关系，抵制拜金文化、崇洋文化、功利文化，拨正社会主义市场经济方向。尤其是在美国以贸易战为名对我国封锁高科技，断供关键技术的形势下，我们更要弘扬红色文化，坚持创新自强。

三、合力擦亮辽宁红色文化"金名片"，更好发挥教育功能

红色文化是中国共产党领导广大人民群众在革命、建设和改革开放的奋斗实践中孕育形成的宝贵精神财富。红色文化包括革命时期遗留的遗物、遗迹、遗址等历史遗存，以及后来修建的纪念碑、馆、堂等，以及革命事迹、文献、文艺在内的革命记录及蕴含其中的革命精神。通过参观学习，可以领略其革命精神的真谛，夯实信念之基，补足"精神之钙"，实现爱党、爱国、爱社会主义的统一。

一是打造红色资源联盟、场馆联盟，开展深层次交流合作。聚焦社会热点，紧跟时代大势，联合举办活动。加强队伍建设，挖掘红色精神财富的深度。创新技术利用，以音乐、影视、动漫、文学等方式，增强可视化体验，增强教育功能。

二是以理论研究回答时代课题。红色文化要有效传承，必须坚持实物与思想并重，展示与效果并重。坚持正确的历史观，整合力量，深挖史料，加强整理，深入阐述其内涵。只有深入理论研究才能使碎片变得完整，从单薄走向厚重。要把红色文化遗存研究与文献史料研究相结合，对文献的发掘就是对物证的丰富，树立文献与物证同样重要的思想，使红色文化研究"见人见物见精神"，不断取得新成果。

三是开放史料利用，让史实发声。红色文化博物馆、纪念馆作为文化积淀的载体和标志，担负着保存、传承、弘扬、传播文化精神的重任。建置藏品信息数据库，并公开藏品目录与资料，利用数字技术手段对藏品的相关资料信息进行全方位的采集、存储并建置管理系统，与民众共享，以扩大博物馆的公益化效能。

四是开展"红色文化＋"活动，让红色文化活起来。数字化、网络化、智能化是新时代发展趋势，通过"红色文化＋数字化技术"，让红色文化实现数字化转型，对藏品进行保存、开发、传播，用三维、5D等数字化手段赋予它们

新的活力，提升应用赋能，实现线上线下高度融合，提升红色文化品质，释放更多的效能。

我们认为，红色文化穿越百年，是我们的思想之源、理想之基、精神之钙，是我们从胜利走向胜利的"红色密码"。把红色文化作为具有现实价值的资本，研究开发红色文化当下品质，让红色文化焕发时代风采，彰显时代价值，就会常看常新，常思常新。

（胡晓华　辽宁省政协原常务副主席，辽宁省文化交流协会会长）

目录

英雄模范人物

研究与探讨

附录

红色
文化场所

中共满洲省委旧址纪念馆

张佑硕

　　中共满洲省委旧址纪念馆位于辽宁省沈阳市和平区皇寺路福安巷 3 号，依托中共满洲省委旧址和刘少奇旧居而建，是东北地区重要的中国共产党早期革命活动遗址，是辽宁省集革命遗址、抗战遗址、革命文物收藏保管与陈列展示及研究功能于一体的重要红色阵地。

　　中共满洲省委是 1927 年 10 月至 1936 年 1 月中国共产党在东北地区的最高领导机构，因为具有与其他地方党组织不同的斗争环境和特点，在中共历史上占有特殊的重要地位。

　　1921 年中国共产党成立后，党非常关注东北地区革命斗争的形势，先后派出大批优秀党、团员到东北传播马列主义，从事建党、建团活动。1927 年大革命失败后，中国革命转入低潮。中国共产党为了进一步加强对东北人民革命斗争的领导，根据中共中央决议，成立了东北各级党组织统一领导机构——中共满洲省委。

　　中共满洲省委于 1927 年 10 月建立，是党在东北地区设立的最高领导机构。中共早期领导人陈为人、刘少奇、林仲丹、陈潭秋、罗登贤等同志，都曾担任

中共满洲省委历届书记雕刻墙

中共满洲省委书记，他们在领导满洲省委的工作中，都是实事求是的楷模，以实际行动赢得了人民群众的真心拥护；杨靖宇、赵尚志、周保中、李兆麟、冯仲云、魏拯民、金伯阳、赵一曼等民族英雄都曾是中共满洲省委的重要成员，他们用生命和鲜血谱写的英雄篇章，在神州大地广为传颂；周恩来、谢觉哉等老一辈革命家曾亲临中共满洲省委指导工作，在东北这片黑土地上留下了光辉的足迹。

中共满洲省委成立后，在党中央领导下，采取多种形式开展革命活动，使革命火种遍布东北的城市乡村，开创了东北地区革命运动的新局面。领导了大小数百次的工人运动，其中有震惊世界的中东路工人斗争、北宁路工人争"花红"的斗争以及奉天兵工厂的反日斗争等；领导了广大农村的佃农斗争，建立起广泛的农村基层组织，迅速推动了东北农民运动的开展；领导了哈尔滨"一一·九"学生运动，为中华民族争生存、争自由进行不懈的斗争；开展了士兵工作，在奉系军队中点燃了革命火种。

九一八事变后，东北打响了抵御外侮的第一枪。中国共产党在中华民族生

宣誓广场

死存亡的紧要关头，高举抗日旗帜，立场鲜明地站在了御敌斗争的第一线。九一八事变爆发的第二天，中共满洲省委立即召开常委紧急会议，分析了当前局势，讨论了应对措施，制定了斗争的任务、方针、策略和口号，并发表了中国人民抗日战争暨世界反法西斯战争的第一份宣言——《中共满洲省委为日本帝国主义武装占领满洲宣言》。中国共产党对时局的正确判断和积极应对，与国民党的"不抵抗政策"形成了鲜明的对比。

东北抗日义勇军兴起后，中共满洲省委派出许多骨干到义勇军中开展工作，并着手建立党直接领导的抗日武装，缔造了伟大的东北抗日联军。1936年，根据东北地区抗日斗争发展的需要，中共满洲省委进行改组，建立了吉东、南满、北满省委和哈尔滨特委，继续领导东北地区的抗日斗争。

在中共满洲省委及其接续组织的领导下，以反日游击队、东北人民革命军、东北抗日联军为基干的东北抗日武装力量，坚持了长达十四年的抗日游击战争，给日本侵略者以沉重的打击，有力配合了全国抗战的胜利。中国共产党是东北地区长达十四年抗日战争的发起者、组织者、推动者和领导者，发挥了中流砥柱的作用。

1945年9月20日至23日，中共东北委员会书记、抗联领导人周保中到沈阳向东北局书记彭真、陈云作了详细汇报，10月20日，把东北党委员会的全部关系及党费、档案等移交给东北局。中共满洲省委及其接续组织胜利完成历史使命，同全党一起进入了新的历史时期。

中共满洲省委旧址1985年经过维修恢复原貌，并正式对外开放。纪念馆地方特色鲜明，经过多年建设，红色文化资源得到了有效保护和合理利用，现为全国重点文物保护单位，全国红色旅游经典景区和国家级抗战遗址、遗迹，并被列为辽宁省爱国主义教育示范基地、辽宁省中共党史教育基地、辽宁省反腐倡廉教育基地、辽宁省团史教育基地。

中共满洲省委旧址纪念馆由福安里门楼、中共满洲省委旧址、刘少奇旧居、"中共满洲省委历史"主题陈列厅、"共产党人的光辉榜样——刘少奇"专题陈列厅及宣誓广场等构成。

福安里门楼是北市场地区的标志性建筑之一，门楼上方刻有"民宅福安里"五个醒目的大字。多年来，福安里门楼几经维护，保存基本完好。纪念馆在门楼后方修建了一条长约50米、用仿古砖砌筑而成的胡同，一侧用钢板雕刻着中共满洲省委历届书记头像。

刘少奇旧居

中共满洲省委旧址是省委成立之时几经考虑选定的机关所在地。当时，中共满洲省委第一任书记陈为人，以奉

中共满洲省委旧址纪念馆（福安里门楼）

天英美烟草公司帮办的身份为掩护，租用了东侧4间民宅，利用这里复杂的环境，秘密开展革命活动。1965年通过当年的省委文书、沈阳第一位女共产党员张光奇的回忆和现场认定，最终确定了旧址所在地。旧址为一栋坐北朝南、面阔六间、进深一间的青砖瓦房，是20世纪20年代初典型的民居建筑。首东间是厨房餐室（当时雇一名女佣做饭看门），次间为秘书处工作人员张光奇的办公室，第三间是客厅（会议室），第四间是陈为人和夫人韩慧芝的卧室。西侧两间为场景复原，栩栩如生地再现了当年省委成员工作和生活的景象。在会议室和秘书办公室之间设有一个取暖的壁炉，俗称别力达。当时，为了防止冬季油印机的油墨冰冻，每到夜深人静，省委的同志们就会围坐在壁炉旁开始印制革命宣传品。机器的沙沙声，常常会持续到凌晨。

刘少奇同志是中国共产党和中华人民共和国的卓越领导人，是伟大的无产阶级革命家、政治家和马克思主义理论家。在新民主主义革命时期、社会主义革命和建设时期，刘少奇同志为东北地区的革命工作和东北人民的解放事业，以及新中国成立后东北的发展建设，倾注了大量心血，做出了巨大贡献。1929年7月—1930年3月，刘少奇同志出任中共满洲省委书记，以其卓有建树的工作，开创了东北地区革命的新局面，树立了党在白区工作的典范，同时为九一八事变后东北人民的抗日斗争在思想、理论和军事等方面准备了先决条件。刘少奇旧居采用复原陈列形式，东侧间为刘少奇与夫人何宝珍的卧室，次间为会客厅，里间为厨房。西侧间为东北讲武堂高等军学研究班学员宿舍场景复原。

"中共满洲省委历史"为馆内基本陈列，"共产党人的光辉榜样——刘少奇"为专题陈列。展览通过大量珍贵图片、文献资料和实物，配合使用现代化展示手段，较为系统全面地展现了中共满洲省委历时8年多的光辉历程和刘少奇同志的丰功伟绩及其精神风范。

宣誓广场位于馆内西侧，正面墙上一面鲜红的党旗，下方配有金色入党誓词，突显出纪念馆庄严肃穆的气氛，是党政机关、企事业单位、部队、学校等举行党、团活动，开展党史、团史和爱国主义教育的重要场所。

近年来，为讲好党的故事、革命的故事、英雄的故事，传承红色基因，赓续红色血脉，纪念馆紧紧围绕习近平总书记关于红色文化的重要论述和指示、

中共满洲省委旧址

批示精神，以中共满洲省委革命斗争史为主线，及时补充最新研究成果和体现时代精神的展陈内容，并多渠道面向社会广泛开展文物征集，丰富馆藏文物。同时，在红色资源开发利用上不断探索新路径、新方法，线上线下融合联动，通过举办特色展览、开展特色活动、打造红色宣讲品牌、推出特色融媒体产品等，大力加强红色阵地建设，年接待观众达百余万人次，取得了显著的教育成效和良好的社会反响，得到社会各界的广泛认可和好评。

（作者系中共满洲省委旧址陈列馆馆员）

沈阳 "九·一八" 历史博物馆

魏鹏

　　沈阳 "九·一八" 历史博物馆位于沈阳市大东区望花南街 46 号，九一八事变发生地原南满铁路柳条湖路段附近。场馆总占地面积 35000 平方米，建筑面积 12600 平方米，开放面积 9180 平方米，是全面反映九一八事变史的主题博物馆。现为国家一级博物馆、全国爱国主义和国防教育示范基地、国家 AAAA 级旅游景区（点）、首批国家级抗战纪念设施遗址名录、中央国家机关爱国主义教育基地、全国党性教育网上展馆、全国红色经典旅游景区、首批全国中小学生研学实践教育基地、省市两级党性教育基地。

　　长期以来，沈阳 "九·一八" 历史博物馆以 "收藏历史记忆、展示历史真相" 为己任，着力围绕九一八历史开展文物及史料的收藏、展示、研究和对外宣传教育。2021 年，博物馆基本陈列 "九一八历史陈列" 进行全面改陈，展览以九一八事变史和东北十四年抗战史为主线，通过日本侵华政策与战争蓄谋、九一八事变与东北沦陷、日本在东北的殖民统治、东北军民的抗日斗争、东方主战场的东北抗战、"铭记历史　珍爱和平" 6 个部分真实反映了日本军国主义蓄谋制造九一八事变、发动全面侵华战争的历史真相，重点突出东北军民

"九·一八"历史博物馆标志性建筑"残历碑"

十四年抗战的系统性和完整性，再现了东北人民在中国共产党的领导下坚持浴血奋战十四年的抗战历史画卷，彰显中国共产党在东北抗战中的中流砥柱作用和中华民族不屈的抗战精神。

沈阳"九·一八"历史博物馆开馆 30 余年来，累计接待观众数以千万，已成为对广大民众进行爱国主义教育，举办重大抗战纪念活动的重要场所。自 1995 年起，每年的 9 月 18 日，都将举行"勿忘九一八撞钟鸣警"仪式。届时沈阳全城拉起防空警报，撞响 14 下警钟，以警示世人勿忘国耻、勿忘"九一八"。

近年来，随着沈阳二战盟军战俘营旧址陈列馆、沈阳审判日本战犯法庭旧址陈列馆和沈阳北大营旧址陈列馆对外开放，业已形成以沈阳"九·一八"历史博物馆为龙头，以三个分馆为两翼的抗战博物馆群落，记载了从抗战起点到终点完整十四年的抗战历史，拥有丰富而独具特色的抗战文化资源和红色基因，也突显出沈阳"九·一八"历史博物馆在全国抗战类博物馆中的历史价值和重要地位。

在新时代背景下，党和国家非常重视红色基因的继承和红色文化的传承。

露营之歌

2019 年，中共中央和国务院印发《关于深化新时代学校思想政治理论课改革创新的若干意见》。2020 年，教育部、国家文物局联合印发《关于利用博物馆资源开展中小学教育教学的意见》，这一系列文件对博物馆融入传统教育体系，对青少年开展爱国主义教育给予了方向指导和政策支持。

习近平总书记指出："红色是中国共产党、中华人民共和国最鲜亮的底色。每一个历史事件、每一位革命英雄、每一种革命精神、每一件革命文物，都代表着我们党走过的光辉历程、取得的重大成就，展现了我们党的梦想和追求、情怀和担当、牺牲和奉献，汇聚成我们党的红色血脉。"蕴含着"红色血脉"和"铸魂育人"功能禀赋的红色场馆是开展党史学习教育、爱国主义教育、革命传统教育、思想政治教育、红色研学教育的重要载体和生动教材。

近年来，沈阳"九·一八"历史博物馆以"课程、活动、研学"三位一体的教学模式，创新开展青少年红色文化教育，更是将沈阳十四年抗战历史与学校的思政教育有机结合，传承、发扬抗战精神，读懂、践行英雄城市的红色基因，在传承优秀民族精神的同时，有效地提升学生道德品质。

一、深度挖掘抗战文化内涵，让历史教育可见、可听、可感

为了更好发挥博物馆的爱国主义教育职能，延伸和扩展社会教育功能，近

年来博物馆通过鲜活历史课程，丰富活动形式，创新研学模式，开展馆校合作、思政教育，传播抗战文化，传承抗战精神。

博物馆为了落实立德树人教育目标，为青少年的成长提供思想滋养和实践指引。博物馆开展的各项课程和活动中，不但重视历史的讲述方式，更通过互动交流的学习方式，提升学生的参与感。在学习的过程中，文物展示、话剧表演、知识问答等多元化的教育模式，通过可见、可听、可感多维度的解读历史，使传统的爱国教育焕发活力，使历史更具温度。

博物馆着手组建了一支由优秀讲解员组成的研学宣讲团，以"研学选单"的模式，送到学校进行巡讲，打造"行走的研学课堂"。2020 年 11 月，宣讲团带着数字化、多元化、特色化的研学课程开启了 2020 年"传递历史温度·爱上这片热土"——九一八研学足迹点亮全国实践活动。研学宣讲团历时 2 个月，跨越陕西、山西、江苏、山东、辽宁 5 个省份，西安、延安、南京、徐州、太原、济南、丹东 13 座城市，携手 20 余所学校，受到 4 万余名师生的欢迎与认可，同时馆校签署共建协议，以达成长效合作机制，成为国内首次创新跨省红色文化研学活动。

二、创新红色文化教育模式，让历史教育入情、入脑、入心

如何讲好红色历史，传承红色基因，不仅需要有明确的主题名称，还需要丰富内涵解释和整体的凝练提升。博物馆以抗战红色资源为基础，全力打造红色基因品牌文化，以抗战文化为主题打造红色基因的精品活动。活动打破传统活动形式的壁垒，将沉浸式的讲述方式与互动式体验形式有机融合，拉近青少年与抗战历史和抗战英雄的距离，在互动体验中感悟真实的历史，引导青少年思考国家强大的内涵和意义，激发青少年的爱国热情和报国之志。

近年来，随着博物馆社会教育形式的多元化，情景剧作为一种新兴教育模式，逐渐登上博物馆社教舞台。为增加研学教育的吸引力、感染力和传播力，博物馆创排了抗战情景剧《黑土英魂》。将情景剧搬到展厅和研学的课堂，这种直观、富有感染力的实景演出，受到青少年学生一致好评。未来，还拟尝试推出"研

学剧场"，让同学们通过沉浸式的体验，亲身接受一次红色洗礼，使抗战的辉煌历史、感人至深的英雄形象真正走进青少年的心中，打造一堂别开生面的研学课堂。

三、让历史说话，传承辽沈大地英雄精神，你来讲，我来听

在红色文化基因传承中，着力以青少年学生为红色文化教育开展的主体、强调红色文化教育在博物馆教育中的重要位置、创新红色文化普及与传承的载体和方式，这些都是博物馆讲述好历史，传承辽宁及沈阳英雄城市精神内核的有力支撑。在弘扬辽沈红色文化中充分发挥博物馆的教育职能，不断提升辽沈抗战历史的全国认知度，筑牢独具辽沈文化特色的红色文化品牌。

2022年，博物馆推出了"党的故事我来讲——红领巾讲党史"活动，讲述

国歌墙

中国共产党领导东北人民抗战的历史，着重讲述辽沈抗战英烈的历史。以少年的视角为切入点，讲述历史真相，传承辽沈的抗战精神。这种全新的讲述形式解读历史，传播辽沈独特的抗战文化，一经推出便受到广泛关注。

近年来，博物馆更一改历史教育我说你听的形式，在引导学生探究历史真相的同时，着重学生们深入学习、了解了历史，更好地促使学生们主动走进历史，探究历史的真相。

实现党的第二个百年的奋斗目标，希望寄托在青年身上；实现中华民族伟大复兴中国梦，希望寄托在青年身上；在国家迈上新征程的道路上，必须把对青少年的思政教育、研学育人、可持续教育作为我们不懈追求的目标。

（作者系沈阳"九·一八"历史博物馆副馆长、研究员）

东北抗日义勇军纪念馆

杨婉怡

　　东北抗日义勇军是九一八事变后最早站出来与日寇战斗的抗日武装，它推动了全国抗日救亡运动的发展，揭开了中国人民反抗日本侵略者的斗争和世界反法西斯斗争的序幕，为东北抗日民族统一战线的形成和东北抗日联军的组建奠定了基础、提供了经验，并极大地鼓舞了整个中华民族的爱国热忱，对中华民族抗日战争暨世界反法西斯战争的胜利作出了重要的历史贡献。东北抗日义勇军鼎盛时期发展到 50 余万之众，在中国共产党领导下，活动范围遍及东北100 余县，共计战斗 1400 余次、牺牲 10 余万人、歼灭日伪军 4 万余人，极大地动摇了日伪对中国东北的统治。

　　东北抗日义勇军纪念馆筹建于 2015 年。2016 年 12 月 3 日，中央办公厅、国务院办公厅复函辽宁省委、省政府，批准建设辽宁东北抗日义勇军纪念馆。这是国内第一家也是唯一一家全面反映东北抗日义勇军抗战史实的主题纪念展馆。东北抗日义勇军纪念馆的建成，填补了国内没有集中展示义勇军抗战史实场馆的空白，成为辽宁乃至东北传承革命文化和弘扬抗战精神的重要场馆之一。

　　纪念馆地处辽宁省本溪市桓仁满族自治县境内，位于世界文化遗产五女山

东北抗日义勇军纪念馆外景

山城脚下的北山公园。纪念馆于 2017 年 7 月 10 日开工兴建，2018 年 9 月 29 日建成开馆。纪念馆建筑面积 2990 平方米，展陈面积 2300 平方米。展馆内分为主题展厅、国歌厅、东北抗日义勇军将士名录厅、多功能厅四大区域。馆外由国歌纪念广场与国防教育园两部分组成。国歌纪念广场寓意东北抗日义勇军在白山黑水间用鲜血书写了中华民族誓死抗争的悲壮乐章。国防教育园作为主题展馆的延伸，集中展示了飞机、坦克、火炮等国防退役武器，是开展青少年爱国主义教育的理想场所。

纪念馆是一座坐北朝南的浅灰色三层建筑。三层建筑有两个重要含义，一是代表义勇军的三个抗战阶段：早期抗战、英勇抗战、坚持抗战；二是代表义勇军的三个特点：自发性、广泛性、复杂性。序厅是主题为民族烽火的大型群体雕塑，中间位置的群雕包含了东北抗日义勇军各方面的代表人物，以中共党员为首，有农民、知识分子、女性、旧军人、乡绅等，寓意东北抗日义勇军包含了东北各方面基层民众，在中国共产党的领导下顽强斗争，直至彻底驱逐日本侵略者，迎来了中国人民抗日战争的伟大胜利。两侧的浮雕反映了东北抗日义勇军同仇敌忾、奋起抗战、众志成城的大无畏精神和保家卫国的英雄气概。

位于二楼的东北抗日义勇军将士名录厅为半封闭空间，半圆形体上部14个花环环衬菊花、松针等，庄严肃穆，表达着对为民族解放事业献出生命和青春的义勇军将士们的崇高敬意。花环下面为14块仿花岗岩碑面，按姓氏笔画排列着2233名东北抗日义勇军将士姓名，供世人瞻仰，缅怀先烈精神。

东北抗日义勇军将士名录厅为目前国内搜集义勇军名录最多的烈士纪念设施，同时也是国家一类革命老区和少数民族自治县区中唯一专门祭祀义勇军英烈的烈士纪念设施。

东北抗日义勇军纪念馆展厅结合416幅图文展板、535件珍贵展品、4处多媒体场景演绎、3组大型群雕、2处场景复原等多种表现形式，集中讲述了九一八事变后，国民党政府执行不抵抗政策，在民族危亡时刻，中国共产党及时发表宣言，提出坚决抗日、收复失地号召，不甘屈服的东北各阶级、各阶层广大民众在第一时间纷纷揭竿而起，在广袤的白山黑水间展开如火如荼的抗日武装斗争，拉开中国人民十四年抗日战争暨世界反法西斯战争序幕的历史史实和艰难历程。

为充分发挥纪念馆的教育引领作用，进一步引导党员干部和社会各界共同开展红色教育和党史学习教育，东北抗日义勇军纪念馆联合党政机关、企事业单位、学校及社会各界，围绕党史学习教育、建党一百周年、学习党的十九大和二十大精神、抗日战争胜利纪念日、国歌原创素材地等主题，先后开展党史、廉政、科普、法纪、社会主义核心价值观教育等大型活动300多场次，参与活动人数达5万余人。

东北抗日义勇军纪念馆内景

文物是一座纪念馆进行爱国主义教育、革命传统教育的生动教材。保护好、利用好历史文物，对于继承和弘扬民族优良传统，增强民族自信心和自豪感，培养中华民族的一代新人为实现中华民族伟大复兴而奋斗，具有重要的现实意义。纪念馆的文物征集及藏品鉴定工作正在稳步推进，现有馆藏展品和藏品总数 1500 余件，其中，国家二级文物 15 件套（18 件），国家三级文物 37 件套（56 件）。

东北抗日义勇军将士名录厅

东北抗日义勇军纪念馆隶属中共桓仁满族自治县委宣传部管理，现设有综合管理部、宣传教育部、陈列研究部、技术安全保障部等部门。自 2018 年 9 月开馆以来，面向社会各界免费开放，累计接待全国各地参观者 27.5 万人次。目前，纪念馆已获评全国爱国主义教育示范基地、国家级抗战纪念设施、中国华侨国际文化交流基地、全国关心下一代党史国史教育基地等多项荣誉称号。与"九·一八"历史博物馆、抗美援朝纪念馆、辽沈战役纪念馆、雷锋纪念馆、中国工业博物馆共同被确定为辽宁"六地"红色文化代表性场馆，是"新中国国歌素材地"的重要体现场馆，也是新时期开展爱国主义教育、培育社会主义核心价值观的重要基础工程。

今后，东北抗日义勇军纪念馆将以党的二十大精神，以及全国爱国主义教育示范基地为引领，本着守正创新、稳步求进的工作理念，切实发挥好以史鉴今、资政育人的职能，为开展爱国主义教育和社会主义核心价值观宣传，赓续传承新时代辽宁精神作出新的更大贡献。

（作者系东北抗日义勇军纪念馆宣教部主任）

东北抗联史实陈列馆

孟庆志

东北抗联史实陈列馆位于辽宁省本溪市本溪满族自治县滨河东路，是由中宣部拨款命名、省市县配套建设的国家级爱国主义教育示范基地，占地面积6.9公顷，建筑面积5040平方米，陈列面积3000平方米，其他附属配套设施2040平方米。展览区分序厅、主展厅、英烈厅三个部分，并有多功能影视厅等综合服务区。陈列馆于2005年7月开工，2007年5月建成开馆，2021年5月改陈布展重新开馆，为抗联史实陈列中规模最大、内容最广、史料最全的爱国主义教育基地，是集参观、学习、教育、研究于一体的综合性陈列馆。

东北抗日联军是中国共产党创建和领导的一支重要抗日武装力量。在中华民族面临生死存亡的紧急关头，东北抗日联军率先实践中国共产党抗日救亡的主张，建立起广泛的抗日民族统一战线，在东北人民的支持下，高举抗日救国的伟大旗帜，同日本侵略者进行了长期艰苦卓绝的英勇斗争，牵制和消灭了敌人大量的有生力量，为赢得中国人民抗日战争及世界反法西斯战争的胜利作出了不可磨灭的贡献。

2021年9月，党中央正式发布中国共产党人精神谱系第一批伟大精神，东

东北抗联史实陈列馆

北抗联精神位列其中。2022 年 6 月，党中央明确抗联精神基本内涵为"忠诚于党的坚定信念，勇赴国难的民族大义，血战到底的英雄气概"。地处辽宁东部山区的本溪满族自治县，重峦叠嶂，林海苍茫，曾是杨靖宇将军率领东北抗联第一军开展抗日斗争的主要根据地。抗日烽火岁月，使这里留下了很多抗联遗址和红色故事，是孕育伟大东北抗联精神的一个重要地方，成为广大党员干部加强党性锤炼、增强党性修养的生动教材。

基于丰富的东北抗联红色文化资源，东北抗联史实陈列馆陈列布展以"林海雪原，抗联英雄"为主题，以东北抗联重要历史事件、历史人物、历史战役为线索，通过大量的史料、照片、图表、文物、实物，以及抗联浮雕、场景复原等陈列形式，全面、真实、准确、系统地反映了东北抗日联军十四年的艰苦斗争历史，生动再现了东北抗联惊天地、泣鬼神的英雄壮举，热情讴歌了抗联将士强烈的爱国主义思想和宁死不屈、百折不挠的民族气节。

开馆以来，东北抗联史实陈列馆坚持宣教兴馆、展陈富馆、学术立馆、基建强馆、管理正馆、服务馨馆的办馆理念，积极争取中国近现代史史料学学会支持，成立了东北抗联史研究中心和东北抗联精神研究中心，通过聘请专家、研讨交流、创刊出书，不断扩大研究中心的影响。先后举办了中国抗战暨东北抗联史学术交流会、辽宁东北抗联史及抗战史研究会年会、东北抗日联军教导旅历史研究学术交流会、东北抗联精神学术交流会等，使辽宁本溪县成为全国抗联史实学术研究的交流重地。同时，创刊《东北抗联史研究》，面向国内同行业和学术机构发行，百余篇有价值的学术论文进入中国近现代史史料学学会资料库。此外，挖掘、整理和编辑出版了《浴血的岁月》《不朽的旋律》《永恒的记忆》《本溪县抗战史》《东北抗联歌谣》《隐藏在历史背后的真相》《抗联英雄王庆云》《文武将军冯治刚》《抗联名言录》等书籍，推动了抗联史学术研讨和交流活动的深入开展。

东北抗联史实陈列馆扩大宣传，增强教育效果。在设立网上展馆，制作抗联史实流动展厅，常年组织"展览到乡村、进学校、下社区、入景区"宣教活动的同时，加强与中央主流媒体及省内外各级电台、电视、报刊、网络媒体的联系，开展弘扬抗联精神文艺演出、青少年书画展览、有奖征文、红歌会等主题实践活动。广泛征集抗联文物，挖掘和整理文物背后的故事，已征集到杨靖宇、周保中、宋铁岩、李相山、邓铁梅、任福祥等重要抗日将领使用过的珍贵文物20余件。积极开展重点纪念节日活动，如"勿忘国耻、圆梦中华"鸣警仪式，协助中央及全国各省市电视台拍摄《抗战记忆——寻找英雄的足迹》《重走抗联路》等大型纪录片，举办纪念杨靖宇诞辰110周年、李兆麟将军殉国70周年、抗联一军西征80周年专题展览等，营造了良好的

陈列馆内展厅

爱国主义教育氛围。

自 2007 年 5 月建成，特别是 2008 年 3 月实行永久性免费开放以来，东北抗联史实陈列馆大力弘扬抗联精神，深入开展抗联史实教育培训，已接待国内外游客 400 余万人次参观，不仅成为开展爱国主义教育、革命传统教育、

陈列馆内展厅

党史学习教育和"重走抗联路"主题教育的重要基地，而且是广大人民群众开展红色旅游、瞻仰抗联业绩、缅怀先烈遗志、陶冶爱国情操、培育高尚品格的重要基地。

东北抗联史实陈列馆于 2005 年 3 月被中共辽宁省委宣传部公布为省级爱国主义教育基地，2005 年 11 月被中宣部公布为全国爱国主义教育基地，2007 年 4 月被辽宁省人民政府公布为省级国防教育示范基地，2009 年 11 月被国家国防教育办公室公布为国家国防教育示范基地，2014 年 9 月被国务院列入首批国家级抗战纪念设施、遗址名录。先后被授予全国抗战纪念设施、全国国防教育基地、全国民族团结进步教育基地、全国经典红色旅游景区，辽宁省党史教育基地、辽宁省干部教育培训现场教学基地、辽宁省青少年爱国主义教育基地、辽宁省未成年人爱国主义教育基地、本溪市花园式单位等荣誉称号。

（作者系本溪满族自治县政协文史委科员）

老秃顶子抗日游击根据地遗址群

邢燕来

　　1934 年，杨靖宇将军率东北人民革命军第一军独立师挺进辽宁，建立老秃顶子抗日游击根据地，在桓仁及周边地区通过建立和恢复中共地方党的组织、政权及抗日群众团体，建立抗日民族统一战线，凝聚抗日武装力量，点燃了中国共产党领导下的辽宁民众抗战烽火，使辽宁抗战进入一个新的历史时期。

　　1934 年 2 月 27 日，为巩固和扩大抗日根据地，杨靖宇派遣东北人民革命军独立师政治保安连到达桓仁县仙人洞小冰沟子，考察老秃顶子一带的地理环境，组织发动群众，准备建立抗日游击根据地。

　　海拔 1376.3 米的老秃顶子素有"辽宁屋脊"之称，山体高大，横贯于桓仁与兴京（今新宾）、本溪、宽甸交界地带，森林茂密，资源丰富，是隐蔽和迂回作战的理想地域。此地不仅距铁路线较远，而且日伪统治力量薄弱。此外，唐聚五、张宗周等领导的辽宁民众自卫军曾在桓仁县誓师抗日，"老北风""朱海乐""青山好"等 50 余股山林队在桓仁山区坚持抗日斗争，为东北人民革命军的进入提供了武装抗日的群众基础。根据侦察到的情况，杨靖宇坚定了以老秃顶子大山为中心，发展建立桓本兴抗日游击根据地，实现扩大抗日游击区

老秃顶子山

域的战略意图。

1934年4月，独立师三团十一连50余人进入桓仁洼子沟村。5月，师军需部30余人在三团团长韩浩、师军需部部长韩震率领下进入桓仁西部山区，进一步发动群众，收编各路抗日武装，为开辟根据地做准备。为进一步壮大抗日武装力量，韩浩在桓仁海青伙洛大青沟找到原辽宁民众自卫军副团长李向山。李向山带领56人携带48支步枪参加了独立师，被任命为师部副官。不久，原辽宁民众自卫军团长解麟阁也带领一支抗日武装参加了独立师。

李向山、解麟阁加入东北人民革命军，在桓仁、兴京一带产生了很大影响，带动了许多山林武装向人民革命军靠拢，许多农民子弟纷纷报名参军，独立师队伍不断壮大。在短暂的时间内，仙人洞村、高俭地村的夏德复、李成才、王传圣、杨校康、杨永康等五六十名青年参加了部队。李向山、解麟阁熟悉桓仁地区的地理、民情等自然状况，军需部长韩震在他们的引导下，与在当地活动的义勇军、山林队取得联系，争取他们一同抗日。

1934年7月中下旬，杨靖宇率部西进，来到桓仁县高俭地、仙人洞、八里甸子地区检查、了解建立游击根据地的情况，部署收编"山林队"扩大抗日武装力量。7月23日，在八里甸子柞木台子刘家大院召集桓仁西路、四平街以及兴京等地的山林队头目120余人开会，研究改编事宜，建立攻守同盟。会后在西河套设下埋伏，毙俘许多前来"讨伐"的日伪军。

此后，杨靖宇率领部队以老秃顶子游击根据地为战略基点，先后在桓仁阎王鼻子、四道岭子、大青沟、八里甸子等地与日伪军发生激战，有效地扩大了抗联的影响力，极大地鼓舞了南满军民的抗敌士气。

为适应山区游击战以及粉碎日伪"讨伐"图谋，杨靖宇指示一师军需部长韩震、副官李向山、参谋解麟阁等在老秃顶子山区组织军民修建军事密营。作为一军的大本营和指挥中心，老秃顶子二层顶子上建有三处大密营，能住三四百人。在这些简易的房子里设有军部、教导团、团部、连部等指挥机构；在万人沟建设了小型被服厂；在小冰沟子、杨木顶子和葫芦头沟里修建了三处临时医院；在小冰沟子还修建了兵工厂，负责修理武器，翻制子弹，加工土炸弹和手榴弹。此外，在密营及其附近还设有练兵场、哨所、伙房以及印刷厂和军需仓库等设施，用来贮藏物资、治疗伤员、修理枪械、印刷传单、制作被服以及部队过往住宿、休整等。经常活动在老秃顶子密营中的是一师军需部长韩震所领导的看守队和一分队、二分队、游击连。一军军部、教导团和一师师部保卫连、四团等主力部队也经常在老秃顶子密营中驻扎休整。

这些密营，建筑材料和形制不一，既有简易、狭窄的地窖子、马架子式，也有较为坚固、宽敞的木克楞、地堡等建筑样式。因其选址极其隐蔽，加之外覆树皮、草木，前有岩石、树木

老秃顶子抗联一军教导团

老秃顶子抗联一军练兵场

老秃顶子抗联一军一连连部

老秃顶子抗联一军二连哨所遗址

老秃顶子山下桓仁抗联烈士陵园

等遮挡，日伪军很难发现。

在老秃顶子建立比较稳定的根据地后，一军和一师把密营向老秃顶子周边的大南沟、海青伙洛、高俭地、黑瞎子望等地区扩展。后期陆续扩大到南部的前后夹道子、大荒沟、老漫子、砬门，东部的摇钱树、刀尖岭、大镜沟，北部的大川、响水河子和外三保（洋湖沟、红土甸子、东大阳，今属本溪县）等地，抗联活动的区域就以这些军事密营为中心向周围村镇扩展。到 1937 年，老秃顶子及周边地区已建立起 14 座密营，可容纳千余人居住，形成了密营网。

东北抗日联军第一军和第一师在桓仁、本溪、兴京三县的老秃顶子、和尚帽子两座大山附近的狭长地带开辟的游击根据地和军事密营，使抗联部队和地方各种抗日武装有了可靠的依托。这块被群众称为"红地盘"的抗日游击根据地成为东北抗联在辽宁的核心区，是整个南满游击根据地的重要组成部分，也是东北抗日武装斗争最活跃的地区之一。它的存在，对日伪当局在安奉一带的统治构成了严重威胁。

杨靖宇十分重视发挥党组织的领导核心作用，先后在仙人洞等地建立中共党小组，在木盂子与中共南满省委共同建立中共桓兴县委；在海青伙洛、大四平、小青沟等地成立区委、乡政府等抗日政权机构；在响水河子、老岭沟、普乐堡、马圈子等村建立反日救国会、反日妇女救国会、农民自卫队、青年义勇军等抗日民众团体，为抗日游击根据地的建立打下坚实的群众基础。大批义勇军、山林队加入人民革命军或与之结盟，使抗日队伍迅速发展壮大。

杨靖宇进入桓仁后，便与当地群众建立了鱼水情深的军民关系。仅 1935 年 4 月至 1936 年 2 月的 10 个月时间，桓仁就有 170 名反日会员向人民军献粮 81 石，捐款 380 元。反日会等群众组织经常为部队缝衣做鞋，保护伤员，侦探情报，筹集给养，为抗日联军提供后勤保障。老秃顶地区成为辽宁东部抗日的坚强阵地和堡垒，被敌人惊恐地称为"匪患区"。日军把桓仁视为心腹大患，为打击抗日民众，日军在桓仁制造了"救国会事件""西江惨案"，仅"西江惨案"中就有 500 余名抗日军民惨遭杀害。为阻断抗联与人民群众的联系，在桓仁及周边地区实施"集家归屯"，导致短短几年间，桓仁人口锐减 9 万人。但反抗没有停止，桓仁群众仍采取各种方式支援抗联，直至抗联撤出桓仁。

据不完全统计，从 1934 年到 1938 年，抗联一军一师在本溪及周边地区与日伪军作战达 300 余次，歼灭日伪军 2000 余人，缴获各种枪支 1500 余支以及其他大量军用物资，沉重打击了日军的嚣张气焰。

烈烈英风寒翠柏，殷殷碧血染红旗。如今，老秃顶子山上遗存着的一军军部、教导团、游击连以及练兵场、被服厂等十几处清晰可见的抗联遗址，依然默默向世人展示着当年抗日先烈的艰苦卓绝和英勇无畏。靖宇潭、将军石、报捷泉等以抗日英雄和群体命名的遗迹还在发挥着弘化育人的功能。中央和各级部门没有忘记为抗战胜利做出巨大牺牲的桓仁人民，对这片被鲜血染红的土地予以了高度关注，先后将桓仁列为国家一类革命老区、全国第二批革命文物保护利用片区分县，批准建设了东北抗日义勇军纪念馆、桓仁抗联烈士陵园、桓仁革命烈士陵园等纪念设施。

中共桓仁满族自治县县委、县政府高度重视革命文化传承和抗战精神弘扬，通过成立桓仁抗战红都教育培训基地、桓仁红色教育服务中心等机构，活化红色资源，精编教学课程，丰富教学体验，创新教育主题，依托老秃顶子抗日游击根据地遗址群等红色资源开展"重走义勇抗联路"教育培训活动，灵活运用"专家讲、实地看、活动悟、大家谈"等形式，使4万余名党员干部、群众以及青少年学生在山高林密、山路崎岖中用脚步丈量抗日历史的壮烈漫长，感受革命先烈的艰苦卓绝，感悟民族富强的可贵和来之不易，汲取奋勇前行的精神力量。

（作者系东北抗日义勇军纪念馆副馆长）

东北抗日联军第一军第一次西征会议遗址

孟庆志

　　东北抗日联军第一军第一次西征会议遗址位于辽宁省本溪市本溪满族自治县草河掌镇汤沟风景区。

　　1936 年 5 月，杨靖宇率抗联第一军军部和第一师部队在取得梨树甸子大捷之后，来到本溪县草河掌山区的汤池沟，召开了一军师以上干部会议。为打通与中共中央和关内抗日武装力量的直接联系，改变东北抗日联军孤军作战的被动局面，会议作出了组织部队进行西征的重大决策。会议决定由第一师师部、保卫连、少年营和一师三团共 300 余人组建西征部队。史称此次会议为"东北抗日联军第一军第一次西征会议"。

　　1936 年 6 月 28 日，抗联第一军西征部队在一军政治部主任宋铁岩、一师参谋长李敏焕等人率领下，从本溪县上石棚（位于本溪县草河城镇白水村）出发，经连山关，越安奉铁路，辗转辽阳、岫岩境内。为避免暴露目标，西征部队昼伏夜行，始终在山岭中迂回前进，但仍被敌人所察觉，调动大批日伪军进行围追堵截，导致西征部队活动十分困难。历经数仗后，西征部队弹尽粮绝，面对险恶形势，便决定放弃西征计划，分三路撤回本溪县和尚帽子根据地，并在返回途中取得全歼日军一个守备中队的摩天岭大捷。第一次西征虽然未能达到预期目的，但它扩大了东北抗日联军的政治影响，一定程度转移了敌人的注意力，减轻了老游击区的压力，对南满抗日游击战作出

西征会议遗址

了积极贡献，在东北抗联斗争史上写下了光辉的一页。

为纪念这一次抗联的西征壮举，1985年5月，本溪县决定并由县委党史办等14家单位共同募捐集资，修建东北抗日联军第一军第一次西征会议遗址纪念碑。纪念碑由大小不等、形状各异、风格迥然的主碑、副碑、标志碑等建筑物组成碑群，占地面积4000平方米。北倚绿树掩映的笔架山，南傍清澈见底的汤河水，气势宏伟、布局壮观、静谧庄严。主碑矗立在距河岸地平面约20米高的笔架山腰一块人工开凿的两重平台上，周围建有花岗岩琢成的石柱，用铁索和钢管连接形成护栏。主碑碑座分为两重，全高4米，基座3.5米，起于50平方米人工开凿的大平台上；固定碑座0.5米，紧依约10平方米人工砌筑的平台而建。碑身高3米，碑额高1米。主碑全高8米。碑身正面，镌刻着"第一

纪念碑

次西征会议遗址"9个大字；背面为记述事件的碑文。

距主碑背后约5米处，依山石而建一座全高3.6米、面宽3米、高1.5米的"西征胜利歌"副碑。副碑为青石贴面，上面镌刻着抗联一路军总司令杨靖宇作词、一路军参谋长韩仁和谱曲的《西征胜利歌》。

从主碑平台通往山下，东西两侧对称铺筑7节85级台阶甬道，甬道形成一个十分美观的大菱形，交汇于山麓。菱形甬道中间，为自然形成的立体花坛。

在山麓甬道交汇处，立有一座全高3.4米、面宽2米、高1.5米的青石贴面的"前进"副碑。碑面镌刻着节录东北抗联第一军政治部主任宋铁岩于1933年所写的新体诗《前进》。

在"前进"副碑正面中轴线20米处，几块连体褐色磐石突兀地卧在汤河岸边。在卧石的巅峰处，用水磨石镶嵌着青铜灌铸的"靖宇石"3个闪光大字。此石即是1936年5月杨靖宇将军主持一军师以上干部会议，共商西征大计的场所。

东北抗日联军第一军第一次西征会议遗址于1988年12月被公布为辽宁省文物保护单位，2002年被公布为辽宁省党史教育基地。

附：第一次西征会议遗址纪念碑主碑、副碑碑文

一九三六年春，杨靖宇将军挥麾南下，四月三十日在梨树甸子痛歼汉奸邵本良部。五月中旬，率军直部队来到汤沟，视察和尚帽子根据地。抗联将士于露天温泉沐浴征尘，杨靖宇将军就地主持军事会议，传达中央红军北上抗日、进军察、绥消息，布置第一师西征，与关内打通联系。六月，军政治部主任宋铁岩、一师参谋长李敏焕等率部西进，跨过安奉铁路，抵辽阳、海城、凤城、岫岩边界。七月四日回师摩天岭，全歼敌今田部队，获摩天岭大捷。杨靖宇将军奋笔疾书《西征胜利歌》传遍民间。

时届抗战胜利四十周年，中共本溪县委、县人民政府及各界人民，缅怀杨靖宇、宋铁岩、李敏焕诸烈士的光辉业绩，捐资修建第一次西征会议遗址纪念碑。史垂有据，后辄前贤。

本溪县筹建抗联纪念碑领导小组
一九八五年九月三日

"西征胜利歌"副碑碑文

红旗招展　枪刀闪烁　我军向西征
大军浩荡　人人英勇　日匪心胆惊
纪律严明　到处宣传　群众齐欢迎
创造新区　号召人民　为祖国战争

中国红军　已到察绥　眼看要出关
西征大军　夹攻日匪　赶快来会面
日本国内　党派横争　革命风潮展
对美对俄　四面楚歌　日寇死不远

紧握枪刀　向前猛进　同志齐踊跃
歼灭日寇　今田全队　我军战斗好
摩天高岭　一场大战　惊碎敌人胆
盔甲枪弹　胜利无算　齐奏凯歌还

同志快来　高高举起　胜利的红旗
拼着热血　誓必打倒　日本帝国主义
铁骑纵横　满洲境内　已有十大军
万众烽起　勇敢杀敌　祖国收复矣

杨靖宇词，韩仁和曲。一九三六年冬作于本、宽、桓边界之天桥沟。

"前进"副碑碑文

前进！　前进！
高揭着反抗的大旗　杀向那资本帝国主义

用鲜红的热血　森白的颚骨

创造起未来的世界　创造起未来的世界

要自由　要平等渴望着全人类的和平

只有凭籍（藉）着工农兵……英勇的前冲　前冲

烽火在荒原燎烧着　斗争的大旗当空飘

火燎烧风呼啸　战旗在飘摇

太空一片红光照所有的资产阶级正被扑灭着

所有的资产阶级正被扑灭着

崩溃了资本主义！将解脱我们——

全世界一切被压榨者颈上的锁链和枷栲

宋铁岩（孙肃先）一九三三年手迹"前进"原文二四七七字

一九八五年九月三日节录

（作者系本溪满族自治县政协文史委科员）

关向应纪念馆

张志平

　　关向应纪念馆位于辽宁省大连市金州区向应街道大关屯 176 号，现为国家 AAAA 级旅游景区。该馆始建于 1964 年，后经多次改扩建，新馆于 2007 年 9 月 10 日正式开馆。关向应纪念馆占地面积 47433 平方米，包括关向应故居、主展馆、延安窑洞、红三军指挥所等。关向应纪念馆现免费向游客开放，年接待游客超过 50 万人。

　　关向应同志是杰出的无产阶级革命家，杰出的共产主义战士，党和军队的卓越领导人，中国工人运动、青年运动的重要领导者。关向应原名关致祥，1902 年 9 月 10 日出生在一个普通满族农民家庭。1924 年在大连加入中国社会主义青年团，1925 年在苏联学习期间加入中国共产党。1927 年先后在中共河南省委和共青团中央组织部工作，1928 年中共六大选为中央委员和政治局候补委员，任共青团中央书记，1930 年参加中国工农红军，后参加中共中央军委和长江局工作，1932 年与贺龙等人共同领导了湘鄂西革命根据地的创建，任湘鄂西中央分局委员、军委分会主席和红三军政委，1936 年冬任红二方面军政委，抗日战争时期任八路军第一二〇师政委、八路军晋绥军区政委等职务，

关向应雕像

　　为中国人民的解放事业呕心沥血，鞠躬尽瘁，建立了不朽的功勋，1946 年 7 月 21 日在延安病逝。毛泽东同志为他题词："忠心耿耿，为党为国，向应同志不死。"

　　1986 年 7 月，在纪念关向应逝世 40 周年时，重建起面积 260 平方米、占地 4000 平方米的纪念馆，时任中顾委副主任王震同志题写馆名。2002 年，为纪念关向应诞辰 100 周年，纪念馆进行了较大规模的改扩建，使建筑面积 880 平方米、占地 9600 平方米的纪念馆更加壮观。2005 年，关向应纪念馆被中宣部、国家发改委等 17 个部委纳入全国 100 家红色旅游经典景区，是大连市一处红色旅游经典景区。党和国家领导人先后多次来纪念馆参观和指导工作。

　　2006 年 4 月，根据中央办公厅、国务院办公厅《2004—2010 年全国红色旅游发展规划纲要》要求和省、市领导有关指示，金州区启动了"关向应故居纪念馆建设工程"，新馆占地面积 47433 平方米，展馆面积 3448 平方米。

2007年9月10日，在关向应诞辰105周年之际，关向应纪念馆重新开馆，总占地面积6万平方米，纪念馆区包括关向应纪念馆、关向应故居、延安窑洞、红三军指挥所、关向应雕像、满族风情院、办公区七个部分。新馆室内展区以关向应同志的一生经历为主题，设立4个展厅。通过实物陈列、照片展示和场景模拟等形式，将关向应同志的光辉革命历程生动地再现出来。2010年9月，关向应纪念馆正式挂牌为国家AAAA级景区。2012年9月10日，在关向应同志诞辰110周年之际，关向应衣冠冢在关向应纪念馆园区内建成。

关向应纪念馆先后被授予"全国爱国主义教育示范基地""全国民族团结进步教育基地""全国青少年教育基地"等称号，2022年8月，获评"辽宁省级文明旅游示范单位"。

关向应纪念馆正门

关向应故居是一座三间石砌低矮的茅草房，1902年9月10日，关向应在此出生，这里有他少年时代与父亲一起亲手栽种的中国槐和一家世代传用的老石磨。关向应纪念馆主展馆展出大量珍贵的与关向应同志有关的实物、图片和资料。在主展馆的正

关向应故居

前方矗立着一座关向应铜像，上面的铜像高 4.4 米，寓意着关向应 44 年的戎马生涯。加上下面的底座一共是 7.1 米，寓意着党的生日。主展馆有 3 个展厅，展出大量珍贵实物、图片和资料，配合多种科技手段，陈列分为"从满族农家走出的革命青年""在国民党统治区工作""开辟湘鄂川黔革命根据地""带领红二方面军胜利完成长征""创建晋绥抗日根据地""鞠躬尽瘁，光辉永存"六个部分，陈列了大量的关向应同志珍贵历史资料和实物，浓缩了关向应一生的辉煌业绩和光辉历程。

（作者系葫芦岛市长城文化研究会会长）

李兆麟将军故居

宋家良

一、李兆麟将军简介

李兆麟，原名李超兰，曾用名李烈生，化名张寿篯，1910 年 11 月 2 日出生于辽宁省辽阳市灯塔市小荣官屯村（今后屯村）的一个农民家庭，1932 年 5 月加入中国共产主义青年团，同年秋转入中国共产党。九一八事变后，在日寇铁蹄蹂躏下，整个中华民族处于危亡的紧急关头，他勇赴国难，以抗日救国为己任，在中国共产党的领导下，转战于辽沈大地和白山黑水之间，同日本侵略者进行了十四年的殊死搏斗。1946 年 3 月 9 日被国民党军统特务杀害于哈尔滨道里水道街 9 号，时年 36 岁。李兆麟为中共北满省委主要领导人、东北抗日联军创建人之一，入选"100 位为新中国成立作出突出贡献的英雄模范"，曾任中共满洲省委军委负责人、珠河反日游击队副队长、哈东支队政委、东北抗日联军第六军代理政治部主任、第三军政治部主任、北满抗日联军总政治部主任和东北抗日联军第三路军总指挥等职。抗战胜利后，担任滨江省副省长、哈尔滨中苏友好协会会长等职，为建立和平、民主、富强的新中国，同破坏和平谈判的国民党反动派进行了针锋相对的斗争，为贯彻党中央"争取东北""建立巩固的东北根据地"的指示，作出了重要的贡献。

二、故居总体情况

李兆麟将军故居坐落在灯塔市铧子镇后屯村，距灯塔市区8公里。北距沈阳桃仙机场33公里、沈阳站56公里，南距营口鲅鱼圈港125公里、大连港330公里，东距本溪61公里，距灯塔高速公路出口12公里，交通十分便利。

故居始建于1927年，为李兆麟祖父所建，是李兆麟将军出生地和童年生活、成长的地方。占地面积1057平方米，建筑面积172平方米。共有房屋9间，其中正房3间，东西各有厢房3间。建筑风格为民国北方普通民宅风格，四周有苇草压顶的土围墙，1997年4月按原貌进行了重新修复，同年10月对外开放。

为了更好地展示、弘扬革命文化，2005年，利用红色旅游投资30万元，在故居东侧修建了李兆麟纪念馆。占地面积1080平方米，建筑面积120平方米，主要陈列李兆麟将军生平事迹图片和遗物120余件。

李兆麟将军故居曾被辽阳市、灯塔市授予"爱国主义教育基地""青少年学雷锋活动基地""国防教育基地"；2005年，被中共辽宁省委组织部授予"党史教育基地"，6月被辽宁省确定为红色旅游精品景区；2007年，被辽宁省人民政府公布为"省级文物保护单位"；2011年，被辽宁省人民政府命名为"国防教育基地"；2015年6月，故居加入东北抗战遗迹联盟；2018年，被中共辽宁省委宣传部授予"爱国主义教育示范基地"。

三、设施建设情况

1. 李兆麟将军故居

李兆麟将军故居正房东屋陈列，为李兆麟爷爷的生活用品及李兆麟向爷爷

李兆麟故居全貌

借用白马参加抗日的生动场景；正房西屋陈列，为李兆麟出生和少年学习的生活场景。东厢房陈列，为李兆麟书房及其家的生产、生活用具。正房后边有两个粮仓，李兆麟在家乡抗日时经常在粮仓内印刷抗日传单。宅院西南角，有李兆麟组建抗日义勇军第 24 路军时骑过的白马塑像及拴马棚。

2. 李兆麟纪念馆

李兆麟纪念馆为现代化展厅，陈列了李兆麟将军驰骋辽吉黑，横扫哈东南，抗日救国收复河山的史料，歌颂了将军的光辉一生。陈列共分 5 个部分：启蒙教育、返乡抗日、白山黑水、血沃北疆、英灵永存。陈列品向参观者开放，参观者可以通过遗物和照片了解李兆麟将军的生平和工作、生活、战斗经历。纪念馆还设置了留言簿，参观者参观后可以留言纪念。李兆麟纪念馆的建成，扩大了李兆麟将军故居的规模，丰富了参观、纪念内容，到故居参观纪念的游客数量连年攀升。

3. 兆麟纪念广场

为了更好地弘扬民族精神，传承好红色基因，加强爱国主义教育基地建设，满足越来越多的游客参观瞻仰需求，2019 年，灯塔市政府投资 700 万元实施了兆麟公园项目一期工程，建设了兆麟纪念广场。兆麟纪念广场占地面积 2 万平方米，工程主要包含纪念馆入口前广场、公园入口广场、生态休闲广场和李兆麟雕像 4 个部分，并配套实施了绿化、景观湖等附属工程。特聘请中央美术学院造型学院副院长、中国城市雕塑协会副主席吕品昌对李兆麟塑像进行设计雕刻，全像高 6 米。同时，在广场东侧打造了 500 亩采摘园，在西侧修建了环山休闲栈道、景观亭，以发展红色生态旅游产业，最终将后屯村建成集红色教育、生态旅游、休闲采摘于一体的美丽村庄，带动周边经济发展。

四、功能发挥情况

　　故居自对外开放以来，灯塔市委、市政府对故居建设和开展爱国主义、国防教育工作非常重视，每年接待来自全国各地尤其是省内参观学习的党政领导、退休退伍干部，社会各团体，大中小学教师、学生及社会各界群众近 4 万人次。尤其是 2019 年"不忘初心、牢记使命"主题教育活动开展以来，仅李兆麟将军故居就接待党政机关、事业单位、学校及社会团体 200 余个，总接待达 4 万人次以上，其中大中小学生参观人数达 2 万人次以上。来访者在故居内举行包括入党宣誓、重温入党誓词等各种学习纪念活动。

　　2021 年党史学习教育活动启动后，李兆麟将军故居迅速成为全市及周边地

李兆麟故居西厢房

李兆麟故居粮仓

区各级党组织和党员开展党史学习教育的红色地标。2021 年下半年，辽阳市积极争取资金完成了故居保护修缮及外环境整治工程等 3 项工程，让革命文物更好发挥作用。

每年在清明节、九一八事变纪念日、建军节、国防教育日、抗日战争胜利纪念日等重要节日或纪念日，各级党政机关干部、中小学生及广大人民群众到故居参观，以各种形式表达对将军的缅怀和纪念，开展系列爱国主义教育活动。

（作者系灯塔市政协办公室副主任）

赵尚志纪念馆

朝阳市赵尚志纪念馆

　　赵尚志烈士纪念设施包括纪念馆、尚志公园、烈士陵园、将军故居等，均于 2007 年 10 月一体规划，一体建设，目前一体管理，2008 年赵尚志将军诞辰 100 周年之际，馆陵免费对外开放。

　　赵尚志纪念馆位于朝阳市区，占地面积 62000 平方米，建筑面积 6000 平方米，布展面积 4400 平方米。纪念馆总体设计以弘扬尚志精神为主题，以将军革命战斗的一生为主线，突出展现了抗日民族英雄赵尚志的精神实质和光辉业绩。纪念馆馆名由国家军委原副主席、国防部原部长迟浩田题写。在展陈中利用幻影成像、半景画以及声光电等手段，重点对颠覆日军军列、木炮打宾州、冰趟子战斗和最后的战斗等重要战役进行详细解读，再现了赵尚志誓死抗日、坚贞不屈的光辉形象和斗争精神。赵尚志纪念馆周围是以"尚志"命名的主题公园，公园内建有赵尚志将军骑马雕像，喷泉、叠泉、文化长廊等。

　　赵尚志烈士陵园距市区 60 公里，位于朝阳县尚志乡尚志村的将军山上，依山而建，气势雄伟，匠心独运。陵园占地 47695 平方米，由纪念碑、纪念广场、浮雕墙、纪念堂、墓室、武器装备园等部分组成。陵园正门"赵尚志烈士陵园"的题字，由中央军委原副主席张万年上将题写；纪念碑题字"赵尚志烈士永垂不朽"，由中央军委原副主席、国防部原部长迟浩田上将题写；位于纪念堂中心的半地下墓室内，安葬着赵尚志将军的颅骨。

赵尚志将军故居紧邻陵园，为原址重新修缮，占地 4000 平方米，二重四合院建筑。故居内正房 5 间，门房 7 间，两侧厢房各 3 间，为辽西地区小凌河流域百年老宅的建筑风格。故居门前矗立着刻有著名碑碣家李铁城先生撰书的"民族英雄赵尚志"的七字石碑，高度概括了赵尚志将军英勇善战、矢志不渝的一生。故居内陈列着见证赵尚志成长以及赵家满门忠烈的珍贵文物。赵尚志将军故居于 2021 年 3 月被列入辽宁省第十一批省级文物保护单位。

1932 年秋，赵尚志化名李育才在巴彦游击队

2009 年 5 月，赵尚志纪念馆被中宣部列入第四批"全国爱国主义教育示范基地"；2012 年 8 月，被确定为"国家级国防教育基地"；2010 年 10 月，被国家发改委列入第二批"全国红色旅游经典景区"名录；2015 年 8 月，被国务院列入第二批"国家级抗战纪念设施、遗址名录"；2021 年 7 月，被中国人民解放军北部战区陆军评为国家级"红色基因代代传"教育基地；2012 年 3 月，被中共辽宁省委命名为"辽宁省中共党史教育基地"；2012 年 7 月，通过辽宁省质量监督局验收，成为全省第一批"省级服务业标准化合格单位"之一；2012 年 9 月，被辽宁省委组织部确定为"首批省级公务员职业道德实践基地"；2014 年 11 月，被辽宁省委组织部确定为"辽宁省干部教育培训现场教学基地"；2019 年 3 月，被辽宁省消防救援总队确定为"全省消防救援队伍思想政治教育基地"；2019 年 5 月，被武警辽宁省总队确定为"中国人民武装警察部队辽宁省总队红色教育基地"；2020 年 12 月，分别被共青团辽宁省委员会、少先队辽宁省工作委员会授予"共青团志愿服务基地"和"少先队校外活动实践基地"荣誉称号；2021 年，被辽宁省总工会命名为"辽宁省

职工思想政治教育基地"，被辽宁省社会科学界联合会命名为"辽宁省社会科学普及示范基地"。

赵尚志纪念馆经过多年的完善与发展，获得了良好的社会效益，目前已接待观众近 800 万人次。发挥了爱国主义教育功能，在群众中产生较大影响力并且获得诸多社会荣誉，打出了自己的宣传品牌，成为辽西地区爱国主义教育的一面旗帜，为全市党政机关、企事业单位、部队官兵和中小学生开展爱国主义教育提供重要载体和场所，持续不断地弘扬英烈精神，传承红色基因，赓续红色血脉。

辽沈战役纪念馆

锦州市政协文化和文史委员会

　　辽沈战役纪念馆（以下简称纪念馆）位于辽宁省锦州市凌河区北京路五段一号，是全面反映东北解放战争史，突出反映辽沈战役伟大胜利的军事专题纪念馆。它不仅展示了辽沈战役的胜利进程和党中央、中央军委为东北局制定的正确方针，也揭示了战役胜利的诸多因素及伟大的战略意义，再现了人民解放战争中第一个伟大战役的胜利画卷，是缅怀在辽沈战役中英勇献身的革命先烈的一座历史丰碑。

　　纪念馆成立于 1958 年 12 月 30 日，其前身是辽宁省地质博物馆筹备处锦州办事处、锦州历史文物陈列馆，馆址设在锦州市古塔区大广济寺古建筑内。1978 年 10 月叶剑英元帅题写了馆名。1985 年 4 月中共中央办公厅、国务院办公厅和中央军委办公厅联合批复同意修建新馆。新馆选址位于辽沈战役烈士陵园纪念塔北侧，于 1988 年 10 月 31 日落成开放。

　　2001 年 8 月，中共辽宁省委、省人民政府决定对纪念馆实施改陈改造工程。2004 年 11 月 2 日，举行了竣工暨开馆庆典。2005 年和 2008 年纪念馆相继修复并开放了东北野战军锦州前线指挥所旧址（牤牛屯）、配水池战斗遗址。

辽沈战役纪念馆

2008年3月1日起，纪念馆在全国率先实行免费开放。2018年纪念馆进行园区环境升级改造，改造后的园区新增近8万平方米的活动空间，得到了市领导和社会的广泛认可。2019年，按锦州市市直公益性事业单位优化整合方案要求，辽沈战役纪念馆由原辽沈战役纪念馆及其所属辽沈战役烈士陵园，市民政局所属解放锦州烈士陵园管理处整合组建。

　　纪念馆园区占地面积18.8万平方米。主要纪念建筑以中轴线为序，依次坐落胜利之门、提升广场、辽沈战役革命烈士纪念塔和主体陈列馆。在中轴线两侧布局着朱瑞将军雕像、张士毅和梁士英烈士墓。

　　纪念馆南大门，高16米，宽77米，由三座巨型方块组成。它是城市雕塑、大门、临时展厅三位一体的综合建筑。三个单体建筑寓意三大战役，它们的胜利，打开了新中国通向胜利之门，敞开的"V"字形是英文胜利的缩写，所以亦称胜利之门。同时，又蕴含纪念馆敞开胸怀，迎接海内外的八方游客。胜利之门，入有通向胜利之感，出则有拥抱和平之意。

　　提升广场是中轴线上连接南园和北园的一处纪念景观。桥的中间地带由五

辽沈战役纪念馆

颗石雕五角星和透明玻璃相间组成。两侧的护栏也镶嵌了十枚巨大的石雕勋章，象征光荣与胜利。

坐落在烈士陵园内的辽沈战役革命烈士纪念塔，始建于 1957 年。塔的形状采用了前倾式的军旗造型，形象地表现了人民军队永远向前的战斗精神。塔身正面是朱德元帅题写的"辽沈战役革命烈士永垂不朽"12 个贴金大字。塔身两侧是两组凸显在军旗上的大型浮雕，每组浮雕都表现了辽沈战役中解放军指战员英勇作战和人民群众踊跃支前的壮观场景。塔的高度为 17.9 米，在它的顶部是一尊高 6.4 米的解放军战士青铜塑像，这位青铜战士，左手持枪，右手高挥，呈现一个前进的姿态，屹立在高高耸立的塔顶，成为锦州"英雄城市"的象征。

纪念塔的下方有一个用花岗岩雕刻的巨大花环，由莲花、百合、菊花、牡丹、玫瑰、向日葵等编织而成，象征烈士高尚而圣洁的思想情操。为祖国和人民而牺牲的英烈们将在人们的怀念中永生。

在纪念塔两侧对称分布着中国最长的烈士名录墙——东北解放战争烈士名录墙。在黑色的大理石上镌刻着五万多名烈士的名字。他们的生命因为不朽而化作雕像，活在历史与人们的怀念之中。

纪念馆主体陈列馆建筑面积 8600 平方米。馆藏藏品 7097 件／套，其中一级文物 25 件／套，二级文物件 388 件／套，三级文物件 194 件／套。基本陈列设有序厅、战史馆、支前馆、英烈馆和中国第一座全景画馆。序厅是总体陈列的卷首，顶部三颗金色的五角星闪耀着胜利的光辉，昭示着新中国黎明的到来。

序厅中大型主题雕塑《决战决胜》，以人民解放军突破城垣的瞬间为创作契机，表现出人民解放军无坚不摧、勇往直前、胜利进军的雄伟气势，居高临下，大气磅礴，极具视觉冲击力。

战史馆展陈紧紧把握东北地域特点，以沉静、冷峻的色调，渲染出战争特有的氛围，而温和的射灯，又唤起人们对久远历史的专注和怀念。战争，犹如历史长河中的狂涛巨澜，在它的撞击下，历史注定了选择的走向。这些十分珍贵的照片和文物，记载了那个风云激荡的年代。

支前馆以朴素热烈的总体印象，显示人民对解放战争的巨大支援；得民心者得天下，这是历史的必然。在那风起云涌的时代，千千万万个家庭，为了解放战争的胜利，做出了巨大的贡献与牺牲。从乡村到城镇，从后方到前线，到处呈现男女老少齐上阵、家家户户支前忙的动人景象。

英烈馆采用了碑体和雕塑相结合的艺术形式，突出崇高静穆，寓示着英雄精神的升华。东北三年解放战争，共有 5 万多名战士牺牲，浮雕、遗物、照片、题词表达后人对先辈的怀念和永远的铭记。

《攻克锦州》全景画是中国第一幅全景画，它是我国博物馆和美术史上的开山之作，它借鉴中外艺术成果，集当代艺术家最高智慧集体创作。《攻克锦州》全景画画面长 122.24 米，高 16.1 米，总面积 1968 平方米，重量达 4 吨。宏大的场景中，军事指挥和战场交锋的情景交替演示，以高超的绘画技法、逼真的地面塑型和声光电系统巧妙衔接，浑然天成，使观众身临其境、振聋发聩、惊心动魄、壮怀激烈。此作品已成为世界全景画艺术的极品和经典之作。

纪念馆园区生长各类树木 2 万余株，80 余种。从树种来看，既有北方特色的树种，也不乏珍奇稀有树种。从植物分类来看，园区树木共分两大类：乔木和灌木。乔木类植物以松树和柏树居多，松树有黑松、赤松、五针松、白皮松和落叶松等；柏树有圆柏、侧柏、桧柏和地柏等。灌木类植物以花灌木为主，主要有榆叶梅、连翘、丁香、珍珠梅、红刺梅、山梅花、水蜡和茶树子等。除此之外，园区还有杜仲、望春玉兰、山茱萸、文冠果、水杉、蝴蝶槐和桂香柳等珍奇树种。

辽沈战役纪念馆

辽沈战役纪念馆是中国博物馆协会理事单位，中国博物馆协会纪念馆专业委员会和兵器与军事历史专业委员会的副主任单位。随着我国文博事业在新时期的跨越式发展，纪念馆也逐步成为集历史研究、文物收藏、陈列展示、文化传播、艺术博览、园林休憩等多功能为一体的爱国主义教育基地和红色旅游经典景区。同时，还精心设计了以辽沈战役纪念馆为主线，以解放锦州烈士陵园、牤牛屯东北野战军锦州前线指挥所旧址和配水池战斗遗址为延伸的"四点一线"红色旅游主题路线，丰富了教育形式，拓宽了教育领域，为推动爱国主义教育和红色旅游事业发展做出了突出贡献。

纪念馆相继被评定为全国爱国主义教育基地、全国青少年教育基地、国家AAAA级旅游景区、全国红色旅游经典景区、全国首批国家国防教育示范基地、国家二级博物馆。近十年来，纪念馆相继被授予"全国爱国主义教育示范基地先进单位""全国精神文明建设工作先进单位""全国社会实践活动先进单位""全国青年文明号""全国旅游系统先进集体"和"全国红色旅游工作先进集体"等荣誉称号。

法库县秀水河子烈士陵园

沈阳市法库县退役军人事务局

　　法库县秀水河子烈士陵园是为了纪念 1946 年 2 月在此地爆发的秀水河子歼灭战牺牲的 900 多名东北民主联军指战员修建的。目前陵园和纪念馆为辽宁省和沈阳市国防教育基地和爱国主义教育基地、国家 AA 级红色旅游景区，省级文物保护单位，辽宁省沈阳市红色教育基地，创建"英雄城市"的重要地标。陵园和纪念馆在全省国防教育和爱国主义教育中发挥着重要的作用，2020 年以来，每年接待参观、祭奠人员都超过 3 万人次。

　　陵园始建于 1970 年，内部占地 12000 平方米，按照中国传统的"天圆地方"规制建设。设计歼灭战纪念馆及科普广场、主纪念碑及瞻仰广场、烈士墓区、纪念浮雕墙 4 个部分。

　　秀水河歼灭战是抗日战争胜利后，中国革命面临着"两个前途、两种命运"严峻形势下，我东北民主联军针对国民党反动派取得的第一个歼灭战胜利，极大地振奋了党心、军心和民心，在我党和我军历史上具有重要的转折意义，被称为"东北解放的第一个春天"。

　　主纪念碑位于瞻仰广场正中央，纪念碑高 18.7 米，位于陵园的重心点上，

歼灭战纪念馆

烈士陵园

烈士墓区

寓意革命江山稳固、来之不易。纪念碑正面"秀水河子歼灭战烈士纪念碑"这12个字由洪学智将军亲笔题写。洪学智将军在东北解放战争期间任纵队司令员、东北野战军铁路局局长等职务,分别于1955年和1987年两次被授予上将军衔。

陵园烈士墓区,共有89座烈士合葬墓,埋葬着秀水河子歼灭战中在主战

烈士纪念碑

纪念浮雕墙

场牺牲的 800 多名东北民主联军指战员。

烈士陵园纪念浮雕墙共分为三个部分，右侧是烈士英名墙，镌刻着这次歼灭战中能查到姓名的 35 位英烈的名字。中间群雕的右上角雕刻着"一切反动派都是纸老虎"，毛泽东主席在延安得知东北民主联军获得这次歼灭战胜利消息后非常高兴，随手写下的这一行字，成为毛泽东思想的重要组成部分。浮雕墙左侧镌刻着"人民的胜利"5 个大字，这是毛泽东主席手书集字，既反映了这次歼灭战胜利的根本原因，也充分体现了我军的政治建军思想和植根于人民群众之中的军事指导方针，寓意中国革命一切依靠人民、一切为了人民的思想。

秀水河子歼灭战纪念馆于 2023 年 6 月开始扩建和重新布展，分别是序厅及两个前途、两种命运的抉择、挺进东北、大捷秀水、"一切反动派都是纸老虎"、浩气长存几个部分，并于 2024 年 9 月重新开放。

塔山阻击战纪念馆

盛小纯

　　塔山阻击战纪念馆，位于辽宁省葫芦岛市连山区塔山乡，南距葫芦岛市区12公里，北距锦州30公里。塔山阻击战纪念馆创建于1963年。2013年10月15日，在塔山阻击战胜利65年周年之际，塔山阻击战纪念馆新馆正式落成开馆。塔山阻击战纪念馆新馆建筑面积3000平方米，外形为碉堡形，寓意塔山阵地牢不可破，固若金汤。主体共分为上下两层，一层为圆形，面积2200平方米；二层为两个半环形，建筑面积800平方米，在楼顶设环形观景台，登台可环视当年战场全貌。

　　塔山阻击战纪念馆以史料展览和现代国防军事设施展览再现历史原貌，全面介绍塔山阻击战的全过程，使游客重温这段惨烈战斗场景。

　　塔山阻击战是解放战争辽沈战役的关键一战。1948年10月10日，塔山阻击战打响，我中国人民解放军四纵、十一纵、独立四师、独立六师在塔山地区阻击锦西、葫芦岛增援锦州的国民党军队。经过六天六夜的浴血奋战，战胜了拥有现代化装备的国民党优势兵力，歼敌6549人，创造了以少胜多、以劣胜强的光辉战例。塔山阻击战在保证我军攻占锦州，乃至配合辽西歼敌取得整

塔山阻击战纪念馆

个辽沈战役胜利，起到了关键性作用。

　　1963 年，塔山阻击战纪念馆建馆，当时纪念馆仅三间平房。 1982 年，塔山阻击战纪念馆进行了一次小规模的维修，展馆面积增加至 330 平方米，为一层平房式建筑。 1984 年 12 月 24 日，时任中纪委书记陈云为塔山阻击战纪念馆烈士纪念塔题字——"塔山阻击战革命烈士永垂不朽"。

　　2006 年 9 月，为全面解决原塔山阻击战纪念馆陈列馆空间狭小、布局不合理、陈列落后等问题，经葫芦岛市委、市政府同意，市民政局对塔山阻击战纪念馆进行全面改扩建。 2008 年 7 月，塔山阻击战纪念馆主体部分完工。 2010 年 10 月，塔山阻击战纪念馆主体工程竣工，建筑面积 3000 平方米。2012 年 10 月，塔山阻击战纪念馆的广场建设、道路改造等附属工程竣工。2013 年 10 月 15 日，塔山阻击战纪念馆室内装修布展工程竣工，纪念馆正式落成开馆。展陈面积 2000 平方米，分为迎接决战、鏖战塔山、策应决战、人民支援、彪炳千秋等五部分。2014 年，塔山阻击战纪念馆的主题文化长廊建设完成。2015 年，塔山阻击战纪念馆的绿化美化工程种植完成。2016 年，塔山阻击战纪念馆的游客服务中心建成。2017 年，塔山阻击战纪念馆进行纪念碑维修工程、消防安保监控系统工程、电力系统工程、广播系统工程等相关工程建设。2020年，塔山阻击战纪念馆的基础设施改造项目工程竣工完成。

塔山阻击战纪念馆馆舍外分设2座浮雕墙，反映了塔山阻击战英烈浴血奋战的6天6夜，正面刻有各种战争场面，后面是文字叙述。馆舍采取中轴线式通透结构，大门正上方为解放勋章，寓意东北人民解放军精神永存。

塔山阻击战纪念馆园区保护面积0.74平方千米，风景林有树木3万余棵。园区正门于1982年建有牌楼，牌楼高5米，宽10米，顶部正面镌刻有原中央政治局常委、中央军委副主席刘华清题写的"塔山革命烈士陵园"牌匾。

塔山阻击战纪念碑位于塔山阻击战纪念馆园区中心部位，于1963年10月15日建成，现为省级文物保护单位。纪念碑高12.5米，全部由花岗岩砌成，碑身为正方石柱形，象征人民军队如擎天之柱，左右辅以连体副碑，象征人民群众对子弟兵的支援和扶持，碑座正面镶有石雕花环，以示对烈士的永远祭奠，碑的顶部雕有被碑身冲破的云环纹饰，象征烈士们叱咤风云的英雄气概，碑两侧上方高悬军功章浮雕，碑的背面镌刻碑文详述了战争经过和英雄事迹，碑的正面是陈云题词"塔山阻击战革命烈士永垂不朽"。

塔山阻击战烈士合葬墓

塔山阻击战纪念馆革命烈士公墓在塔山阻击战纪念馆纪念碑的后侧，于1997年10月修

塔山阻击战革命英雄纪念碑

塔山阻击战纪念馆展览中的"将军墙"

建。塔山阻击战中牺牲的 700 多名烈士，一直分散埋葬在高桥、沙河营等乡镇，
1998 年，在塔山阻击战 50 周年之际，将他们的遗骨合葬在公墓内，墓前黑色
大理石纪念碑正面刻有中央军委副主席张万年题写的"塔山英烈万古流芳"8
个大字，碑的后面镌刻着 747 位烈士的姓名。公墓纪念碑的前方是 8 位生前直
接指挥了塔山阻击战将军的墓地。他们是东北野战军第四纵队司令员吴克华、
副司令员胡奇才、政委莫文骅、副政委兼政治部主任欧阳文、参谋长李福泽、
四纵十二师师长江燮元、塔山英雄团团长焦玉山、塔山英雄团政委江民风。

　　塔山阻击战纪念馆的文物来源于征集、捐赠。塔山阻击战纪念馆原有馆藏
文物及资料 87 件套，馆舍进行改扩建工程未正式开馆之前全部封存。馆舍扩建
后，新征集入藏一批文物及资料。馆内摆放着战场沙盘模型，陈列各种武器、奖章、
决心书、人民支援前线用具等，这些文物形象而真实地再现历史，每一件遗物
的背后，都有一段革命经历。

　　塔山阻击战纪念馆园区防治工程依靠科学技术和"预防为主，综合治理"

的原则，有机地运用短期、中期、长期治理手段，充分发挥生物因素和森林生态系统自身的调控作用，对病虫害进行林业生产全过程的管理。

塔山阻击战纪念馆战壕保护工程根据结构可靠性鉴定，采取重点修复的措施用以恢复。重点修复的具体手段采取对战壕进行补筑的形式。补筑用土使用当地原材料按原形式补筑，体现"可识别"的原则，保证补筑后不对原状产生结构性破坏。其余清理植物根系、化学保护等措施根据保存现状评估予以分段实施。

每年清明节和"七一""十一"等重大节日，葫芦岛市以及外省市的大批中小学生和企事业单位干部职工，纷纷来到塔山，参观塔山阻击战纪念馆，祭扫烈士墓，举行入党、入团宣誓，进行爱国主义教育。塔山阻击战纪念馆具有重要的历史地位，是生动的爱国主义教材、重要的爱国主义教育基地。

塔山阻击战纪念馆先后被命名为"辽宁省公务员职业道德教育实践基地""省级烈士纪念设施保护单位省级文物保护单位""辽宁省关工委教育基地""海军廉政文化教育基地"，是国家 AAA 级旅游景区。塔山阻击战纪念馆于 2001 年 6 月，被中宣部授予"全国爱国主义教育示范基地"称号；2004 年，被中宣部、国家发改委等六部委列入"全国百家红色旅游经典景区"；2012 年 8 月，被国家国防教育办授予"国家国防教育示范基地"；2022 年 8 月，入选第一批辽宁省职工思想政治教育基地；2022 年 10 月，入选国家级旅游线路"长城红色精神传承之旅"。

（作者系葫芦岛市塔山阻击战历史研究中心副主任）

黑山阻击战 101 高地景区

锦州市政协文化和文史委员会

　　黑山阻击战 101 高地景区位于辽宁省锦州市黑山县。2007 年，在国家发改委投资及地方配套资金等支持下，修建了黑山阻击战纪念馆，之后经过不断扩建改造，形成了现在的景区规模。景区总占地面积近 30 万平方米。黑山阻击战 101 高地景区是国家 AAA 级旅游景区、全国爱国主义教育示范基地、国家级国防教育基地、全国首批百家红色旅游经典景区之一、省级文物保护单位、辽宁省中共党史教育基地、中国博物馆协会纪念馆专业委员会会员单位、辽宁省第一批党性教育现场教学点。景区主要由黑山阻击战纪念馆、101 高地战斗遗址、黑山阻击战纪念碑和战地公园四部分组成。

　　黑山阻击战纪念馆：于 2008 年 10 月主体工程竣工，2011 年开始免费对外开放。总占地面积 9154 平方米，建筑面积 2539 平方米，展厅面积 1572 平方米。是一座集收藏、保护、展示、研究黑山阻击战战史于一体的对外开放的纪念馆，馆内陈列分四个部分。第一部分战前形势：介绍了战役背景、敌我双方态势；第二部分战役实施：主要展现迎击强敌，鏖战三日，浴血黑山，四面合围，会战辽西的壮烈场面；第三部分为人民支前：展现了后方人民紧急动员，

黑山阻击战纪念馆

馆内展厅

馆内展厅

支援前线，执行战勤，保障后援，踊跃参战的动人场景；第四部分为英烈风范：歌颂英烈功绩，缅怀先烈千秋。主要通过图片、实物、多媒体半景画、仿真蜡像场景、仿真武器装备等多种形式，从不同角度生动再现了历史上这场著名的战役。

101 高地战斗遗址：位于山顶东侧，1963 年 9 月，辽沈战役黑山阻击战 101 高地战斗遗址被公布为省级文物保护单位。1988 年至今，文物部门对战壕进行了 3 次发掘清理，现存三道战壕总长 758 米，交通沟 182 米，战斗掩体 24 个。2019 年，成功申报辽宁省革命文物保护利用工程项目。2020 年国家文物局拨款 178 万元，通过对遗址的清理勘探、搭建木栈道、展示平台以及战壕保护棚的修建，形成了集保护、展示于一体的遗址展示区。木栈道总长 240 米，连接四个展示平台。

黑山阻击战 101 高地纪念碑：建于 1996 年 10 月，由县政协发出号召，全县各乡镇、机关、企事业单位和干部群众捐款，在 101 高地山顶修建了高 10.1 米的纪念碑。黑山阻击战纪念碑为钢筋水泥结构，纪念碑的底座平面呈方形，坐北朝南，外立面为白色汉白玉材质贴面，底座之上为步枪、花环和军旗造型组成的纪念碑。正面看，左右两支解放战争时期使用的步枪造型垂直竖立，两枪中间由一个圆形的和平花环相连接，枪的后面为红色理石贴面的八一军旗造型；整个纪念碑的造型圆形的花环象征着和平，两侧的步枪象征着和平需要由革命和热血来创造和捍卫，从正面也可以看出枪和花环组成的"101"这个造型；军旗代表着这场战役胜利所体现出来的猛进精神，如旗帜一般永远激励着我们。纪念碑的两侧，军旗的下部为汉白玉材质雕刻的浮雕造型，主要是解放军战士英勇作战和群众百姓积极支援前线的形象。纪念碑正面花环之下是由原东北野战军第十纵队二十八师师长贺庆积同志为纪念碑题词："辽沈战役黑山阻击战 101 高地纪念碑。"2022 年 10 月，全县人民群众及社会各界团体捐款 216 万元对黑山阻击战 101 高地纪念碑进行了修缮，以崭新的面貌屹立长存。

黑山阻击战 101 高地战地公园：2014 年 8 月，黑山阻击战"101"高地战地公园建成。主要由战地广场、中央步行路、东、西环山路组成。战地广场面积 300 平方米，地面由火烧板铺设，四周建有花坛，广场中间的地面上有战史碑和花环造型，再向前由花岗岩台阶连接到纪念碑。中央步行路和环山路总长度达 1.5 千米，中央步行路为黑色马蹄石铺设而成，两侧为步行路。在中央步行路中部东侧，建有停车场，面积 890 平方米，全部为生态砖铺装。

每年的清明、"五一""七一""八一""十一"等重要节日，都是纪念馆参观的高峰期，这期间观众主要有武警官兵、学生、机关和企事业单位等的社会各界团体，以及假期游玩的广大群众。参观者在馆内接受爱国主义教育的同时，还可以到黑山阻击战 101 高地亲临当年的战场，近距离地观摩战斗工事，在纪念碑前重温入党誓词，深切缅怀革命先烈，培养爱国情操，深刻体会革命先烈的大无畏的牺牲精神。黑山阻击战纪念馆充分发挥着爱国主义教育基地、党史教育基地和红色教育基地的重要作用，取得了良好的教育效果。

抗美援朝纪念馆

关寒

　　抗美援朝纪念馆（丹东市抗美援朝研究中心）位于辽宁省丹东市鸭绿江畔的英华山上，与朝鲜民主主义人民共和国新义州市隔江相望，是全国唯一全面反映中国人民抗美援朝战争和抗美援朝运动历史的专题纪念馆。

　　抗美援朝纪念馆始建于 1958 年，1990 年 10 月易地扩建，1993 年 7 月新馆落成。2014 年 6 月 3 日，经党中央、国务院批准，抗美援朝纪念馆进行新一轮改扩建。2019 年 9 月 19 日新馆正式对外开放。10 月 23 日，习近平总书记署名向抗美援朝纪念塔敬献花篮。截至目前共接待机关企事业单位团体参观 5300 多个（其中 60% 是域外团队），举办"传承红色基因　纪念革命先辈"仪式教学 610 场，受教育人数达 156 万人次。先后被命名为首批"全国百个爱国主义教育示范基地""国家国防教育示范基地""全国中小学爱国主义教育基地""全国文化工作先进集体""全国 AAAA 级旅游景区""全国百个红色旅游经典景区""全国红色旅游工作先进集体""全国廉政教育基地""全国人文社会科学普及基地"等国家级称号，是广大群众和社会各界了解抗美援朝历史、缅怀志愿军英雄、传承抗美援朝精神、培育社会主义核心价值观的重

抗美援朝纪念馆

要阵地。

　　抗美援朝纪念馆占地面积 18.2 万平方米，建筑面积近 3 万平方米，由抗美援朝纪念塔、陈列馆、全景画馆三大主体建筑及国防教育园组成。现有馆藏抗美援朝文物 2 万余件，各类抗美援朝资料 3 万余份，是目前国内收藏抗美援朝文物与资料较为全面和系统的纪念馆。

亮点一——色彩变化，展现历史更厚重

　　抗美援朝纪念馆陈列馆分为序厅、抗美援朝战争厅、抗美援朝运动厅、中朝人民友谊厅、中国人民志愿军英烈厅、纪念厅 6 个部分。序厅正中，是毛泽东主席与彭德怀司令员的大型铸铜雕像《临危受命》，真实还原了 70 多年前的历史瞬间。正上方"抗美援朝，保家卫国"8 大个字，高度概括了抗美援朝纪念馆的重大主题。阔大的序厅，营造出气势恢宏的氛围，给人以强烈的视觉冲击力。

抗美援朝纪念馆

新馆注重色调变化，突显陈列主题。序厅以曙光色为主，体现出庄重、开阔与明亮，烘托出"抗美援朝，保家卫国"的重大主题；战争厅以红色和灰色为主，展现战争的激烈与残酷，更寓意着在党的领导下，志愿军战士的红色信仰；运动厅以红色为主，展现全国人民的无私的、热烈的支援，更代表了团结一致的民族精神；友谊厅以亮金色为主，象征中朝两国在并肩作战的过程中坚固与永恒的情谊；英烈厅以暗金色为主，以厚重的石材寓意祖国和平的基石，引人沉思与联想。

亮点二——多形式展示，文物说话更有力

文物是纪念馆的"魂"。改扩建后的抗美援朝纪念馆新馆在陈列设计中，注重通过多种形式的展陈，让文物开口"说话"。

上甘岭战役是抗美援朝战争中的著名战役。在上甘岭这个不足 4 平方千米

馆内展厅

的阵地上，"联合国军"先后投入 6 万余人、发射炮弹 190 多万发，投掷炸弹 5000 多枚；志愿军陆续投入 4 万余人，发射炮弹 35 万余发，上甘岭山头被炮弹、炸弹削低 2 米，土石被炸成 1 米多厚的粉末。为了表现战役的惨烈，新馆在展陈中充分考虑文物与场景的融合，不仅复原了上甘岭阵地的实景，还将上甘岭阵地上的炸弹片、嵌有弹片的树木以及阵地上夹杂着弹头与弹片的碎石与岩石粉末等文物融入场景，让观众身临其境，感受战争的残酷。新馆共展出文物 1600 多件，与旧馆文物相比增加了近一倍，真正做到用文物说话，发挥文物"魂"的作用。

亮点三——增加图片信息，史实阐述更翔实

照片是历史信息的重要载体。新馆在大量抗美援朝历史照片中选取了近千张，用于本次陈列，较旧馆增加了 300 余张，弥补了旧馆历史信息阐述不全面

等问题。在多张照片表现同一历史事件的情况下，运用"减法"选取一张最具代表性的照片展现。各展厅照片尺寸，在力求和谐的基础上有所变化。另外，新馆在每一阶段选取了具有代表性的大场面照片作为背景图，不仅作为展陈的一部分，同时达到了吸引观众眼球的效果。

亮点四——巧设场景，身临其境进战场

场景是文物和历史照片的延伸。在备受瞩目的抗美援朝战争厅中，为配合文物和历史照片的阐释，提升观众参观体验，纪念馆从抗美援朝战争进程中，精心选取了八个题材，在展线相应位置设计制作了八大场景，激战云山城、冰雪长津湖、钢铁运输线、无敌坑道、鏖战上甘岭、奇袭白虎团、板门店停战签字会场等重要战斗战役和历史事件进行深入挖掘与艺术加工，运用沙盘、幻影成像 +LED 等新媒体手段，加深观众对重要历史事件的参观印象。让观众在安静的展厅与激烈场景的呼应中，体验战争的氛围。

亮点五——留住经典，新旧融合有创新

不忘历史，才能更好地传承。抗美援朝纪念馆自 1993 年开馆以来，旧馆中的经典陈列早已深入人心。为了留住经典，向旧馆致敬，本次陈列特地保留了旧馆中的部分雕塑、油画等艺术品，既有创新，又有传承，让观众在观展中既能找到旧馆的影子，又有新的参观体验。

亮点六——数字化服务，参观体验更便捷

改扩建后的抗美援朝纪念馆顺应时代发展的要求，在展览服务方面，推出自助式参观模式，参观者可以通过扫码，了解到展陈文物背后的故事。此外，新馆还推出了云讲解、公益讲解、语音导览等项目，满足不同观众的参观需求。对于志愿军老战士和行动不便人士，纪念馆还配备了无障碍通道，让这些特殊

的观众享受到最便捷的服务。

习近平总书记指出："博物馆是保护和传承人类文明的重要殿堂。让文物说话、把历史智慧告诉人们，可以激发我们的民族自豪感和自信心，坚定中国人民振兴中华、实现中国梦的信心和决心。"在抗美援朝纪念馆新馆的基本陈列中，始终秉承全面反映、突出重点，内容客观、真实再现的原则，从自身实际出发，统筹考虑馆藏文物资源，坚持以文物藏品为中心，合理利用现代多媒体展示手段，使整个展厅既有传统展示手法，又科学合理运用高科技视觉效果，不落"千馆一面"的窠臼，力求全面、客观、准确地反映伟大的抗美援朝战争和抗美援朝运动历史。

（作者系抗美援朝纪念馆机关党委专职副书记）

沈阳抗美援朝烈士陵园

沈阳市抗美援朝烈士陵园管理中心

沈阳抗美援朝烈士陵园位于沈阳市北陵公园畔。为了纪念在抗美援朝战争中英勇牺牲的烈士,1951 年 4 月 14 日,经政务院内务部批准,原东北人民政府决定在沈阳修建志愿军烈士陵园,同年 8 月落成,并移交沈阳市民政局管理。陵园占地面积 20 万平方米,是"全国重点烈士纪念建筑物保护单位""全国爱国主义教育示范基地""全国百家红色旅游景区""AAA 级国家旅游景区""全国退役军人工作模范单位"。

陵园由抗美援朝烈士纪念碑、志愿军群雕、烈士墓群、烈士纪念馆、烈士纪念广场等设施组成。陵园碧草青青,松柏苍翠,交相叠映,庄严肃穆。

"抗美援朝烈士陵园"园名由郭沫若同志亲笔题写。烈士纪念碑高 23.5 米,碑身是用花岗岩砌成的四棱锥型建筑,碑身挺拔,庄严雄伟,象征着烈士们的丰功伟绩和人民对先烈的永恒怀念。碑身的正面镌刻着董必武同志的亲笔题词:"抗美援朝烈士英灵永垂不朽。"纪念碑的顶端是铜铸的中朝两国国旗,寓意着中朝两国人民的友谊万古长青。旗下是手握冲锋枪的志愿军战士铜像,以其惊天地、泣鬼神、正气凛然的英雄气魄,令人肃然起敬。纪念碑底部由黑色大理石组成，卧碑上面镶嵌着花环，花环两侧是"1950—1953"字样，标志着从中国人民志愿军出国作战到美国被迫在板门店签订停战协定的时间。它昭示今人、启迪后人，不忘历史。卧碑下部是郭沫若同志为抗美援朝烈士的题诗："煌煌烈士尽功臣，不灭光辉不朽身。鸭绿江南花胜锦，北陵园畔草成茵。英雄气魄垂千古，国际精神召万民。峻极高山齐仰止，誓将纸虎化为尘。"烈士纪念碑背面刻着由国务院办公

抗美援朝烈士陵园烈士纪念碑近景照

室起草，经周恩来总理亲自审阅的 471 字碑文。碑座后侧是 8 幅铜铸浮雕，生动地再现了在抗美援朝战争中志愿军战士英勇战斗的场面。在纪念碑前广场的东侧，坐落着反映黄继光、杨根思、邱少云、孙占元、杨连弟壮烈牺牲辉煌瞬间的一组雕像。在纪念碑前广场的西侧，坐落着反映志愿军战士高举战旗，奋勇杀敌，威震敌胆，气壮山河的群雕。

在纪念碑后面和两侧，绿草如茵、松柏成行。沈阳抗美援朝烈士陵园安葬着 1104 位志愿军烈士，其中包括特级英雄杨根思、黄继光，一级英雄邱少云、孙占元、杨连第等 123 位志愿军烈士以及从 2014 年至 2024 年迎回的 981 位在韩中国人民志愿军烈士。他们当中有用胸膛堵住敌人机枪口的特级英雄黄继光、有抱着炸药包冲向敌群的特级英雄杨根思、有烈火烧身也不暴露潜伏目标

英名墙

抗美援朝烈士陵园烈士墓

的一级英雄邱少云等28位战斗英雄；还有志愿军高级指挥员五十军副军长蔡正国、三十九军副军长吴国璋、二十三军参谋长饶惠谭等95位团职以上干部。

烈士纪念广场位于园区北侧，广场呈不封闭的圆形，寓意回归、团圆，象征和平、胜利。纪念广场直径53米，寓意着1953年抗美援朝战争取得胜利的年份。烈士英名墙高3米，由138块黑金沙花岗岩组成，墙面上镌刻着抗美援朝烈士英名，浩繁的名字给参观者的心灵带来了巨大的震撼。

烈士纪念广场中间的雕塑，由花岗岩雕刻而成，造型取自喜马拉雅山，寓意英雄如山。山体犹如一块块线条洗练、棱角分明的晶状体，象征着英雄们的纯洁品质和铮铮铁骨。而长眠于此的英雄更是中华民族的坚实靠山。在山体的背面，以独特的影雕工艺展示了烈士回归和战争纪念性场景，正是这些战争的硝烟,淬炼出一批批英雄，捍卫了共和国的安宁与和平。中间的主雕塑高5.3米，其顶端镶嵌着的浮雕和平鸽，和副雕塑上的9只和平鸽，象征着和平，整个雕塑置身在黄锈石铺成的广场上，黄色代表着黄土地是祖国的象征，广场上的水波纹图案象征着祖国的江河湖海。烈士们用鲜血和生命赢得了和平，他们的爱国主义和革命英雄主义的伟大精神，深深地扎根于中华大地上。

抗美援朝烈士纪念馆位于烈士陵园广场西侧，纪念馆建筑面积6716平方米，展陈面积4035平方米，共分6个展厅。

1953年10月20日，贺龙元帅率领中国人民第三届赴朝慰问团来园谒陵。1963年6月22日，周恩来总理、陈毅副总理陪同朝鲜民主主义人民共和国最高人民会议常务委员长崔庸健率领的朝鲜党政代表团来园祭扫烈士墓。

每逢清明节、烈士纪念日等重大节日，辽宁省及沈阳市主要领导、驻沈官兵及社会各界群众都来到抗美援朝烈士陵园举行隆重的悼念活动。平时和节假日，各界群众前来谒陵者络绎不绝。许多部队战士、青年学生、少年儿童在烈士墓前举行入党、入团、入队宣誓仪式。

习近平总书记在纪念中国人民志愿军抗美援朝出国作战70周年大会上强调："伟大抗美援朝精神跨越时空、历久弥新，必须永续传承、世代发扬。"传承发扬伟大抗美援朝精神，对于激励中国人民和中华民族克服一切艰难险阻、战胜一切强大敌人，推进新时代中国特色社会主义伟大事业具有重大而深远的意义。沈阳抗美援朝烈士陵园是全国爱国主义教育基地，要讲好红色故事，激励动员广大干部群众特别是青少年，厚植爱党、爱国、爱社会主义情感，让红色基因、革命薪火代代传承，让抗美援朝精神焕发时代光芒。

丹东鸭绿江断桥

关寒

　　丹东鸭绿江断桥位于辽宁省丹东市振兴区鸭绿江畔，前身是鸭绿江铁桥，该桥是鸭绿江上修建的第一座铁路大桥。鸭绿江铁桥建成于 1911 年 10 月，1950 年 11 月 8 日抗美援朝战争中被侵朝美军飞机炸断后，称为鸭绿江断桥。

　　日俄战争结束后，日本帝国主义为加紧对中国东北的侵略和掠夺，从 1905 年开始，日本殖民机构"朝鲜总督府"铁道局即组织人力进行勘探、设计，着手架设鸭绿江桥的准备工作。1909 年 5 月，日本人在朝鲜新义州一侧开始了基础施工，同时派员与清朝政府进行交涉。腐败无能的清朝政府迫于日本帝国主义的压力，1910 年 4 月，被迫同意在中国一侧施工。当年 5 月，日本人在中国安东（今丹东）一侧施工建桥。1911 年 10 月建成通车，从此京义铁路（东京—新义州）与安奉铁路（安东—沈阳）接轨，史称"鸭绿江铁桥"。鸭绿江铁桥全长 944.2 米，宽 11 米。即中间铁路路面宽 5 米，两侧各有人行步道 3 米。大桥钢梁结构为曲弦式，共 12 孔。自朝鲜江岸起 1—6 孔每孔为 60.96 米，7—12 孔每孔为 91.44 米；桥面为钢梁结构，上面铺设木板；桥墩为钢筋水泥浇注，外砌花岗岩石块。民国二十年(1931 年)《安东县志》载："鸭绿江铁桥，在县

鸭绿江断桥

治南三里鸭绿江上，清宣统间元年八月起工，三年十月竣工，日人建筑。为安奉铁路始与朝鲜京义铁路衔接一大关键。"

　　建桥时鉴于鸭绿江水运发达，为方便大型船舶通过，以大桥从中方数第四孔4号圆墩为轴，设计为开闭式旋转钢梁，即开闭梁。开闭梁驱动结构是由两部分组成：一是设9个主动齿轮驱动、1个被动齿轮契合，使单连钢梁转动；二是钢梁两端各设两组机械伸缩定位机关。在旋转起动前，先起动伸缩臂，使

鸭绿江断桥

钢梁与大桥脱开，然后启动主动轮，传动被动轮，使单连钢梁平行旋转 90°。钢梁每转动一次需 20 分钟，大型船舶通过时，拉响汽笛，以示通过。开闭梁还原后，伸缩臂回位，将开闭梁定位锁紧，以保证火车安全通过。开闭梁每日定时开闭 4 次，上午 2 次，下午 2 次，每次 1 小时。开闭梁的设置虽然方便了大型船舶通行，但由于不论涨潮退潮水位高低，而开闭时间固定，导致一般民船和木排行至桥下经常发生事故。开闭铁桥"不按潮水涨落时期，船行仍感不便。每遇江水大涨，木排船只此则为撞碎，损失无算"（《安东县志》）。至 1943 年在此桥上游不足百米处鸭绿江大桥以及鸭绿江上游水电站的建成，此桥的开闭装置失去原有意义，从而停止使用，改为公路桥。

1950 年 10 月，为抗美援朝，保家卫国，中国人民志愿军"雄赳赳、气昂昂"跨过鸭绿江，奔赴朝鲜战场，与朝鲜人民并肩作战，打击以美国为首的侵略者。鸭绿江铁桥同江上其他桥梁一样，成为通往朝鲜的交通要道。每天有志愿军参战部队从这里过江；武器装备、支援前线的物资从这里运往朝鲜；大批支前民工队、担架队、大车队都从这里通过。鸭绿江铁桥成为"钢铁运输线"的重要组成部分，同时也成为美国侵略军攻击的重要目标。1950 年 11 月 8 日，美军发动了为时两个星期，以轰炸鸭绿江上所有桥梁以及朝鲜北部军事设施、交通线路为主要目标的空中战役，对鸭绿江上的桥梁以及朝鲜北部的城市村庄、交通线路进行地毯式的轰炸。8 日上午 9 时，美军出动 600 余架次飞机对安东市两座江桥进行连续轰炸。鸭绿江铁桥当即被拦腰炸断，朝鲜一侧 8 孔桥梁落入江中，从此，鸭绿江铁桥变成"鸭绿江断桥"。鸭绿江断桥现存中国一侧曲弦梁 4 孔，全长 365.76 米。位于江心的"断桥"桥头断面保留着被美国军用飞机炸毁时钢梁扭曲、折弯的战争痕迹，桥梁钢架上保留被炸时的累累弹孔。

今日的鸭绿江断桥，以雄伟壮观的气势横跨于鸭绿江上，不仅展现了中国人民不畏强暴、敢于斗争、敢于胜利的英雄气概，而且成为人们凭吊历史、缅怀英烈的游览景点，成为鸭绿江风景名胜区的一处重要人文景观。登上断桥，望钢梁弹痕累累，看桥下江流滚滚，江天水色，舟楫往还，回首祖国边城秀美景色，南望朝鲜新义州异国风光……昔日硝烟弥漫的战场，今天已变成美丽江城的一道靓丽风景。当人们看到这样景色的时候，会情不自禁地吟咏起毛泽东主席的诗句："当年鏖战急，弹洞前村壁。装点此关山，今朝更好看。"

鸭绿江断桥不仅被列为辽宁省省级文物保护单位，而且被国家、省、市有关部门列为爱国主义教育和国防教育基地，成为对全国人民，特别是广大青少年进行爱国主义、国际主义和革命英雄主义教育的重要阵地。

（作者系抗美援朝纪念馆机关党委专职副书记）

抚顺市雷锋纪念馆

抚顺市雷锋纪念馆

抚顺是雷锋生前工作和生活过的地方，是雷锋精神的发祥地，是雷锋的第二个故乡。1963 年 3 月 5 日，毛泽东"向雷锋同志学习"的题词发表后，全国出现了一个广泛深入学习雷锋活动的新形势。1963 年 3 月 11 日，中共抚顺市委做出《关于响应党中央和毛主席的号召，进一步在全市深入开展学习雷锋运动的决定》。决定中包括了为了永远纪念雷锋，宣传和学习雷锋，在市区望花公园内（现址）修建雷锋烈士纪念碑、亭和雷锋事迹陈列室等项内容。1963 年 11 月 21 日，抚顺市正式向辽宁省人民委员会提出报告，1964 年 8 月 15 日，抚顺市奠基修建雷锋纪念馆，翌年正式开馆。

抚顺市雷锋纪念馆位于辽宁省抚顺市望花区雷锋路东段 61 号，原雷锋生前所在部队驻地附近，占地面积 99900 平方米，1969 年、1992 年、2002 年、2014 年先后进行了四次改扩建。1990 年 10 月 29 日，江泽民同志亲临抚顺雷锋纪念馆视察，并亲笔题写馆名。2018 年 9 月 28 日，习近平总书记参观抚顺雷锋纪念馆，并强调："雷锋是一个时代的楷模，雷锋精神是永恒的。"建馆以来，多位党和国家领导人到馆参观视察，各级领导对雷锋纪念馆的接待工作给予好

抚顺市雷锋纪念馆

评。50 多年来，抚顺市雷锋纪念馆共接待国内外观众 7500 多万人次，并先后在全国 70 多个城市举办了"雷锋精神永恒"等大型展览，产生了重要影响。

抚顺市雷锋纪念馆园区按功能划分为 6 个区：凭吊区、展览区、碑苑区、雕塑区、青少年教育活动区和综合服务区。园区内主要有雷锋事迹陈列馆、雷锋墓、雷锋塑像、雷锋纪念碑和青少年教育活动设施等。

凭吊区位于园区东北侧，由凭吊广场、雷锋塑像、雷锋墓组成。雷锋墓为地表式建筑，墓主体为梯形，全部采用优质花岗岩石砌筑而成。墓前有一块汉白玉精雕的四季花环，斜嵌在黑色的花岗岩石上。碑正面是由舒同题写的"雷锋同志之墓"，碑的背面刻有周而复题写的雷锋生平。凭吊区周围苍松翠柏围绕，庄严肃穆。

展览区为雷锋纪念馆的主体部分，位于雷锋纪念馆的主轴线上，由雷锋之路、雷锋纪念碑、雷锋事迹陈列馆组成。雷锋之路由 22 枚枫叶红色花岗岩雕刻的五角星和 22 块黑色花岗岩雕刻的雷锋日记碑组成，日记对称地排列在路的南北两侧，路的中间是依次排列的 22 枚五角星。雷锋纪念碑碑体高 13.4 米，全

雷锋事迹陈列馆二层展厅

部由花岗岩石构筑。碑正面凹处镌刻着毛泽东同志题写的"向雷锋同志学习"七个雄浑、苍劲的大字，昭示雷锋精神永放光芒。碑体下部嵌刻一组以雷锋模范事迹为主题的汉白玉浮雕，其中塑造了雷锋刻苦学习、请战、风雨中送老大娘、和少先队员一起植树的生动形象。碑体背面上端刻有"粮食、武器、方向盘"浮雕图案。碑顶正面是用红色花岗岩石雕成的五角星，四周环围着松枝图案的陶砖。碑四角台基上安装四组装饰灯具。碑的整体造型庄重严谨、朴素大方，是园区内主要纪念建筑物之一。

雷锋事迹陈列馆位于雷锋纪念馆东北方向，坐北朝南，主体外墙由灰色花岗岩石装饰，整体造型简洁现代。馆正门上方"雷锋纪念馆"五个金色铜字是由江泽民同志题写。展馆分为两层，一层采用高科技动态场景与艺术品插画等手段相结合，翔实、生动地再现雷锋的成长历程和新形势下雷锋精神的五方面内涵。二层权威地展示全国学雷锋活动的源起和发展脉络以及全国学雷锋活动成果。馆藏丰富，展出雷锋大量生平史料，亮点突出，主要亮点有组合场景"雷锋与母亲诀别于家中""爱岗敬业的推土机手""雷锋在军营中学毛选""雷锋作报告"、环幕影片"信仰的力量"、尾声"升腾的支点"等。2021年，抚顺市雷锋纪念馆进行展陈提质升级，进一步深化完善、提质升级展陈内容，充分运用新技术将多媒体形式融入到展陈当中，增强了组合场景的表现力，提升了观众的互动性和参与性。此次展陈升级，重点展出了习近平总书记亲切关怀、敬献花篮、参观足迹、讲话文字、视频、图片等，制作了专题片《信仰的力量》《嘱托》等。让到馆参观的观众能够通过学习雷锋精神，更好地接受红色文化教育。

碑苑区位于雷锋事迹陈列馆西侧，22块自然山石碑象征雷锋22岁光辉的生命。"雷锋颂"碑苑精品荟萃，有著名书法家亲手撰写的雷锋诗文7首，歌颂雷锋的著名诗词15首。碑石将书法艺术、雕刻艺术、建筑艺术和园林艺术融为一体，构成"雷锋文化"的一道亮丽的风景线。

雕塑区是整个园区最大的景区，这里由《雷锋》《刻苦学习》《火红的青春》《雷锋和少先队员在一起》《永恒》《纪念碑》《卫茅树下》7座雕塑组成。这些雕塑以不同形式、不同风格错落在松柏、绿茵、广场和花岗岩铺就的路上。这些雕塑不仅唤起了人们对雷锋的追忆和怀念，同时也展示了雷锋精神的不朽和永恒。

青少年教育活动区位于园区的西侧，由正兴亭、涌泉湖、琴桥、露天剧场、歼教–6教练机等组成，是青少年喜爱的娱乐场所。

综合服务区位于雷锋纪念馆西南，设有入口广场、停车场、志愿服务中心、参观接待中心等公共设施。为游客

爱岗敬业的推土机手

免费提供轮椅、童车、拐杖、雨伞、寄存、参观预约咨询、语音导览等服务。

近年来，抚顺市雷锋纪念馆深度挖掘红色文化内涵，充分发挥红色文化教育优势，顺应时代和社会的发展，积极打造宣传雷锋事迹、弘扬雷锋精神的新平台，创建传播雷锋文化的新载体，把红色文化同中华优秀传统文化相融合，形成雷锋文化，做好红色文化教育和传统文化教育。先后开展了"不忘初心、牢记使命"主题展览等大型主题活动，成为全国弘扬和践行社会主义核心价值观教育的重要基地；全新开通官方网站、微信公众号、微博、抖音号、网上展馆和VR展馆等新媒体平台，增设智慧区域讲解系统、参观预约系统、党建学习系统、雷锋互动教育系统、讲解员观众评分系统、"雷锋地图"大数据互动展示系统、全国学雷锋典型查询系统、雷锋知识问答、雷锋朗读亭、答疑导引智能机器人等，更好地提升了游客的观展体验，提高了雷锋精神的传播力；参与主办"全国雷锋精神主题展馆暨全国创建雷锋学校研学"会议、全国部分高校"弘扬雷锋精神，培育时代新人"研讨会和全国学雷锋和志愿服务座谈会。同时主动与焦裕禄纪念馆、中共一大纪念馆、南湖革命纪念馆等全国著名红色纪念馆建立联盟，共同开展主题活动；精心策划设计雷锋精神教育主题活动和行进中的雷锋纪念馆教育内容。重点做好入党、入团、敬献花篮、重温入党誓词等仪式感活动。重点提升"看一次展览、读一篇日记、唱一首歌曲、听一次亲历者讲述、重温一次入党誓词、搞一次社会调查、过一次组织生活、帮群众解决一个难题"的"八个一"宣传教育水平，实现了主题活动有仪式感、讲解展览有触动感、宣讲教育有振奋感、学习心得有获得感；编辑出版《雷锋日记：汉英对照》《见证人讲述——雷锋日记》《把雷锋精神代代传承下去》等多部书籍，编发《雷锋精神研究》《学雷锋画刊》杂志60余期；与南部战区海军某驱逐舰支队、辽宁省武警总队等30多家企事业单位、团体建立共建共育基地，广播雷锋精神的种子；在宁夏银川、吉林敦化等地建立抚顺市雷锋纪念馆流动展馆5座。开展了"永恒的丰碑——雷锋精神专题展"等全国巡展活动，受众达200多万人次。

经过半个多世纪的发展，抚顺市雷锋纪念馆已经建设成为集爱国主义教育、烈士褒扬纪念、雷锋精神研究、学雷锋志愿服务、文化宣传交流等多功能于一体的现代化综合性纪念馆。先后被命名为全国重点烈士纪念建筑物保护单位、全国爱国主义教育示范基地、国家 AAAA 级旅游景区、全国文明单位、国家国防教育示范基地、全国廉政教育基地、全国民政系统行风建设示范单位、全国红色旅游经典景区、全国中小学生研学实践教育基地、全国关心下一代党史国史教育基地、港澳青少年游学基地、全国学雷锋活动示范点、中国华侨国际文化交流基地、国家二级博物馆、全国先进基层党组织等。

在新的历史时期，抚顺市雷锋纪念馆将以一流设施、一流管理、一流服务、一流素质，致力于雷锋精神的研究、展示和传播，打造全国红色文化教育的重要基地。

中国（沈阳）工业博物馆

中国（沈阳）工业博物馆

　　中国工业博物馆坐落于辽宁省沈阳市铁西区卫工北街 14 号，其原址为沈阳铸造厂翻砂车间，始建于 1939 年，1949 年改称沈阳第三机器厂铸造厂，1956年改名沈阳铸造厂。该厂曾经是亚洲最大的专业化铸造企业，下设铸造研究所(1957 年组建)。厂区占地 33 万平方米，拥有职工 5800 多人。自 1956 年起，累计为全国提供各种铸件 100 万余吨，产品涵盖重矿、机床、冶金、汽车、石化、化工、军工、基础件等多个行业，拥有球墨铸铁、蠕墨铸铁、铜铝合金等40 余种材质牌号铸造能力。

　　2007 年，沈阳铸造厂搬迁至沈阳经济技术开发区，铁西区政府对其旧址进行整体保护、活化以及合理利用。2009 年，翻砂车间改造成"沈阳铸造博物馆"对外开放。2011 年，在其基础上改扩建为中国工业博物馆，并于 2012 年 5 月18 日正式对外开放。整个展馆占地面积 5.3 万平方米，建筑面积 4.1 万平方米，馆藏品 2 万余件，其中一级文物 10 件，二级文物 67 件，三级及其他文物 342件。该馆是展示中国工业发展历程和伟大成就的综合性博物馆，是全国爱国主义教育示范基地、全国科普教育基地、国家工业旅游示范基地、国家工业遗产、

中国工业博物馆

全国关心下一代党史国史教育基地、国家二级博物馆、国家AAAA级旅游景区。

　　馆内现有通史、铸造、机床、汽车、铁西5个常设展馆，拥有完善的功能服务区域和设施，包括多功能报告厅、贵宾厅等，实现了全覆盖免费Wi-Fi。中国工业博物馆通过大型工业厂房遗址、记录时代精神的机器设备、波澜壮阔的工业历史和感人至深的工业故事，呈现给游客中国工业发展历程中的文明与进步，彰显工业文化的传承与弘扬，解读丰富的历史价值、社会价值、科技价值、审美价值及人文情怀，感受工业与科技结合带来的神奇变化，感受到工人阶级铸就的自力更生、无私奉献、敢于创造的不朽精神，是赓续红色基因、展现城市精神、传承工业文脉、弘扬社会主旋律的重要窗口。近年来，工业博物馆以传统节日为主线，结合自身特色策划邂逅"西"引力——"工业＋民俗"文化节活动、举办特色鲜明主题丰富的临时展览、开办弘扬工业文化为主旨的"工博大讲堂"、拓展工业主题特色研学活动，社会反响热烈，受到媒体广泛报道。

　　2023年开始，工业博物馆进行展陈提升改造，重点从工博的整体布局、功能划分、展陈内容和手段上进行提升。目前，总体方案及展陈大纲、展陈概念设计及版式方案、基础设施改造均已完成，将按程序逐级上报中宣部审批。这次展陈提升改造项目，将坚持红色基因与人文精神并举、国家发展与城市沉淀并举、历史厚重与大国重器并举、工业技术与当代审美并举、传统展览与现代

博物馆内展厅

媒体并举、知识传播与观看体验并举，打造传承红色基因，赓续精神血脉的爱国主义教育重要基地；建设反映中国百年工业发展史，国际一流的工业题材综合性博物馆。

鞍钢博物馆

罗琦

一、建设鞍钢集团展览馆

2013 年 3 月 20 日，鞍钢集团党委作出一项重要决策：秉承"修旧如旧，建新如故"的理念和打造"精神地标，文化名片"的目标，建设一个集历史文化展示、爱国主义教育、冶金科普知识传播和工业遗产保护于一体的综合性文化基地。

2013 年 7 月 9 日，鞍钢开工 64 周年纪念日的当天，鞍钢集团展览馆（后更名为"鞍钢博物馆"）在始建于 1953 年的炼铁厂二烧车间旧址举行奠基仪式；2014 年 2 月 21 日正式开工建设，始建于 1917 年的炼铁厂老 1 号高炉开始移迁。一台"年过花甲"的老烧结机和一座"寿近百年"的老高炉比肩，两座"古董式"的钢铁工业文化遗产合璧，一座富有创意的"精神高地"基本构架形成，而这种将两座工业遗产合璧于一座 20 世纪 50 年代旧厂房内组合成特殊展区的构思在国内绝无仅有。2014 年 12 月 26 日，鞍钢集团展览馆以鞍钢文化高地的崭新形象建成开馆，免费向社会公众开放，以其独特的红色工业人文景观，迅即成为鞍山必到的文化旅游打卡地。

鞍钢博物馆正门全景

　　建成后的鞍钢集团展览馆占地面积 67600 平方米，其中钢铁主题公园 55000 平方米，展览馆面积 12600 平方米，主体建筑由展示大礼堂和三层展厅组成，展陈面积 9600 平方米，基本陈列展线 2600 米，内设沧桑岁月、长子鞍钢、鞍钢宪法、创新鞍钢、摇篮鞍钢、奉献鞍钢、魅力鞍钢、绿色鞍钢、资源鞍钢、英模鞍钢等主题展区及两个特展区。馆内展示和收藏大量具有珍贵历史价值的文物和图片。"新中国钢铁工业从这里开始"是鞍钢集团展览馆的立馆主题。

　　馆外的钢铁主题公园是鞍钢集团展览馆展陈设计的重要组成部分，也是鞍钢可移动工业遗产保护工作的重点项目。55000 平方米的公园由钢铁大道、五星广场、可移动钢铁文化遗产的实物雕塑群、万平大草坪等组成。气势宏伟的英雄中板轧机、新中国第一代主战五九式坦克、矿用重型汽车轮胎、1925 年日本黑崎窑业修建的老竖窑、饱经风霜的钢水罐等 10 件大型实物全面集中展示了鞍钢在新中国建设中走过的非凡历程，展示了钢铁工业遗产的卓越风姿。在一步一景间，向游人讲述着一段段难忘的历史故事。

二、由展览馆向博物馆转型

　　2016 年 10 月 28 日，经鞍山市文物局批复，"鞍钢集团展览馆"注册更名为"鞍

博物馆园区钢铁大道

钢集团博物馆"。转型后的博物馆迅速以建设国家二级博物馆为目标，并全力推进爱国主义教育基地创建工作。2018 年 9 月 18 日，中国博物馆协会下发《关于公布第三批国家二、三级博物馆名单的通知》，鞍钢集团博物馆成功晋级国家二级博物馆。立足国家二级博物馆，鞍钢集团博物馆迅速找准定位，补齐短板。三年内先后完成了博物馆注册、文物定级评估、展馆改造提升等工作，从内容和形式等专业技术层面全力推进博物馆功能升级改造项目。举办"钢铁是怎样炼成——庆祝中国共产党 100 周年鞍钢革命文物展"、"一切为了新中国——解密鞍钢红色档案特展"等展览 9 次，申报参评"十大精品"和"核心价值观"等国家级展览评选 2 项，其中"钢铁是怎样炼成——庆祝中国共产党 100 周年鞍钢革命文物展"于 2021 年 4 月成功入选中宣部国家文物局联合推介的建党百年精品展览；"一切为了新中国——解密鞍钢红色档案特展"入选全国"弘扬中华优秀传统文化、培育社会主义核心价值观"主题展览 20 个重点推介项目。

2021 年 5 月 20 日，经辽宁省文物局批复，"鞍钢集团博物馆"注册更名为"鞍钢博物馆"。2021 年 7 月，鞍钢博物馆入选中共中央宣传部新命名的 111 个"全国爱国主义教育示范基地"，也成为鞍山市首家国家级爱国主义教育基地。作为全国爱国主义示范教育基地和中央企业全国爱国主义教育基地，鞍钢博物馆围绕文化创新和传承红色基因，着重落实提升展陈水平、加强文物管理等方面

博物馆大礼堂大型浮雕

工作，将爱国主义教育的职责和功能落小落细落实。通过举办大型展览，开展"不忘初心、牢记使命"主题教育等重大活动，博物馆成为进行爱国主义教育和革命传统教育的重要阵地和生动课堂。共举办"开国领导人与鞍钢""鞍钢五百罗汉""纪念'鞍钢宪法'诞生 59 周年"等特展和"时代楷模"李超个人事迹专展等大型展览 80 余次，将展览送农村、送校园、送社区、送军营等 30 余次，并在鞍钢集团、鞍山钢铁和鞍钢博物馆等官方网站开通了网上展览。

三、持续推动博物馆的专业化发展

近年来，鞍钢博物馆以不断丰富完善展陈内容为导向，牢牢把握体现红色工业文化特色，反映钢铁工业文化价值，将展示方式和展示内容有机融合，将展示艺术和思想内涵有机统一，在展览主题、展陈内容、藏品展示等方面持续创新提升，不断增强展陈的教育性、互动性和科普性。2022 年 6 月，完成实物布展，更新展板共 70 块。2022 年 9 月，对博物馆进行了 9 项升级改造，包括"钢铁是怎样炼成的"数字化体验、鞍钢鲅鱼圈基地、铁路用钢艺术装置、汽车用钢汽车白车身展项等沉浸式体验项目建设，在布展中增加了引入式—沉浸式—场景式—体验式的新形式，给参观者带来身临其境的感受，广受好评。2023 年

8 月，对"资源鞍钢"展厅进行了升级改造，更新展板 68 块。

鞍钢博物馆专业化转型稳步推进，特别是近三年，在陈列展览、文物修复等领域取得诸多优异成果，影响力持续提升，经审慎研究，具备了冲刺国家一级博物馆的条件。鞍钢博物馆把申报国家一级博物馆作为提升鞍钢文化软实力的重要抓手，作为推动鞍钢博物馆高质量发展、擦亮鞍钢文化名片的有利契机，在定级评估工作启动后，迅即召开动员会，勇担历史使命，凝聚全力以赴做好申报工作的思想共识，打响了冲刺国家一级博物馆的"攻坚战"。2024 年 5 月 8 日，中国博物馆协会发布《第五批全国博物馆定级评估一级博物馆评估结果的公示》，鞍钢博物馆成功晋级国家一级博物馆。

国家一级博物馆是一块"金字招牌"，鞍钢博物馆充分利用这个优势资源，采取多种合作方式，借助外脑外力帮助鞍钢博物馆解决实际问题，实现更好发展。一是与鞍钢党校、市属学校等教育机构及文化公司开展合作，联合开发研学、党内教育课程，吸引更多学生和职工走进博物馆，解决社会教育活动品牌缺失的问题。二是与政府部门、高校、研究机构开展合作，积极开展学术研究活动，围绕鞍钢历史文化和工业遗产，实施科学化规范化体系化研究，不断填补空白领域，推出了一批有代表性的研究成果。先后推出党和国家领导人与鞍钢系列纪念册、长篇小说《钢铁洪流》等优秀作品。研究扎根鞍钢十年的新中国工业文学奠基人草明的学术文章《〈火车头〉诞生的过程》被中国文化报登载。研究陈云对鞍钢和新中国钢铁工业影响的论文被编入《陈云与当代中国》论文集，为从不同领域、不同角度讲好鞍钢故事提供了有力支撑。三是与热爱博物馆事业的各界人士开展合作，扎实推进"博物馆之友""博物馆志愿者"等队伍建

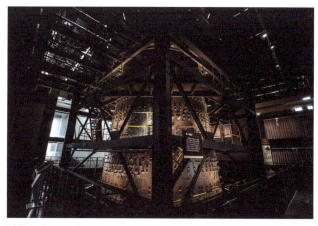

博物馆老一号高炉

设，把鞍钢老领导、老专家及各行各业的优秀人才，吸引到鞍钢博物馆周围，汇集助力博物馆高质量发展的各方力量。四是与优质公司合作，联合开发文创产品，打造鞍钢博物馆的特色文化 IP。

博物馆还坚持保护与利用并重、传承与创新融合，系统整合物质遗存和非物质遗存，深度挖掘工业遗产的时代价值，开展新时代"鞍钢宪法"、口述历史、工业遗产保护与利用等研究，打造"钢铁是怎样炼成的"红色钢铁工业旅游线路，将本溪湖工业遗产群纳入"重走抗联路"红色旅游品牌，链接"鞍钢博物馆 + 钢铁生产现场 + 矿山复垦绿化示范园区"的鞍钢红色钢铁之旅工业旅游基地，入选第一批国家工业旅游示范基地。

目前，鞍钢博物馆已获评国家一级博物馆、全国爱国主义教育示范基地、国家 AAAA 级旅游景区、全国中小学生研学实践教育基地、全国科普教育基地、国资委中央企业爱国主义教育示范基地、全国职工爱国主义教育基地、中央企业工业文化遗产（钢铁行业）基地、共青团全国青年文明号、全国关心下一代党史国史教育基地、全国首批"大思政课"实践教学基地、辽宁省中共党史教育基地、职工思想政治教育基地、对台交流基地等资质和荣誉称号。成功申报"鞍山钢铁厂"遗产群为首批国家工业遗产、"鞍山钢铁厂早期建筑"为第八批全国重点文物保护单位。鞍钢博物馆还担负着义不容辞的社会责任，是东北大学、吉林大学、天津理工大学、辽宁科技大学等 8 所国内知名院校的大学生课外教学基地。

（作者系鞍山市政协文化文史和学习委员会办公室主任）

英雄
模范人物

YING XIONG
MO FAN REN WU

陈镜湖

朝阳市政协文化和文史资料委员会

陈镜湖，字印潭，号小秋，党内化名李铁然，1901 年出生于热河省建平县（现辽宁省朝阳市建平县）红山街道富山村，先后考入天津直隶省官立第一中学和南开大学读书。他是五四运动的积极参与者和组织者，是经李大钊介绍加入中国共产党的东北第一位辽宁籍共产党员，为我党早期革命活动做出重要贡献，为抗日救国英勇献身。

陈镜湖

五四运动时期的思想先锋

1919 年巴黎和会中国外交失败，五四运动随之爆发，周恩来、马骏、郭隆真、刘清扬、邓颖超、张若茗、于方舟、韩麟符、陈镜湖等共同领导了天津的学生运动。陈镜湖作为学生代表，倡导参与了一系列救亡图存运动，参加了直隶一中的"学生救国团"，积极投入反帝反封建的爱国运动中，参加了向省公署请愿、示威游行和街头宣传演讲等活动。五四运动后，陈镜湖、于方舟、韩麟符等组织发起了"新生社"。1920 年 4 月，新生社创办了《新生》杂志，宣传新文化、传播新思想、宣传革命主张。

1920 年 10 月，在李大钊的指导下，新生社改组为"天津马克思主义研究会"，研究会创办会刊，介绍十月革命后苏俄的情况，宣传革命主张。1921 年 5 月，"天津马克思主义研究会"改名为"天津共产主义青年团"，于方舟、陈镜湖是主要创始人，是五四时期马克思主义传播的思想先锋。

大革命时期武装斗争领导者

1923 年，陈镜湖在天津加入中国社会主义青年团，成为天津首批中国社会主义青年团员之一，同年经李大钊介绍加入中国共产党，成为东北地区最早的中国共产党党员。1924 年 1 月，陈镜湖以直隶省代表的身份与毛泽东、瞿秋白等共产党人一起参加了国民党第一次全国代表大会。不久，中共北方区委派陈镜湖到内蒙古地区开展党的地下工作和兵运工作，他的公开身份是冯玉祥西北军宋哲元部骑兵第二支队队长。他走上了职业革命家的道路，先后到热河、察哈尔、多伦等地调查研究，从事革命活动。1924 年 9 月直奉战争爆发，陈镜湖随宋哲元部进驻承德，宋哲元赶跑奉系军阀阚朝玺后，陈镜湖被任命为热河民军司令。孙中山于 11 月发表了著名的《北上宣言》，陈镜湖数次到孙中山寓所拜访，请教和探讨国民革命等有关问题，并受中共北方区委指派作为孙中山北上特派宣传员赴热河宣传孙中山先生的《北上宣言》。

1925 年 11 月，中共北方区委在张家口成立了党的统战组织内蒙古工农兵大同盟，李大钊任书记，赵世炎、韩麟符为副书记，陈镜湖任执行委员，领导了北方地区轰轰烈烈的大革命运动。在苏共的帮助下，冯玉祥的国民军中建立了第一支由共产党人领导的内蒙古特别民军，组建了三个骑兵纵队，陈镜湖任第二纵队司令，在李大钊统一协调和冯玉祥直接指挥下，直接参加了反对蒙古王公贵族封建势力和直奉第二次战争。陈镜湖率队出兵长城喜峰口，从奉军手中夺取热河省会承德，在此期间，陈镜湖曾率部回到家乡建平县组织武装力量，第一次向建平播撒了革命火种，传播了共产党人的政治主张。

白色恐怖下坚定的共产主义战士

1930年6月，白色恐怖下的中共内蒙古特委遭空前破坏，大部分党的负责人被捕，党组织一时陷于瘫痪，陈镜湖虽幸免于难，但也失掉与党组织的联系。陈镜湖和内蒙古特委的刘刚克服了常人难以想象的重重困难，历尽千难万险胜利到达莫斯科，找到共产国际中共代表团，通过中共中央驻莫斯科代表接上了组织关系。

回国后，陈镜湖化名李铁然受命重建中共内蒙古特别委员会，负责热河、察哈尔、绥远地区党的工作。从此，他在热察绥广大地区，跋山涉水，寻找一个个失散的同志，秘密串联，热情鼓动，使塞北大地又现生机。特委重建后，陈镜湖任临时书记。1931年10月2日，在热河滦平县金沟屯召开了内蒙古各旗县党组织代表会议，正式选举了新特委，陈镜湖当选中共内蒙古特委书记。

抗日战争的英雄楷模

1931年九一八事变爆发，陈镜湖立即以中共内蒙古特委的名义，向全区各族民众发出了"团结全国各民族，反对日本帝国主义侵略"的号召。1932年末，陈镜湖到上海向中央报告工作，当时中央负责北方工作的代表孔原布置了任务：发动群众，开展地下工作，组织游击队开展敌后游击战争，配合全国抗日斗争。返回途中，山海关战事已发，陈镜湖、王逸伦、刘刚在北平召开了特委紧急会议，根据中央指示和当前形势确定特委的紧急任务是："立即发动群众，着手组织抗日武装，特别是在日军进攻的热察绥省，开展武装斗争。"他又起草了以特委名义发出的《内蒙特委给热河朝建区义勇军支部的指示信》和以蒙汉抗日同盟军事委员会名义发出的《坚决抵抗日本帝国主义的宣言》。

1933年，在热河沦陷、平津危急、察绥危急关头，陈镜湖仍担任内蒙古特委书记。同时，陈镜湖很受冯玉祥赏识，被其任命为抗日同盟军参议。此后，陈镜湖一面领导特委工作，一面以参议身份并利用老关系广泛接触各界人士，扩大党在同盟军中的影响。5月12日，他受冯玉祥将军委托，带领参谋朱耀远和警卫员小王从张家口乘汽车去张北一带点验武装队伍，途经桦树梁，遭到反动民团袭击，不幸中弹光荣牺牲，年仅32岁。战争结束后，张家口建成"民众抗日同盟军收复察东失地阵亡将士纪念塔"，在铭刻于塔身的"察省抗日战役伤亡官兵一览表"中，第二位写着：参议陈镜湖。

　　陈镜湖是我党早期革命活动家，为热河、内蒙古地区建立和发展党的组织，为组建领导抗日武装，为中华民族的解放事业，作出了重大贡献。他的辉煌业绩，将深深地镌刻在中国共产党的史册上！他的精神将是激励后人的一座永远的丰碑！

任国桢

张佑硕

任国桢，原名任鸿锡，字子卿，又作子清，曾用名任国藩，化名刘子厚。1924 年加入中国共产党，1925 年春到奉天（沈阳）传播马列主义，进行党组织的创建工作，是中共奉天支部第一任书记。此后，历任中共奉天特支书记、中共奉天市委书记、中共哈尔滨县委书记、中共哈尔滨市委书记及中共满洲省委委员、临委常委、候补委员兼哈尔滨市委宣传部部长等职。1929 年秋末，去上海中央干部学习班学习。翌年 3 月，被中共中央派往山东，先后担任中共山东省临委书记、中共山东省委书记兼组织部

任国桢

部长、中共河北省委委员、中共北平（今北京）市委书记、中共唐山市委书记。1931 年 10 月，任国桢任中共河北省委驻山西特派员，不久被捕。11 月 13 日，于太原市小东门外壮烈牺牲，终年 33 岁。

一、早期革命活动

1898 年 12 月 23 日，任国桢出生在安东县五区滨江村（今丹东市振安区同兴镇变电村任家堡子）。1906 年，任国桢入私塾馆读书。1910 年，正式进入安东县立第八高级小学。1914 年 7 月，又以优异的成绩考入东边道立中学。

1917 年，俄国爆发了十月革命。任国桢渴望得到俄国革命更多消息，从俄国布尔什维克的斗争历程和成功经验探求中国革命的道路。于是，他决心中学毕业后去报考北京大学俄文系。

1918 年任国桢实现了自己的愿望，考入北京大学俄文系。1919 年，北京爆发了五四运动。读大学二年级的任国桢和北大同学一起上街游行示威，并参加了围攻曹汝霖住宅、痛打章宗祥的斗争。

1924 年 7 月，任国桢在北大俄文系毕业后，在老师鲁迅的大力帮助下，译著出版了《苏俄的文艺论战》一书。任国桢与鲁迅先生多次通信，建立了深厚的友谊。

二、建立中共奉天支部

1924 年秋，任国桢加入中国共产党。1925 年春，他受中共北方区委员会派遣，到奉天（今沈阳）宣传马列主义，进行党组织的创建工作。任国桢来到奉天后，住在大南门里文华阁纸庄。他常去奉天基督教青年会看书看报，与在青年会工作的苏子元相识，又认识了阎宝航、郭钢、高子升、吴竹村等一批进步青年学子。

1925 年五卅惨案发生后，任国桢组织领导了声援五卅的运动。6 月 10 日上午，奉天各校 2000 余名学生来到省公署请愿。向省长王永江提出"向全国发电声援五卅运动""抗议英、日帝国主义惨杀我同胞""发起募捐活动，慰问被难家属，支援罢工工人"等 5 项要求。当局怕把事态闹大，宣称除了游行示威一项外，答应了学生们的其余各项要求。这场运动，就是沈阳历史上著名的"六十"学生运动。

　　当局悍然下令学校全部停课，提前放暑假，要学生一律回家。任国桢和吴晓天建议，以奉天基督教青年会为基地，开办暑期学校（也称暑期大学）进行马列主义的宣传和研究。当时任青年会学生部干事的阎宝航积极支持举办暑期学校，担任校长，阎宝航聘请任国桢、吴晓天等为主讲教员。

　　通过在暑期大学的学习，许多进步青年接受了马列主义和共产党的主张。暑期学校结束后，任国桢和吴晓天又把思想进步的学员组织起来，成立了"同学会"（又名"同志会"），经过一段教育培养，陆续吸收了一些人入党入团。9月，成立了中共奉天第一个支部，任国桢任支部书记。同时，成立了共青团奉天第一个支部，吴晓天任支部书记。

　　10月初，任国桢被党派到哈尔滨，以编辑《东北早报》为掩护，开辟党的工作。11月，奉系将军郭松龄同冯玉祥携手，签订了反奉密约。23日，郭松龄于滦州誓师倒戈，发表声明，通电揭露抗议日本帝国主义侵略东北的种种罪行。党的斗争策略支持郭军反奉，并指示任国桢和陈晦生、彭守朴等人策应郭松龄反奉的活动，任国桢参加了国民党员朱霁青为司令的东北革命军，作为总司令部负责交通运输的重要成员，为策应郭松龄而奔波于奉哈之间。由于日本帝国主义出兵援助张作霖，郭松龄反奉战争失败。12月末，任国桢和陈晦生、彭守朴等人被捕。

　　1926年11月，任国桢被释出狱，经组织安排仍回奉天。这时奉天支部已于1926年改为奉天特别支部，直属中共中央领导，特支书记由杨韦坚担任。任国桢也在特支工作。杨韦坚是国民党奉天省党部备案的跨党的中共党员，由于奉天省国民党部负责人被捕，恐杨韦坚受牵连，遂将其转移到吉林，奉天特支书记由任国桢担任。1927年6月间，奉天特支改为奉天市委，任国桢任市委书记，奉天市委仍隶属中共中央领导。

　　奉天特支于1927年5月2日发动制麻会社工人罢工，奉天制麻会社的工人罢工共坚持了27天，这是奉天地方党组织首次领导的工人罢工。这次罢工的胜利，在奉天地区有很大的影响。

　　日本特务机关探知罢工与任国桢有关，奉天附属地日本警察署遂于6月29日将任国桢逮捕。因找不到任何治罪的证据，遂于1928年5月将任国桢释放。

三、任中共满洲省委委员

任国桢出狱后,由于同党组织失去了联系,只好暂时回故乡。任国桢通过安东地下党组织与中共满洲省委接上了关系。1928 年 10 月初,任国桢离开家乡到奉天找中共满洲省委。

任国桢与中共满洲省委取得联系后,被派往哈尔滨县委工作。任国桢到县委后,主持改组了哈尔滨县委,并任县委书记。任国桢在斗争中发展了党的组织,扩大了党的影响,教育锻炼了群众。

1928 年 10 月,日本南满铁路株式会社和吉林省议会酝酿签订《中日民间合筑五路条约》,以实现其修筑五路的野心。根据省委的指示,任国桢向县委的各基层组织发出通知,要求全体党团员组织领导好各界群众的斗争。在党的领导下,11 月 9 日早晨,哈尔滨各大中学校的学生、工人及其他各界群众3000 多人,举行声势浩大的示威游行。中共满洲省委对任国桢及哈尔滨县委的工作给予很高的评价。

1929 年 2 月,经中央批准,任国桢任中共满洲省委候补委员,6 月,任委员、候补常委。7 月,哈尔滨县委改组为哈尔滨市委,任国桢任书记。1929 年8 月末,中共满洲省委主要负责人被捕,省委秘书长廖如愿立刻派人到哈尔滨,请任国桢和丁君羊赶紧回沈阳。8 月 29 日,在中央特派员陈潭秋主持下,召开紧急会议,决定由丁君羊、任国桢和小姚(饶漱石)3 人为临时常委,组成省临委。之后,任国桢复往哈尔滨,就任中共哈尔滨市委宣传部部长。

四、在太原英勇就义

1929 年秋末,任国桢被派往上海,到中央干部训练班学习,学习结束后,被党中央派往山东恢复省委,开展党的工作。1930 年 3 月 12 日到达青岛。经过努力,任国桢在青岛组建了中共山东省委临委,任临委书记。根据地下工作需要,由组织安排这时他和陈少敏假扮夫妻,后二人结成革命伴侣。

1930 年 6 月,中共山东省委成立,任国桢任省委书记兼组织部部长。任国桢经常冒着生命危险，亲自组织发动工人进行斗争。在山东省委发动的工人斗争中，这一时期斗争规模最大的是青岛人力车夫的罢工，斗争取得胜利。任国桢代表省委写了份报告，分析了这场为期 7 天的罢工取得成功的原因。

1930 年 8 月，省委和青岛市的党组织遭到严重破坏。8 月 30 日，任国桢的住处（省机关所在地）也被敌人搜查，所幸任国桢和陈少敏都不在住处，方免遭被捕。11 月初，任国桢和其他 5 人被通缉，按党的指示，任国桢和陈少敏一起离开山东，来到中共北方局驻地天津。

12 月，任国桢被任命为中共北平市委书记，并被选为中共河北省委委员。他和市委其他同志，同心协力，紧张工作，恢复和巩固原有的党组织，发展和壮大新的党组织，先后在一些学校也建起党支部，基层党组织又恢复了生气，由此又推动了左联、社联、互济会和反帝大同盟的群众斗争，开创了北平革命斗争的新局面。

1931 年四五月间，任国桢和陈少敏一起被组织派往天津开展职工运动。9 月，他被派往唐山，任中共唐山市委书记。不久由于唐山遭到大破坏，又被迫返回北平。

1931 年 10 月初，河北省委任命任国桢为省委驻山西特派员，他只身前往太原，与山西特委接上关系，并传达了中共河北省委的指示精神。10 月 21 日傍晚，任国桢与几位同志在中共山西特委秘书处开会时被捕。敌人对任国桢施以各种酷刑，但他始终没向敌人吐露一个字。

敌人于 11 月 13 宣判任国桢死刑。任国桢被押往太原市小东门刑场，高呼："打倒国民党！""中国共产党万岁！"牺牲时年仅 33 岁。

（作者系中共满洲省委旧址陈列馆馆员）

陈为人

张佑硕

陈为人，原名陈蔚英，曾用名陈维仁、陈洪涛、陈涛、陈天民、韩守信、叟信、信、韩天民、老韩、张明、张敏、张道生、张道惠、张道立、张道为、张惠生、怀才、为人、维仁、伟人等。1899 年 9 月 26 日生于湖南省江华县。1920 年夏和罗亦农等组织了社会主义青年团，并成为首批团员。1921 年初赴苏联学习，同年加入中国共产党。1921 年底回国，先后在济南、北京等地从事革命活动。1923 年 3 月受党的委派同李震瀛一起到哈尔滨、沈阳等地从事

陈为人

建党工作。之后，陈为人相继在上海、北平等地工作，曾任中共顺直省委秘书长兼组织部长。1927 年 10 月 24 日，中共满洲省临时委员会成立，陈为人任省委书记兼秘书长和宣传部长。从 1927 年 10 月至 1928 年底，陈为人历任三届中共满洲省委书记。1928 年 12 月，中共满洲省委遭到严重破坏，陈为人被捕入狱。1929 年 7 月，经党组织营救，陈为人被释放出狱，调回上海负责党训

班和《红旗报》工作。1931 年春再次被捕，同年底出狱。1932 年下半年受命在上海负责保管中央文库，保存和整理党中央的机密文件。1937 年 3 月 13 日，陈为人因积劳成疾于上海病逝，时年 38 岁。

一、早期从事党的地下工作

陈为人从小聪明好学，自学读完了初小。1914 年，他考入县立高等小学。1918 年，便考入衡阳省立第三师范读书。在这里，他结识了蒋先云、夏明翰等一批进步青年，接受了革命思想，积极参加学生联合会的工作。

1920 年夏天，赴法勤工俭学的号召传到湖南，陈为人积极响应，但当他到上海等候出国的时候，腐朽的当局却贪污、扣发出国经费，因此久等无音被困在上海。其间，他恰巧结识了来江边散步的李启汉等进步青年，李启汉当时已是上海共产主义小组成员，陈为人在李启汉的引导下，走上了为无产阶级解放事业奋斗终生之路。

1921 年初，陈为人去苏联学习，下半年回国工作。1922 年，李大钊利用吴佩孚与交通系的矛盾，提出向各铁路派密查员的建议，于是派何孟雄、张昆弟、安体诚、包惠僧、陈为人等党员打入铁路系统，到京汉、京奉、陇海、津浦、正太等铁路线上，以"交通密查员"（后改为"视学"）的公开身份，从事党的秘密工作。

1923 年 3 月，中共北京地执委派北京铁路工会负责人陈为人和京汉铁路总工会秘书长、中国劳动组合书记部干事李震瀛到东北开展工作。陈为人以"铁路密查员"的身份和李震瀛首先到哈尔滨进行宣传和组织发动工作。

陈为人和李震瀛在哈尔滨，于 1923 年 7 月建立了社会主义青年团哈尔滨支部。10 月，在陈为人领导下正式建立了中共哈尔滨组（亦称中共哈尔滨独立组）。11 月 24 日，中共三届一中全会在上海召开，陈为人向大会做了中共哈尔滨独立组成立及工作情况的专题报告。

1923 年 12 月末，陈为人等离开哈尔滨去大连，帮助整顿大连中华工学会，将关向应、赵悟尘以青年积极分子身份带到上海党中央所在地接受培训。

1925 年初，陈为人被派往中共北京区执行委员会，兼做中共北京地方执行委员会的工作，分管组织工作和工人运动。1925 年冬，中共北方区执行委员会组织了行动委员会，由赵世炎负责领导，陈为人负责工人运动方面的组织动员工作。1927 年，陈为人任中共顺直省委秘书长兼组织部长，积极组织了工农革命斗争。

二、中共满洲省委书记

1927 年 10 月 14 日，陈为人带着党中央八七会议精神和在东北组建满洲省委的重任，与韩慧芝一同来到了沈阳（奉天），与已在哈尔滨工作的中共北满地委书记吴丽实等，筹备在东北召开党的代表会议。

1927 年 10 月 24 日，东北地区第一次党员代表大会在哈尔滨道里七道街阮节庵家里召开。会议听取了陈为人传达中央八七会议精神；通过了《我们在满洲的政纲》《满洲工人运动决议案》《满洲农民运动决议案》；建立了第一届中共满洲省临时委员会，陈为人担任省临委书记兼宣传部长、秘书长。省委机关设在奉天北市场福安里 4 号。满洲省临委的建立，统一了东北各地党的组织，形成了领导核心，为东北地区人民革命斗争树立了一面旗帜。

陈为人为首的满洲省临委在贯彻中央指示中，比较注意结合东北的实际情况，提出了比较切合实际的斗争任务和纲领。如他在 1927 年 12 月 22 日写给中央的报告中，详细汇报了满洲的政治、军事、经济状况，并进行了透彻的分析。他说，整个满洲的政治完全是日本统治，"不但新闻的统治是日本，金融的统治是日本，产业的统治是日本，即便军事的统治也是日本，日本的军警在南满、北满以及奉天省城可以自由行动。无论任何人一入满洲境内，只是看见日本论调的新闻报纸，充满市面的金票，意态洋洋的日本军警，与侵略中国的一切野蛮行为"。而奉系军阀张作霖因忙于关内的战争，又百般苛求民众，这一切都引起了下层民众的反抗。特别是在农村，奉系军阀用清丈土地的方法，以收清丈费或不符手续等借口掠夺农民的土地和钱财，以筹军饷，致使农民阶级分化特别明显，贫民、难民、少家缺室者甚多。这一切"已引起了全省农民之怨恨"。

自动组织穷党，进行土地斗争。陈为人总结和展望说："可以说全满的农民都是在酝酿暴动之中，专待我们去领导。"

陈为人在分析了满洲形势和工农斗争的状况后，欣慰地说："即革命的客观条件已具备了的满洲，是我们好工作环境的满洲，是我们执行新政策大有可能的满洲。"陈为人针对党的农村工作力量薄弱、干部缺乏的实际，领导举办了三期干部训练班。

1928 年 12 月 23 日，省临委在沈阳大东边门外黄土坑地下党员牛思玉家里召开扩大会议。会议进行之际，突然有十几名警察破门而入，以查户口为名进行盘问，然后将参加会议的同志全部带往奉天小东警察分局。押解途中，张任光趁敌人不备逃脱，其他 13 人被捕。

陈为人经受了敌人无数次的严刑审讯，用鲜血和无畏的革命精神保守了党的机密和组织机构，始终未暴露身份，经党组织的积极营救，1929 年 7 月，陈为人获释。

三、为保护党的文献鞠躬尽瘁

1929 年 8 月，陈为人调往上海，负责党训班的工作。后又同谢觉哉、李求实等一起办中央党报《上海报》(后改名为《红旗报》)，宣传革命思想，鼓舞人民斗志。1931 年春，陈为人去一个机关办事，被等候在门口的敌人逮捕，先被关在法租界中，后被引渡到龙华警备司令部。陈为人担任狱中支部委员，团结狱中的革命同志，同敌人进行不懈的斗争。党组织通过"互济会"设法营救，陈为人于 1931 年底被释放出狱。

陈为人两次入狱，身体遭受了严重的摧残，经过短期疗养后，在 1932 年下半年又走上了新的战斗岗位，负责党的"中央文库"工作，保存和整理党中央的机密文件。1935 年 2 月，由于叛徒的告密，敌人在一夜之间破坏了我党的 8 个活动据点，党中央秘书处也被破坏。韩慧芝前往党中央秘书处送文件时，被等候在那里的特务逮捕入狱。

1936 年韩慧芝出狱，接上了组织关系。这批文件在白色恐怖下，几经转人保管，费尽周折倾尽心血，总算完整无损地保存到革命胜利，这凝结着陈为人的不可磨灭的功劳。1937年3月13日，陈为人虽经党组织尽力抢救，但医治无效，在上海病逝，时年38岁。

（作者系中共满洲省委旧址陈列馆馆员）

欧阳强

张佑硕

欧阳强，字效暖，号翰生、俊汀、加修，广东省中山县（今中山市）人。1923 年加入中国共产党，历任中共沟帮子党支部书记、营口特支书记。1931 年 2 月，当选为中共满洲省委委员。九一八事变后，欧阳强辗转沟帮子、北京丰台、广东乐昌、武汉等地，继续从事党的工作和工运斗争。1948 年 4 月 26 日被敌人杀害，时年 55 岁。

欧阳强

一、筹建中共沟帮子支部

欧阳强，1894 年 10 月 11 日出生于广东省中山县杭边麻子村一个归国华侨的家庭。

1913 年，欧阳强到唐山后，在唐山机车车辆厂当上了学徒工，和广东同乡、同在机器房做工的邓培结为知心朋友。在邓培的影响下，他接受了反专制、要民主的革命思想。

1914年爆发了第一次世界大战，北洋军阀段祺瑞政府在美、日两国怂恿下参加了协约国，并于1917年对德宣战，派出一批华工赴欧洲参战。唐山机车车辆厂被抽出一批工人，参加欧战。欧阳强随着这批华工参加了第一次世界大战。在战争中他到过俄国、法国、英国，并获得两枚奖章。欧战的经历使他有机会了解欧洲各国工人运动情况和俄国十月革命，开始矢志于工人运动，为中华民族的解放而奋斗。

1920年初，欧阳强从欧洲回国，继续在唐山机车厂做工。回厂后，他热情地向周围工友讲述各国工人斗争和社会主义革命的情况。1922年夏季，中共唐山地方委员会在唐山机车车辆厂成立，邓培为书记。唐山地委成立后，积极领导唐山地区广大工人向反动军阀进行斗争。10月13日，唐山机车车辆厂3000名工人举行了大罢工，欧阳强积极参加这场罢工，在斗争中经受了锻炼和考验。

1923年1月，欧阳强光荣地加入了中国共产党，被派到关外锦州、沟帮子等地进行党的活动。欧阳强进入北宁路锦州机务段机器房当钳工，领导了锦州地区早期铁路工人的斗争。1923年下半年欧阳强在沟帮子机务段建立了北宁路沟帮子站党小组，并任组长，党员共7人。沟帮子党小组的建立为发展壮大东北地区党的组织创造了有利条件，也对东北地区革命斗争的深入发展起到了重要作用。

1924年初，欧阳强接受中共唐山地委指示，筹建中共沟帮子支部，4月正式成立沟帮子支部，欧阳强任党支部书记。沟帮子支部活动范围，包括北宁路沟帮子站和营沟路的营口车站，

1926年五一节前夕，唐山地委派袁兰祥到沟帮子检查工作，要求沟帮子党支部发动群众，恢复工会组织，将经济斗争和政治斗争结合起来，提出争取"花红"，争取自由、打倒奉系军阀、打倒帝国主义等口号。欧阳强召开支部党员大会进行了认真讨论，制定了行动计划，有组织、有计划地领导工人同当局进行斗争，迫使反动当局给工人增加了工资。

二、当选为中共满洲省委委员

1929年底,国民党铁路当局决定对北宁路关内外各站停止发放年终"花红",连12月份的工资也不按时发给,激起了广大职工的极大愤慨。中共满洲省委派杨一辰、张聿修、陈同和、刘子奇等人到北宁铁路关外的大虎山、沟帮子、彰武、营口、锦州等地,深入工人中进行调查,了解工人的疾苦和斗争情绪。

杨一辰重点负责沟帮子党支部的工作。他住在欧阳强的家里,详细传达了省委书记刘少奇的指示。欧阳强多次召开支部会议,组织党员认真讨论了满洲省委的指示,领导工人同铁路当局进行斗争。欧阳强还到营口、大虎山、彰武、锦州等地进行串联,采取联合行动。

欧阳强将北宁路关外主要站段的铁路工人组织起来,在大虎山召开了有30多人参加的争取"花红"的代表会。经过充分酝酿和准备,工人争"花红"斗争终于在北宁路关内外各站爆发了。

1930年1月初,沟帮子100多名铁路工人,在欧阳强的率领下,把段长郭忠汉的"公事房"团团包围起来。郭忠汉在工人的强大压力下,只好答应将工人的要求上报铁路局,工人们斗争热情越来越高,使铁路陷于瘫痪状态。

在斗争的关键时刻,中共满洲省委书记刘少奇指示欧阳强:"在斗争中要广泛发动群众,保存党的实力,不能暴露组织,一定要保护工人的经济利益。通过斗争教育群众,提高工人的觉悟,扩大党的影响。"欧阳强根据这一指示,领导工人坚持斗争,迫使北宁路当局让步,同意发给工人"花红"。

杨一辰、欧阳强根据中共满洲省委的指示精神,又向路局提出补发1926—1927年的"花红",并要求允许工人自己组织工会。在工人的压力下,路局接受了工人的要求,斗争取得了胜利。

通过"花红"斗争,党组织扩大了影响,吸收了一批先进分子入党,共青团和工会组织也有了发展,建立了沟帮子团支部和铁路工会沟帮子分会,沟帮子铁路工人的斗争力量日益壮大起来。

北宁路工人取得"花红"斗争胜利后,为了加强营沟线营口车站的工作,中共满洲省委派欧阳强到营口机务段工作,并担任中共营口特支书记。

1931 年 2 月 8 日，在中共满洲省委会议上，欧阳强当选为省委委员，负责北宁路工运工作。欧阳强担任满洲省委委员之后，仍在营口、沟帮子一带活动。

1931 年九一八事变后的第二天，日本帝国主义侵占营口，营口特支人员随其他铁路员工分批撤回关内。欧阳强率领部分工人回到沟帮子，按照上级的指示，继续坚持工作。欧阳强组织职工、家属分批撤出时，中弹受伤，到唐山铁路医院治疗。

三、共产党员崇高的革命气节

欧阳强伤愈后，便留在唐山铁路机务段当钳工。国民党当局于 1932 年在唐山秘密逮捕了欧阳强。工人们集体请愿，要求释放欧阳强。国民党当局在狱中对欧阳强严刑拷打，但毫无收获。同时，慑于工人群众的力量，国民党当局在 1933 年将欧阳强释放，但仍派特务暗中监视欧强的活动。欧阳强请示党组织之后，决定去北京丰台。

1936 年春，粤汉铁路线竣工通车。全国铁路总工会华北工作委员会决定调欧阳强到广东工作。欧阳强前往乐昌车站工作，秘密领导乐昌地区人民的革命斗争。

1938 年初，欧阳强又被调往武汉武东（徐家棚）机车厂工作。9 月，由于日军逼近武汉，武东机车厂迁到湖南郴县，党组织决定欧阳强提前到湖南执行紧急任务。他第一批到达郴县，于 10 月在郴县成立党支部，欧阳强任书记，属中共湖南特委领导。党支部领导铁路工人开展了各种形式的革命斗争，成为当时湖南粤北一带在铁路工人中进行革命活动的核心。

1944 年，欧阳强回到乐昌；1945 年，欧阳强到中山县；不久，又到汝城。1945 年"八一五"光复后，欧阳强从汝城回到乐昌，积极在工人中进行宣传和组织工作。11 月，在欧阳强领导下，成立了"铁型俱乐部"。俱乐部名义上学武练功，实际上对工人进行深入的发动和组织工作。

1946 年初，中共粤汉铁路乐昌支部召开紧急会议，欧阳强主持会议，决定发动一场以乐昌车房工人为主的粤北地区铁路工人大罢工。在欧阳强等人领导下，斗争取得了胜利。铁路当局受到如此严重的打击后，强行把罢工的领导者、组织者欧阳强等人开除。

欧阳强虽然离开了车房，但为了革命的胜利，又以卖药为掩护，从湖南的郴州，到广东的乐昌、韶关、广州沿线继续为党做宣传、组织工作。

1947 年，国内形势发生了很大的变化，全国的学生运动、工人运动和人民的革命运动日益高涨。蒋介石于 7 月发布了"戡乱动员令"，在国统区内加强了对革命人民的镇压，对共产党和革命群众实行大逮捕，白色恐怖笼罩着乐昌。

1947 年 10 月，欧阳强被捕，在狱中受尽了各种利诱和毒刑拷打，始终表现出共产党员崇高的革命气节。1948 年 4 月 26 日，欧阳强壮烈牺牲，时年 55 岁。

（作者系中共满洲省委旧址陈列馆馆员）

罗登贤

张佑硕

罗登贤

  罗登贤，原名罗举，曾用名达平、光生、何永生等。1905 年生于广东省南海县南庄隔巷村。1922 年参加香港海员大罢工，1925 年加入中国共产党，参加省港大罢工。1927 年参加领导了广州起义，1928 年任中共江苏省委书记。1928 年中国共产党第六次代表大会，当选为中共中央委员、政治局候补委员。1929 年任江苏省委书记、中华全国总工会党团书记，后调任中共广东省委书记，1930 年 8 月任中共中央南方局书记。1931 年 1 月在上海出席党的六届四中全会，会后任中华全国总工会委员长、党团书记。1931 年夏以中央驻满洲特派员身份被派往东北。1931 年 11 月中共满洲省委遭到破坏，中央任命罗登贤为中共满洲省委书记兼组织部长，领导东北人民进行武装抗日斗争。1932 年 7 月因受到"左"倾错误路线的批判被撤职，12 月被迫离开东北，回上海任中华全国总工会上海执行局书记。1933 年 3 月 28 日在上海参加全总秘密会议期间被捕，8 月 29 日凌晨被国民党反动派秘密杀害于南京雨花台，时年 28 岁。

一、早期革命活动

罗登贤幼年家境贫寒，11 岁就辍学，跟随姐夫进入英国资本家办的太古造船厂当童工，后又做徒工，满徒后在该厂当钳工 6 年。罗登贤在工人运动不断发展中，成为一名参加斗争的积极分子。1925 年春，罗登贤光荣地加入了中国共产党，随即被选为海员工会秘书（委员长苏兆征）。从 1925 年 6 月到 1926 年 10 月，罗登贤积极参与并组织了坚持 16 个月之久的香港大罢工。罢工胜利结束之际，罗登贤被选为中共香港市委委员、市委常委，并继续领导工运工作。

1927 年，蒋介石发动了四一二反革命政变，疯狂屠杀共产党员和革命群众。罗登贤临危受命，被任命为中共广东省委委员，协助省委书记张太雷开展工作。罗登贤是 12 月 11 日广州起义的组织者和领导者之一。广州起义后，罗登贤在香港召集一次会议，为掩护同志迅速撤走而被捕，后经党组织营救，于 1928 年初出狱。

中国共产党于 1928 年 6 月 18 日至 7 月 11 日在莫斯科召开了第六次全国代表大会，罗登贤被选为中央委员、政治局候补委员（同年冬增补为政治局委员）。1929 年 2 月，罗登贤从苏联回国后，任中华全国总工会委员长。

1929 年初，中共中央任命罗登贤为中共江苏省委书记，并由他负责组建新的省委。改组后的中共江苏省委由李维汉任组织部长，任弼时任宣传部长，其他委员有李富春、陈云、夏采曦、金维映等。9 月，罗登贤调任中共中央组织部副部长（部长周恩来）。11 月，中华全国总工会在上海召开第五次全国劳动大会，会上罗登贤被任命为中华全国总工会执行委员会中央党团书记。年底，被任命为中共广东省委书记。

1930 年 8 月，在香港成立中共中央南方局，罗登贤兼任中共南方局书记。8 月 19 日，罗登贤被增选为由全国党、团、工会领导机关合并组成的"中央行动委员会"的中央总行动委员。8 月 25 日，中共中央南方局和中共广东省委把党、团、妇联、工代会的领导机构合并，组成"广东省行动委员会"，罗登贤任总负责人。9 月 24 日，在党中央六届三中全会的中央政治局改选中，当选为中央政治局候补委员。

1931 年 1 月 7 日，罗登贤在上海参加了六届四中全会，他是这次会议的五人主席团成员之一。在改选政治局成员时，他再次当选为政治局候补委员。这次会议后，他任中华全国总工会委员长，担负领导全国工人运动的重任。

二、在东北的革命活动

自 1931 年起，日本帝国主义加紧了对我国东北的侵略，九一八事变前，不断在东北挑起事端，使东北的形势日趋紧张。罗登贤正是在这种情况下，于 1931 年夏，以中央驻满洲特派员的身份被派往东北。罗登贤到东北后，加强了中共满洲省委的领导。

九一八事变爆发后，中共满洲省委立即做出反应。19 日清晨，在沈阳小西门附近省委秘书长詹大权家召开紧急会议。会议集中讨论骤变的形势和应对措施，做出尽快给中共中央打报告并尽早发表抗战宣言等决议。当天，中共满洲省委就发出了《满洲省委为日本帝国主义武装占领满洲宣言》。

中共中央连续发表多份重要文件，揭露了日本帝国主义发动九一八事变的罪恶目的是把中国完全变成它的殖民地，号召全国人民奋起反对日本侵略，把警醒民众的民族自觉、组织领导发动群众进行反帝运动作为党的中心任务。

1931 年 11 月，中共满洲省委书记张应龙、宣传部长刘昆（赵毅敏）等在沈阳被捕，省委又遭到破坏。12 月，中共临时中央任命罗登贤为中共满洲省委书记兼组织部长。

鉴于沈阳已在日本侵略者残酷统治之下，哈尔滨成为开展反日斗争的中心，经请示中央批准，中共满洲省委机关由沈阳迁往哈尔滨。中共满洲省委机关迁到哈尔滨不久，罗登贤就召集省委常委会议，通过了《满洲省委接受中央关于上海事件致各级党部的决议》。

与此同时，罗登贤还在哈尔滨道里松花江桥下面的牛甸子（也叫红毛子村）冯仲云的家里，召开了北满党的高级干部紧急会议。在这次会议上，他号召所有共产党员要与东北人民共存亡，坚决抗日到底。罗登贤坚定的信念和坚决的态度，在东北地区广大党员中产生了重大的影响。

罗登贤为贯彻临时中央指示精神，1932 年 1 月 15 日和 2 月 6 日，中共满洲省委又连续发表《中共满洲省委员会关于满洲事变第三次宣言》和《满洲省委对满洲事变第四次宣言》。宣言认为：东北的国民党和东北军都已成为日本帝国主义的工具，只有把工农群众武装起来，才能达到驱逐日本帝国主义的目的。

罗登贤主持制订了《中共满洲省委两月工作计划》，对兵运和反日游击战争给予了高度的重视。罗登贤等省委领导人从东北的实际情况出发，努力把开展和领导反日民族战争作为党的中心任务，并提出了创建党领导的抗日武装的方针。这一方针的中心内容就是：在群众斗争的基础上，建立党直接领导的抗日游击队，同时加强对义勇军的工作，争取他们接受党的抗日主张，坚持抗日斗争，并逐步使之成为党直接领导的队伍。在当时党员人数还不多的情况下，罗登贤果断地派出了一大批党团员到义勇军中去工作。

罗登贤根据九一八事变后，日本帝国主义占领我国东北，民族矛盾已上升为主要矛盾的新形势，和国民党政府采取不抵抗政策的实际情况，及时地把中共满洲省委的工作重点由城市转向农村，发动人民群众开展广泛的抗日游击战争，不仅开创了中国共产党领导东北人民进行武装抗日的新局面，而且使党所领导的武装力量在斗争中不断发展壮大，为东北人民革命军、东北抗日联军的建立奠定了有力的基础。同时也为东北党的事业和进行抗日战争培养了一大批军事、政治干都，这一卓越的历史功绩是不可磨灭的。1935 年我党在《八一宣言》中写上了罗登贤的名字，肯定了他为抗日救国而做出的卓越贡献。

罗登贤正确地分析了日本帝国主义占领东北后的政治形势，从东北实际情况出发所制定的政策和确定的工作重点无疑是正确的，也是及时的。但是，在王明"左"倾机会主义路线盛行的年代，却遭到了错误的批判。罗登贤则被扣上"贯彻四中全会不力""右倾机会主义""满洲特殊论"等大帽子。

三、担任中华全国总工会上海执行局书记

1932 年 7 月，中央撤销了罗登贤的中共满洲省委书记职务。12 月，中央

决定将罗登贤调离东北，任命他为中华全国总工会上海执行局书记。虽然罗登贤遭到"左"倾路线的严重打击，但他仍然兢兢业业，一如既往地为党工作。当国民党反动派调集几十万重兵向苏区进行第四次"围剿"最激烈的时候，罗登贤为积极配合反"围剿"斗争，在上海发动组织纱厂、铁路工人举行罢工，开展反抗国民党"围剿"红军的斗争。

1933年3月28日，全国海员工人代表会议在上海英租界召开，因王其良（全总秘书长）会前被捕叛变，供出会议地址，当罗登贤等出席会议时，埋伏在会场周围的国民党特务勾结英租界当局，将到会的同志全部逮捕。

罗登贤等被捕后，先被关押在上海老闸捕房，在进行审讯时，敌人罗织了一条"反动分子"的罪名企图强加在他身上。在法庭上，罗登贤大义凛然，对敌人的诬蔑予以严厉的驳斥。罗登贤等人被国民党反动派逮捕的消息公开后，在社会上引起了很大的反响。各界进步人士纷纷谴责反动政府迫害爱国志士的无耻行径。4月1日，中国民权保障同盟主席宋庆龄在上海发表了《告中国人民书》，号召各界人士一致起来保护被捕的革命者。宋庆龄在《告中国人民书》中一面强烈抗议反动派对爱国志士的无理迫害，一面热情地赞扬了罗登贤等在敌人法庭上的大无畏精神。

在全国人民强烈的抗议声浪中，蒋介石和他的国民党政府不胜惊恐，先是对罗登贤施以利诱收买手段，见收买不成，就使用各种酷刑来对待罗登贤。中国民权保障同盟中央负责人宋庆龄等人曾亲自到南京营救罗登贤等人。他们在南京监狱看到罗登贤时，他的躯体已是血肉糜烂、骨瘦如柴，但他的双眼却炯炯有光，神态岿然。他字句铿锵地对朋友们说："我将永远忠于国家民族与无产阶级，他们能打我，决不能屈服我。"

1933年8月29日凌晨，国民党最高当局下令对罗登贤等人秘密处决。当敌人的枪口对着他的胸膛问他还有什么话要说时，他凛然回答："我个人死不足惜，全国人民未解放，重任未了，才是千古遗憾！"随后，他昂首高呼："打倒帝国主义！打倒国民党反动派！""共产党万岁！"在南京雨花台英勇就义。

（作者系中共满洲省委旧址陈列馆馆员）

黄显声

孟悦

在贵州息烽集中营革命历史纪念馆的英烈名录中，闪耀着一个光辉的名字——黄显声。黄显声是东北义勇军的缔造者之一，也是东北军中最先接受中国共产党领导的高级将领之一。他曾在印章上刻下"骑富士山头展铁蹄，倭奴灭，践踏樱花归"以明志。在中国抗日战争的历史中，黄显声将军被誉为"血肉长城第一人"。

黄显声

黄显声，字警钟，别名惊中，又名京中。1896年生于辽宁凤城县苇山河村（现属岫岩县）。他自幼聪颖好学，少年时期不断地阅读进步书刊，接受新思想。五四运动时，黄显声怀着御侮救国的决心，参加游行示威的队伍，直接同反动军警搏斗。1921年，黄显声独自回到沈阳，投笔从戎，考入东北陆军讲武堂第三期炮兵科。一年后，他以优异成绩毕业，分配到奉天兵工厂卫队团任少校营长，走上了职业军人的道路。由于黄显声治军严谨，胆识过人，所以深受张学良的赏识。1930年春，东北军再次入关,张学良特委黄显声为辽宁省警务处处长兼沈阳市公安局局长,留守沈阳,负责全省地方保安事务。

对于日军的侵略,黄显声是早有准备的。1931年7月,黄显声汇集从各方面搜集到的日军活动情报材料,亲赴北平,向张学良作了详细汇报,请示对策。张学良指令"你们地方武装可加紧训练,严加戒备"。返沈后,黄显声当机立断,立即着手扩充各县公安队编制,并建立地区公安联防区。他以省警务处的名义,将全省58个县公安队扩充为12个总队,以便调动,并请求更换武器,以防意外。

1931年9月初,日本关东军向滞留在沈的日本在乡军人普遍发枪,形势愈趋紧张。黄显声向张学良请示后,立即以警务处名义紧急通知全省58个县的公安队到沈阳领枪。数日内,沈阳库存的原东北军历次入关作战缴获的20余万支枪支和1000多万发子弹,尽数发给了辽宁所属的公安部队和地方警察。用黄显声的话说,发枪"一防匪患,二防外侮,三是保卫自己、保卫家乡"。这一行动为防备日军此后发动侵略战争提供了一定的准备,这批枪支后来也成为东北各路义勇军主要武器的来源之一。

黄显声对沈阳的警察也进行了充分的部署。他把约2000名沈阳市公安队的警察组织起来,编成一个总队,发放枪支,安排他们坚守岗位,维持地方秩序,必要时可以改穿便装,佩戴短枪,在市民中出入。为了应对日军频繁的军事演习,黄显声还积极组织沈阳郊区民团和大会武装,名为保卫地方,实为准备抵抗日军的伺机进攻。沈阳警察队伍的实力在这一时期有了明显的增强。

1931年9月18日下午,黄显声接到报告称,日本关东军很可能采取异常行动。闻讯后,黄显声更加警惕,严令市内警察分局及公安队待命。当晚,黄显声亲临位于沈阳东关大什字街北的公安局坐镇,以防不测。

晚10时50分,柳条湖事变的爆炸声刚刚响起后不久,第七旅旅长王以哲就匆匆赶到市公安局,与黄显声商议如何应付日军的突袭。黄显声毅然表示:"公安局各分局队将尽力支持,非到不能抵御时,绝不放弃驻地。"言语间充满了爱国抗日的英勇豪气。

19日晨,在东北军第七旅官兵撤出北大营后,日军攻占沈阳市区商埠地及大小西关。黄显声得知东北军放弃了抵抗,便通令所辖的沈阳三经路警察署、

日军登上小西门城墙，向城内射击

北大营被日军的炮火炸成残垣断壁

商埠三分局、南市场等处的警察大队及公安分队，就地进行抵抗。

黄显声身先士卒，指挥作战。然而，尽管沈阳警察利用临时修整的工事进行了英勇的抵抗，但在全副武装、来势汹汹的日本正规军面前，警方的力量还是显得势孤力单。日军面对非军事力量警察部队的抵抗，竟然动用了包括坦克、重炮在内的重武器，加之日军攻进沈阳后又增加了援兵，而警察分局及公安分队却兵力分散，缺乏后援。双方交战持续了数个小时，孤军作战的沈阳警察队伍伤亡惨重，北市邮局等地相继失守。据《九一八后国难痛史资料》记载："工业区之六分局，于夜间日军进攻该局时，该局警察仅三十余名，与日军死力抵抗，双方肉搏亘三小时之久，后因子弹告罄，外无应援，遂被日军攻入。于是此数十健儿，悉被日军杀害，碎足折肋，挖胸洞腹，肝脑涂地，尸体横陈于局门外者，多日无人掩埋，状极惨酷。"

为了避免无谓的牺牲，黄显声冒着枪林弹雨，到已经被敌人占领的地段寻找被打散的警察和公安队员，让他们向关东公安总局和公安总队集中，继续抵抗。在面临强敌力不能支的情况下，黄显声才下令以各分局为单位，尽量携带武器弹药退出沈阳，向锦州集中待命，最后他才化装离开沈阳。在奔往锦州的路上，黄显声不断集结各地的警察和民团队伍，接收溃散的士兵、武装群众，积蓄抗日力量。

沈阳沦陷后，东北军政中枢西迁至锦州，并在那里设立了东北边防军司令长官公署行署和辽宁省政府行署，黄显声奉命主持工作。在锦州期间，他将新编部队改称为"辽宁抗日义勇军"，自任总司令，这就是"抗日义勇军"的最初来历。

黄显声不仅率先积极倡导发动民众武装抗日，还亲率抗日义勇军驰骋疆场，痛歼日本侵略者。在他的努力倡导下，辽宁民众抗日义勇军得到迅速发展，并有力地牵制了日军的侵华进程。当时，日伪报纸报道义勇军必提及其组织者和领导者黄显声之名，日本关东军将其视为"日军之劲敌"，抗日爱国志士更以"血肉长城第一人"誉之。

1936 年 8 月，黄显声秘密加入中国共产党，在中共的领导下积极开展抗日工作。1938 年 2 月，由于叛徒出卖，黄显声被国民党驻武汉特务机关秘密逮捕，关押在贵州息烽集中营。在集中营内，黄显声受到百般凌辱和非人的折磨，但他以"虎入笼中威不倒"而自励。他在给儿子的绝笔家书中写道："我现在虽然坐牢，并未犯法，是为团体、为国家、为义气而坐牢，问心不（无）愧，将来生死存亡在所不计。"寥寥数语，尽显浩然正气。

1949 年 11 月 27 日，黄显声被特务杀害在重庆的步云桥。在黄显声就义的几天前，他在狱中的难友和情侣黄彤光收到了黄显声留给她的绝笔信："……你千万珍重，不可过分慌乱，悲伤难过。我就是万一不测，这是对得起国家人民的，是光荣的……"

1949 年后，重庆市烈士审查委员会追认黄显声为革命烈士。1960 年，经周恩来批准，黄显声灵柩被移至北京八宝山革命烈士公墓安葬。

"萧萧易水有荆轲，千古犹传不朽歌。此日暂抛儿女态，莫将岁月再蹉跎。"这首将军狱中自勉诗，今日读之让人唏嘘不已。纵观黄显声的一生，是为理想和信念而努力奋斗直至牺牲的一生，是将国家、民族和人民置于首位的一生。碧血丹心，浩气永存。

（作者系沈阳"九·一八"历史博物馆研究馆员）

杨靖宇

孟庆志

杨靖宇

　　杨靖宇，原名马尚德，字骥生。1905 年 2 月13 日出生于河南省确山县李湾村（今属驻马店市驿城区古城乡）。1923 年 8 月，18 岁的杨靖宇考入河南省立第一工业学校，开始阅读《向导》《新青年》等革命书刊，接触马克思列宁主义。1926 年秋，他加入中国共产主义青年团，经常在假期与团组织回乡开办农民夜校，向农民进行革命思想教育。1926年 10 月，杨靖宇接受中共河南省委指示回确山、信阳等地，组织农民运动，并于次年加入中国共产党。1927 年 4 月，领导确山农民武装举行暴动，建立起河南第一个工农革命政权——确山县临时治安委员会，杨靖宇被选为常务委员。之后，他化名"张贯一"在信阳、开封、洛阳等地从事党的地下工作，期间曾三次被捕，但他巧妙地与敌人应对周旋，严守党的秘密，最后均被无罪释放。

　　1929 年 6 月，杨靖宇到上海参加中共中央举办的短期干部训练班。7 月，受党中央派遣到东北工作，被中共满洲省委派到抚顺担任特支书记，后因叛徒告密两次被捕入狱，虽受尽酷刑，坚贞不屈，被判处一年零六个月刑期。九一八事变后，杨靖宇被党组织营救出狱，出任中共哈尔滨市道外区委书记、哈尔滨市委书记、中共满洲省委代理军委书记等职。

杨靖宇纪念馆

杨靖宇纪念馆内部场景

1932 年底，杨靖宇被派往南满地区磐石、海龙等地巡视工作，改编磐石工农义勇军为中国工农红军第三十二军南满游击队，并担任政委一职，从此化名"杨靖宇"开展抗日斗争。1933 年 9 月，东北人民革命军第一军独立师正式成立，杨靖宇任师长兼政委。1934 年 2 月 21 日，东北人民革命军第一军独立师联合南满地区的 16 支抗日义勇军，在吉林临江城墙砬子召开了东北抗日联合军总指挥部成立大会，被推选为总指挥，南满抗日民族统一战线初步形成。

1934 年春，杨靖宇率部挺进辽东山区，开辟以桓仁老秃顶子和本溪县和尚帽子两座大山为中心的抗日游击根据地。11 月 7 日，东北人民革命军第一军成立，杨靖宇任军长兼政委。1936 年 6 月底，东北抗日联军第一军成立，杨靖宇任军长兼政委。1936 年 5 月至 11 月，为打通与到达陕北的党中央的联系之路，配合红军东征抗日，杨靖宇在本溪县召开了两次西征军事会议，先后组织抗联一军一师、三师西征部队向辽西、热河挺进，由于敌人重兵围追堵截，西征部队挺进受阻。虽然西征目标没有实现，但抗联将士一路上宣传了中国共产党的抗日救亡主张，有力地打击了敌人的嚣张气焰，扩大了党领导的东北抗联的影响。

1936 年 7 月，东北抗联一军与二军合编成立东北抗日联军第一路军，杨靖宇任总司令兼政委。在极端艰难的条件下，他以"头颅不惜抛掉，鲜血可以喷洒，而忠贞不贰的意志是不会动摇"的崇高气节，继续率部坚持战斗。中共六届六中全会曾致电对以杨靖宇为代表的东北抗日武装表示慰问，赞之为"冰天雪地里与敌周旋 7 年多的不怕困苦艰难奋斗之模范"。1939 年秋，日伪军调集重兵对杨靖宇领导的抗联第一路军实行野蛮残酷的"讨伐"。为保存部队实力，杨靖宇决定化整为零，将第一路军编成若干小股部队，实行分散活动。1940 年 1 月，由于叛徒告密，杨靖宇所部被日伪军重重包围。经过数次战斗，战士们不断减员，到 2 月 18 日杨靖宇身边最后的两名警卫战士也在战斗中牺牲，他只身一人在零下 40 多度的严寒中，辗转于吉林省濛江县的山林里与敌周旋。2 月 23 日，在吉林省濛江县保安村三道崴子，杨靖宇面对敌人的威胁和利诱大义凛然，宁死不屈，以一棵大树为掩护，双手开枪射击敌人，激战 20 多分钟后身中数弹壮烈殉国，时年 35 岁。

（作者系本溪满族自治县政协文史委科员）

李红光

刘祉妤

1938 年，毛泽东在同合众社记者王公达谈话时指出："中国共产党和东三省抗日义勇军确有密切关系，例如有名的义军领袖杨靖宇、赵尚志、李红光等等，他们都是共产党员，他们坚决抗日艰苦奋斗的战绩，是人所共知的。"李红光是被毛泽东点名表彰的三位抗联将领中年龄最小的一个。

李红光，又名李弘海、李弘奎、李义山，朝鲜族，1910 年出生于朝鲜风光秀美的京畿道龙岩郡丹洞的一个贫苦家庭。从小，李红光的父亲便希望他长大

李红光

后能有所作为，于是想尽办法把他送到学校接受良好教育。当时的朝鲜已经成为日本的殖民地，所以学校的教育也开始"文化殖民"。李红光天资聪慧，勤奋好学，他的爷爷不但有一定学识，而且对汉语也非常熟悉，所以李红光在到中国避难之前，就跟着爷爷学习了一些汉语和中国历史。

由于不堪忍受日本帝国主义的奴役和压迫，当时有很多朝鲜人跨过鸭绿江

前往中国避难。1925 年，李红光也随父母迁到中国吉林省的磐石县，1926 年定居于伊通县流沙咀子屯。

李红光来到中国后，受马列主义的熏陶，参与了当地很多反日反封建的活动。由于他从小就目睹了日本帝国主义的残暴行径，幼小的心灵早已刻上了深深的仇恨，这也铸就了他反抗日本侵略、追求解放的坚定信念。1927 年，李红光加入了朝鲜共产党领导的农民同盟，因为他擅长中文并且思想进步，所以很快就被吸纳成为共青团员。在他成为共青团员期间，曾根据组织上的指导在当地筹建了第一支农民武装。因为表现突出，1930 年 9 月，李红光在伊通县三道沟光荣加入了中国共产党。从此，他用火一般的热情投入到革命的洪流中，深入发动群众，打击豪绅地主，宣传抗日主张。

九一八事变之后，面对日军武装侵略中国东北的恶劣行径，全东北人民的反日运动风起云涌。1931 年 10 月，中共磐石中心县委建立了一支武装特务队，算上队长也就只有 7 个人，李红光带领这支小队抓了不少和日本人勾结的汉奸走狗，被人们称为"打狗队"。后来，"打狗队"不断发展壮大，以后成了磐石工农义勇军、南满游击队、东北人民革命军第一军的主要力量。

1932 年初，磐石中心县委响应中央与满洲省委关于武装抗日的号召，成立了磐石游击队，李红光任队长。1932 年 6 月，按照党的指示，磐石中心县委宣布成立了磐石工农反日义勇军成立大会。磐石义勇军对外称"满洲工农反日义勇军第一军第四纵队"，下设三个分队，李红光担任分队长。同年冬天，杨靖宇受党委派到南满整编各红色游击队，磐石工农义勇军改编为中国工农红军第三十二军南满游击队，李红光任教导队政委。

在杨靖宇和李红光离开磐石去海龙巡视期间，由于中国工农红军第三十二军南满游击队遭受了两次重大的挫折，导致孟杰民总队长和初向臣政委等人先后牺牲，随后由杨靖宇担任政治委员，李红光继续担任政委。从此，李红光成为杨靖宇的亲密战友和忠实可靠、甚为倚重的得力助手，为中朝两国人民的抗日斗争鞠躬尽瘁。

1933 年 9 月 18 日，南满游击队扩编为东北人民革命军第一军独立师，杨靖宇任师长兼政委，李红光任参谋长。1933 年冬，李红光随杨靖宇率独立师部

李红光烈士牺牲地——桓仁海青伙洛抗联密营遗址

队越过辉发河封锁线，开辟了柳河、通化、清原等新的游击区。1934 年，杨靖宇和李红光率部挺进到辽东山区，将这一带的抗日义勇军、山林队及爱国群众发动起来，开辟了以桓仁老秃顶子和本溪县和尚帽子两座大山为中心的桓本兴抗日游击根据地，为后来抗联在这一地区从事四年半之久的抗日武装斗争奠定了基础。

1934 年 2 月 21 日，杨靖宇联合其他 16 支抗日武装在临江县成立了联合军总指挥部，南满抗日民族统一战线初步形成，杨靖宇被推选为抗日联军总司令，李红光任参谋长。

同年 11 月 7 日，在临江县四道二岔召开的中共南满第一次代表大会上，东北人民革命军第一军成立，下辖两个师，杨靖宇任军长兼政委，李红光任第一师师长兼政委。1934 年冬天，日寇实行了"冬季大讨伐"，李红光率一师转战桓仁、兴京（今新宾满族自治县）等地，与敌人进行了多次战斗。

在杨靖宇的领导下，李红光英勇战斗在白山黑水之间。1935年5月11日，师长李红光奉军长杨靖宇的命令，要在桓仁组建骑兵队，他率200多名战士去兴京买马回来，当行至桓仁和兴京交界的老爷岭时，与对面开来的200多名日军遭遇，李红光率战士们奋勇还击。当李红光在一处山坡上用望远镜观察敌情时，不幸被敌人的机枪扫射到胸部和腿部，战士们突击出包围圈，并将他抬着撤退到海青伙洛养伤。由于伤势较重，加之又缺乏药品，李红光于5月12日凌晨牺牲，年仅25岁。得知这一消息后，杨靖宇十分悲痛，为自己失去一位最亲密的革命战友而感到惋惜。战友们将李红光的遗体安葬在桓仁县南黑瞎子望山岭中一棵核桃树下。

为纪念这位东北抗联中的著名英雄，杨靖宇在《东北抗联第一路军军歌》特意将李红光的名字谱写进歌词："高悬在我们的天空中，普照着胜利军旗的红光，冲锋呀我们的第一路军。"

1946年，在李红光战斗过的南满地区，以他的名字组建了李红光支队，这支队伍在解放战争中屡建战功；2014年9月1日，李红光被民政部列入第一批300名著名抗日英烈和英雄群体名录之中。

（作者系东北抗日义勇军纪念馆陈列研究部副主任）

王仁斋

张恺新

　　王仁斋，原名王仁增，字仁斋，1906 年 9 月
21 日生于山东省文登县侯家乡高家村（今威海市文
登区侯家镇高家村）的一个贫苦农民家庭。由于家
境贫寒，王仁斋刚刚懂事就知道为家里分忧。王仁
斋的父母节衣缩食供其读书。在家乡接受初等教育
后，王仁斋于 1920 年考入山东省青州甲种农科学校。
在校期间，在进步思潮的影响下，王仁斋接触到了
一些马列主义著作。通过阅读进步书籍和参加反帝
爱国行动，王仁斋进一步坚定了救国救民的志向。

王仁斋

　　1924 年夏，王仁斋从青州甲种农科学校毕业后
回家乡当小学教师，他经常结合课本内容讲时事，激发学生们的爱国热情。由
于经常关注国家大事，同村人都说他通晓时事，对他十分钦佩。1927 年大革命
失败后，王仁斋为能到新的环境中有所作为，毅然辞别父母和妻儿，北上来到
奉天市（今沈阳市）求职。

1928 年夏，王仁斋经同乡崔唯吾介绍，到国民党奉天省党部宣传部任干事，后因该党部撤销，王仁斋到《平民日报》任印刷部主任，做校对、采访、印刷、送报等工作。这期间，王仁斋发表了一些抨击时弊的杂文，因此受到地方当局的注意，也受到奉天的中共党组织的重视。1929 年年初，王仁斋所在的《平民日报》被迫停办，王仁斋到平旦中学任秘书，在该校与绿野书店的中共地下党组织取得了联系。在党的培养教育下，王仁斋思想觉悟提高很快，当年即加入中国共产党。加入党组织后，王仁斋以饱满的热情投入到革命事业中，他曾经为营救关押在监狱中的被捕同志而积极奔走，也曾主动承担安排被捕同志家属生活的工作，还在海龙中学以教师的公开身份为掩护开展党的地下工作，在青年师生中宣传革命思想，激发师生的爱国热情。在王仁斋的影响下，许多青年后来走上了革命道路。

1931 年夏，王仁斋从海龙县返回沈阳，结果当天就遭到逮捕，被关押在沈阳小南门里的第一监狱。1931 年九一八事变后，日本侵略者在沈阳搞了一次"清监"活动，王仁斋因无法做实案由而得到释放。此时东北大部分地区已经沦陷，王仁斋决心投身于东北抗日斗争的洪流中。1931 年冬，王仁斋受中共满洲省委的委派，去三源浦开展工作，当地一所学校的校长包景华正在联络各地抗日志士，准备组织抗日义勇军。王仁斋决定留在这所学校，和包景华共同开展抗日斗争，他们在学校里成立了"反帝同盟"，号召群众起来斗争，反对日本侵略者。在王仁斋等人的发动下，三源浦一带群情激愤，抗日呼声很高。1932 年 4 月，包景华率众起义，这支抗日武装力量被编为辽宁民众自卫军第九路军，包景华任司令，王仁斋被任命为上校政治教官。王仁斋经常在这支义勇军部队中宣传中共抗日主张，对官兵们进行政治教育，他还亲自刻印传单，书写标语，组织官兵去散发、张贴，扩大抗日武装的影响。在以王仁斋为代表的中共党员的帮助和群众的支持下，第九路军一度声势大振，队伍很快发展到二千人。1932 年 6 月，第九路军攻打三源浦和柳河，均获得胜利。同年 9 月，日军出动重兵围攻该部，在柳河县高家船口战斗中，第九路军伤亡很大，队伍被迫于同年 11 月在濛江县（今靖宇县）境内解散，包景华只身辗转撤往关内。

在第九路军濒临瓦解的危急时刻，王仁斋、刘三春等中共党员挺身而出，在头道河子召集一些爱国官兵开会，把二十余名决心继续坚持抗日的第九路军官兵编成海龙工农义勇军，1933 年 1 月，经杨靖宇整顿后改称中国工农红军三十七军海龙游击队，打出红军的旗帜，由王仁斋任游击队队长，在海龙县境内建立起一支由中国共产党领导的抗日武装力量。

在王仁斋的领导下，海龙游击队迅速壮大。1933 年春，杨靖宇代表中共满洲省委来到海龙巡视工作，对海龙工农义勇军进行了整顿，正式将其改编为中国工农红军第三十七军海龙游击队，王仁斋担任队长，刘三春为政委。不久，海龙游击队开创了龙岗山抗日根据地，规模发展到 70 多人。这年夏天，海龙游击队扩大活动范围，通化、柳河、金川、临江一带的高山密林，都成了他们杀敌的战场。1933 年 10 月末，杨靖宇率领东北人民革命军独立师主力部队渡过辉发江，挺进到桦甸、柳河等县活动，在柳河老鹰沟同王仁斋率领的游击队会合。11 月，王仁斋率部攻打凉水河子，将伪军邵本良的主力部队从三源浦引诱出来。杨靖宇率部乘虚而入，一举攻占三源浦。此后，王仁斋和杨靖宇通力配合，接连攻克了八道江镇等日军的重要据点，进一步扩大了抗日游击区。不久，海龙游击队被杨靖宇改编为独立师第一游击大队（后改称教导连），王仁斋被调到独立师师部负责地方游击队工作。

1934 年春，王仁斋率部在柳河、桦甸、临江等地与日伪军周旋。入夏后，他跟随杨靖宇到新宾、桓仁等地开展游击斗争。11 月 5 日，中共南满第一次代表大会在临江县四道二岔召开，王仁斋参加了这次会议。会上决定成立东北人民革命军第一军，组建中共南满临时特委，王仁斋当选为中共南满临时特委委员。会后，王仁斋担任南满游击队政委，他多次率队出击，拔掉了柳河附近的四道沟、五道沟、荆家店、鱼亮子、大荒沟等敌伪据点。

1936 年 2 月，中共南满省委成立，王仁斋任省委委员。同年 5 月，东北人民革命军第一军第三师在新宾县倒木沟成立，王仁斋任师长，周建华任政委，柳万熙任政治部主任，杨俊衡任参谋长，下辖两个团。6 月，东北人民革命军第一军根据《东北抗日联军统一建制宣言》改称东北抗日联军第一军，王仁斋所部改称东北抗日联军第一军第三师。

王仁斋亲自参加了 1936 年 7 月在河里地区惠家沟密营召开的中共南满第

二次代表大会，当选为中共南满省委委员。不久又参加了东南满党和抗联第一、二军主要领导干部会议。这次会议决定东满和南满省委合组为东南满省委（亦称南满省委），抗联第一、二军合编为东北抗日联军第一路军。会议还决定抗联一军的一、三师和抗联二军一部向辽南、辽西和热河一带挺进，以扩大游击区，打通与党中央的直接联系。

王仁斋回到三师后，立即召开干部会议，传达会议精神。1936 年 7 月，在中共岔路子支部书记陈守平帮助下，王仁斋收编了"双虎"（本名程国钧）所率三百余人的山林队。接着由"双虎"带路，抗联三师先后攻打了新宾的苇子峪、南杂木和抚顺市的搭连嘴子，为西征做了物资准备。待准备就绪后，王仁斋率部从抚顺北部头二冲出发，向辽西方向进军，经过近两天的艰苦行军到达辽河沿岸。当时正值汛期，辽河波浪滔滔，各渡口均有日军重兵把守，不能渡越。于是，王仁斋当机立断，立即率部返回，到辽东山区开展游击活动。

1936 年秋，王仁斋率部抵达抚顺眼望山村，受到当地群众的热烈欢迎。眼望山一带属于日军严密控制地区，王仁斋把当地忠诚可靠的群众秘密组织起来，嘱咐他们暗中为抗联服务。在当地，王仁斋吸收一批年轻人加入抗联队伍，还收编了这一带的"山林队"。一天，王仁斋得到情报，一辆满载日军"讨伐队"的汽车开进金斗峪，日军强迫当地群众进山协助寻找抗联行踪。王仁斋率领队伍在一个半山腰设埋伏，一举将日军汽车炸毁，日军除个别逃脱外，大多被歼灭。

为解决因日军严密封锁而导致的抗联官兵缺衣少粮问题，1936 年 9 月 23 日，王仁斋率部埋伏在新桓公路的梨树沟门附近，一举截获日伪军 21 辆马车，其中 17 车为布匹、衣服之类的物资。时隔不久，中共岔路子支部书记陈守平派人将筹集到的 21 袋粮食秘密运送到碗铺交给抗联三师。

在全国抗日救亡运动蓬勃开展的形势下，战斗在南满地区的东北抗联第一军，根据党的"扩大游击区""到广大区域之中去活动"的指示，不断扩大游击活动范围。为了尽早打通与党中央直接联系的通道，把游击活动扩展到辽西和热河地区，1936 年 11 月，杨靖宇决定将三师改为骑兵部队，趁辽河封冻时节，采用骑兵快速突击的战术进行西征。为此，杨靖宇专门在桓仁县外山堡召开三师领导干部会议，对西征作了部署。

1936 年 11 月下旬，王仁斋率领由 300 余人组成的骑兵队伍，从新宾一带出发，冒着凛冽的寒风，向铁岭、法库方向挺进。得知抗联三师出动后，大批日伪军对三师进行追击堵截。王仁斋率领西征骑兵克服重重困难，经过历时半个多月的长途跋涉和多次战斗，抵达辽河东岸的石佛寺一带，准备从这里渡过辽河。然而，这一年气候十分反常，虽已是严冬且风雪交加，辽河竟然没有冻结，各渡口均有日军重兵把守，而尾随敌军又蜂拥而至。在这种不利局面下，王仁斋命令所部夺取日军的船只，强渡辽河，但刚一行动即被日军发觉。王仁斋当机立断，命令部队突围，绕道返回清原、新宾一带。这次西征是一次具有战略意义的尝试，虽未达到预期目的，但却扩大了抗联队伍的政治影响，打击了日军的嚣张气焰，鼓舞了当地民众抗日的信心。此后，三师一度进入密营中休整队伍，进行政治、文化学习和军事训练。

1937 年春节过后，王仁斋在清原三十道河子收编了"金三好"（本名李秀廷）率领的抗日队伍。在其协助下，促成八棵树伪军一名班长决心反正。王仁斋借这个伪班长值班之机，一举攻占他所在的据点，俘虏敌人 50 余名，缴获大量战利品。这年春天，王仁斋率领三师转战清原各地，经历了敖家堡、阿尔当、南三家、北三家、黑石木、高砬子等战斗，他还率部袭击了夏家堡、湾甸子、大苏河、甘井子等地的日伪军。在夏家堡附近的砬子山与伪军交锋时，王仁斋还通过带领山上抗联战士高喊抗日口号和唱抗联战歌的方式，感动了伪清原县治安队二连连长寇玉峰，寇连长不但下令停止进攻，下山后还派一名士兵给抗联三师送来 1000 发七九步枪子弹。不久，王仁斋率部用这批子弹痛击了日伪军，粉碎了 200 余名日伪军前来"讨伐"。

1937 年 6 月初，王仁斋带领一支由 42 人组成的队伍，辗转到达沈阳东郊的东山嘴子。由于所带干粮剩余不多，用柴草做饭又容易被敌人发现，王仁斋决定冒险进沈阳城购买炊具和煤油，同时察看一下沈阳市内的形势。王仁斋化装成商人，和一名战友先到市区内买了一顶协和帽、一个大蒲扇和两件衣服，然后迅速换装，大摇大摆走进另一家商店买煤油炉子和煤油。商店老板见他们举止不凡，恭恭敬敬地卖给他们两个煤油炉子、一大瓶煤油和两个白铁盒。不久，日伪当局发觉沈阳城东部有抗联活动，立即派大批军警前去"围剿"，王仁斋率领四十几人的队伍和敌人捉迷藏，对伪军和反动地方武装则尽量争取。此次，王仁斋率部在沈阳郊区活动长达三个多月。9月13日，王仁斋根据掌握的敌情，派两名战士化装在东陵至旧站的浑河边通过钓鱼吸引敌人，一举抓获伪奉天省土木厅测量局日籍官员村上博，将其绞死在炮校后面的一棵树上示众。

王仁斋在对敌斗争中勇敢机智。他率部在抚顺市区周边开展抗日游击活动时，和中共抚顺地方党组织的30余名党员取得联络，这些地方的党员千方百计地购买枪支弹药和其他军用物资支援抗联三师。1937年10月，中共抚顺特支被敌人破坏后，王仁斋率部离开抚顺郊区，到清原开展游击活动。

1937年10月，王仁斋带领两名战士从筐子沟出发，去杨大堡筹集子弹和给养。当他们行至钓鱼台（今清原筐子沟村附近）时遭遇便衣特务袭击，王仁斋应声倒地，朝鲜族战士小朴急步上前背起他就向隐蔽处奔去，另一名战士举枪还击进行掩护。被子弹击中双腿的王仁斋被小朴背到隐蔽处后，忍着剧痛命令小朴赶紧将自己随身携带的文件、印章等销毁。当敌人追至山上，目睹被烧毁文件的灰烬，恼羞成怒地向王仁斋射击，王仁斋忍着剧痛还击敌人，最终寡不敌众，壮烈牺牲，时年31岁。王仁斋牺牲后，抗联官兵和当地群众怀着极其沉痛的心情，将他安葬在老会房子的南山坡上。1984年8月，中共清原县委、县政府隆重举行王仁斋烈士树碑揭幕仪式，后又修建了王仁斋烈士陵园。2014年9月，王仁斋被列入民政部公布的第一批300名著名抗日英烈和英雄群体名录。

（作者系中国近现代史史料学学会副会长，辽宁省政协文化和文史资料委员会办公室工作人员）

王德泰

张佑硕

王德泰，1907 年出生于辽宁营口。因家乡闹灾，十几岁时全家来到吉林省延边地区落脚。为了养家糊口，王德泰从小给人家打短工、烧木炭，目睹了苦难劳动人民的悲惨遭遇，特别是日本侵略者的野蛮侵略和疯狂屠杀，在他幼小的心灵中埋下了反抗日寇的种子。

王德泰

九一八事变爆发后，王德泰毅然投身抗日斗争洪流。在中共东满特委的领导下，王德泰参加了延边地区农民群众的反日斗争，在斗争中经受了锻炼和考验，成为这次农民运动的骨干，并加入中国共产党。

1934 年 3 月下旬，根据中共满洲省委的指示，中共东满特委在延吉县三道湾召开了中共东满特委、各县县委和反日游击队负责人会议，决定把延吉、和龙、汪清、珲春等县的游击队合编为东北人民革命军第二军独立师，王德泰任独立师政治委员，后担任师长。

独立师建立后联合其他抗日义勇军，同日伪军进行了激烈的战斗，四处截击日伪军车、拔掉敌人据点、攻打集团部落、袭击伪警察署。据日伪统计，自1934 年 4 月至 10 月，东满抗日武装共出击 103 次、3537 人次，其中独立师出击 53 次、1350 人次。独立师通过顽强的战斗，不仅突破了敌军的分割包围，使敌人的阴谋破产，而且在战斗中成长壮大，开辟了新的抗日游击区。

1935 年 5 月 30 日，东北人民革命军第二军独立师改编为东北人民革命军第二军，王德泰任军长，下设 4 个团，总兵力达 1200 余人。1936 年 3 月，东北人民革命军第二军改编为东北抗日联军第二军，王德泰任军长，军部设教导团、少年营。全军编为 3 个师，共 2000 余人。

4 月初，王德泰率二军一师采取围点打援的战术，夺取大蒲柴河镇。抗联一师一部兵力佯攻，主力部队北进设伏于大蒲柴河与敦化之间寒葱沟。战斗开始后，驻守大蒲柴河之敌一面抵抗，一面电告敦化县城紧急救援。第二天，日军及伪警察 700 余人沿大路向南驰援，当敌人全部进入伏击圈时，遭到战士的猛烈火力袭击，伤亡惨重。伏击战斗结束后主力部队随即回师南进汇合佯攻部队，一举攻下大蒲柴河镇，极大地震慑了日伪当局的统治。

1936 年 7 月，中共南满特委、东满特委和东北抗联第一、第二军主要领导干部联席会议在金川河里召开，会议决定抗联一、二军合编为东北抗日联军第一路军，杨靖宇任总司令，王德泰任副总司令，并将东满与南满党组织合并组成中共南满省委。

11 月 7 日，王德泰率第四、第六师各一部在小汤河一带开展游击斗争，伪军第四混成旅调集 600 余人夜间偷袭。王德泰临危不惊，当即组织部队反击，并派一连部队迂回敌后进攻，此役毙伤伪军 70 余人，缴获长短枪 30 余支、子弹 5000 余发、望远镜 1 架。战斗临近结束时，王德泰不幸被流弹击中牺牲，时年 29 岁。

（作者系中共满洲省委旧址陈列馆馆员）

赵尚志

朝阳市赵尚志纪念馆

赵尚志， 1908 年 10 月出生于热河省朝阳县王伦沟乡喇嘛沟村（今辽宁省朝阳县尚志乡尚志村），他是东北抗联的创建人和杰出领导人之一，是东北地区早期的中国共产党党员，带领东北抗日联军转战白山黑水间，同敌人展开艰苦卓绝的武装斗争，凭借卓越的军事指挥才能，在东北抗日战场上屡创奇迹，有效打击了敌人的嚣张气焰，赢得抗日救国"北方雄狮"的称号，为中华民族解放事业英勇献身，他是深受人民爱戴和敬仰的抗日民族英雄。

赵尚志

少年觉醒，早期加入中国共产党。赵尚志父亲是清末秀才，爱国人士，因发动农运事件被官府镇压通缉，房屋被焚烧损毁，举家搬迁至哈尔滨。赵尚志勤奋好学，11 岁开始做苦工、当杂役，17 岁考入哈尔滨许公中学。在学校受到进步思想影响积极参加爱国运动，倡议发起了哈尔滨市最早的学生会组织"许公中学学生自治会"，带领学生声援上海五卅爱国运动，1925 年夏，加入中国共产党。赵尚志才华出众，能力超群，被党组织派遣到黄埔军校第四期政治大队学习，在校期间他学习掌握了军事指挥本领，为开展抗日武装斗争打下了坚实的基础。

勇挑重担，开展党的革命活动。1926年，赵尚志听从党的号召回到哈尔滨，在中共北满地委领导下从事革命活动，任"妇女运动"委员会负责人。1927年2月，赵尚志利用第一次国共合作时机，受中共北满地委派遣到长春筹建国民党吉林省党部，任常委兼青年部长。1929年下半年，赵尚志赴沈阳担任团满洲省委青年工作。通过组织开展党的各项工作，他在领导学生运动、妇女运动、青年运动和从事党的秘密工作方面卓有建树，积累了丰富的经验。1927年和1930年，赵尚志两次被捕入狱，面对敌人皮鞭、棍棒、老虎凳等种种酷刑毫不畏惧，同敌人展开不屈不挠的斗争，坚守底线保守共产党组织的秘密。1931年冬天，经过组织积极营救，赵尚志从狱中得以获释，重新获得了自由，他也开始走向抗日武装斗争的前线，在党的领导之下继续开展中华民族的解放事业。

视死如归，投身抗日斗争。九一八事变后，赵尚志被任命为中共满洲反日总会党团书记和省委常委、军委书记，开始投身并领导东北抗日武装斗争。1932年被派往巴彦抗日义勇军江北独立师任参谋长，后改编为中国工农红军第三十六军江北独立师，任政治部主任，部队被击溃解散，1933年春，到宾县孙朝阳领导的义勇军中当了一名马夫，后被提升为参谋长，10月带领7人携带武器脱离孙部，创建珠河东北反日游击队，任队长。1934年3月，他又联合20多支义勇军和山林队，组建了东北反日联合军总司令部，被推为总司令，在侯林乡、黑龙宫等地建立游击根据地。1935年1月，哈东支队扩编为东北人民革命军第三军，赵尚志任军长兼第一师师长，又与东北民众军司令谢文东和自卫军支队长李华堂三支武装联合组成东北反日联合总指挥部并任总指挥。1936年1月，东北民众抗日联军总司令部成立，赵尚志被推选为总司令。此后不久，根据《东北抗日联军统一建制宣言》要求，东北民众反日联军总司令部改称东北抗日联军总司令部，赵尚志任东北抗日联军总司令。8月，东北人民革命军改编为东北抗日联军第三军，赵尚志仍任军长。1936年9月，赵尚志创建任中共北满临时省委并当选为执委会主席。1939年6月，被苏军和共产国际任命为东北抗日联军总司令，率部回东北作战。1940 年 1 月，赵尚志参加伯力会议，通过努力与苏联边疆区党委和远东军建立正式关系，为抗联部队赢得最后胜利奠定基础。在长期艰苦卓绝的武装斗争中，赵尚志带领抗日联军面对敌强我弱的局面，不畏强暴、寸土必争，以血肉之躯与日本侵略者展开殊死搏斗。他机智勇敢，善于斗争，把在黄埔军校学到的军事理论运用于东北抗日斗争实践，形成了一整套机动灵活的游击战术，在松花江两岸、小兴安岭山麓 40 多个县的广袤地区开展游击战，消灭了日本侵略者大量有生力量。他以顽强斗志弥补了装备不足的劣势，把主观能动性发挥到极致，依托根据地指挥的"肖田地突围""冰趟子大捷"等战斗，是东北抗联史上以少胜多、以弱胜强的经典战例，沉重打击了侵略者的嚣张气焰，给东北人民以极大振奋和鼓舞。

为国捐躯，血洒抗日战场。1940 年 1 月，赵尚志参加伯力会议，他通过艰苦的努力，与苏联边疆区党委和远东军建立正式关系，为抗联部队赢得最后胜利奠定了坚实的基础。1941 年 10 月，赵尚志率小部队回国作战，1942 年 2 月 12 日，在袭击鹤岗梧桐河伪警察分驻所时负伤被俘，痛骂伪警察为卖国贼，8 小时后壮烈牺牲，残暴的日军将其头颅割下请功。2004 年 6 月 2 日，失踪 62 年的赵尚志颅骨在吉林长春护国般若寺惊现，这是震惊中外的一件大事。在其颅骨的安葬问题上，党中央高度重视，在征求遗属意见的基础上，2006 年 12 月 8 日，中央决定赵尚志颅骨回到家乡安葬。2008 年 10 月，赵尚志烈士陵园、赵尚志纪念馆和赵尚志将军故居等系列纪念设施在朝阳竣工落成，并隆重举行赵尚志将军颅骨安葬仪式，将军的头颅在 62 年后终于魂归故里。

赵尚志坚如磐石的理想信念、以身许国的爱国情怀、英勇顽强的革命斗志、视死如归的英雄气概，体现了共产主义战士的崇高理想、坚定信念、高尚情操和优秀品格。赵尚志在伟大抗日斗争实践中锻造的革命精神，是中华民族的宝贵精神财富，是共产党人优秀的红色革命基因，大力弘扬赵尚志革命精神，对于新一代共产党人和先进分子具有坚定理想信念、厚植家国情怀、锤炼斗争精神、汇聚奋进力量的时代价值。

李兆麟

叶红钢

李兆麟，原名李超兰，曾用名李烈生、李兰逊、孙正宗、张玉华、张寿篯。出生于辽宁省辽阳县小荣官屯。中共北满省委主要领导人、东北抗日联军创建人之一，2009 年被评为"100 位为新中国成立作出突出贡献的英雄模范人物"。

李兆麟

一

李兆麟自幼勤奋好学，成绩优异，又擅长绘画、书法和吹箫。他少有壮志，曾在书箱上刻下了"运思出奇，横扫千军"八个大字，用以表达其收回祖国河山的雄心壮志。1931 年九一八事变后，经姨父张一吼（中共地下党员）介绍，李兆麟前往北平，参加了东北民众抗日救国会和反帝大同盟。1932 年 2 月初，受中共河北省委派遣，与冯基平等人回到辽阳，联络周边抗日义勇军，以东北民众抗日救国会名义正式成立了"东北抗日义勇军第二十四路军"，李兆麟任副司令，在辽阳、沈阳、本溪交界的广阔地区开展武装斗争。同年加入中国共青团，不久转为中共党员。

　　1932年8月28日，李兆麟等率领第二十四路军协同赵殿良率领的第二十一路军攻打沈阳城，攻入大东航空处，烧毁飞机库和7架日机，毙伤日伪军警多人，有力地打击了日伪统治者的气焰，在全国产生了重大影响。

　　在开展武装斗争的同时，冯基平、李兆麟还组织农民开展抗日救国运动，先后建立起"反帝大同盟""农民大同盟""穷人会""妇女会""少年先锋队"等群众组织，开展"抗租抗息""分粮吃大户""反霸除奸"等群众斗争活动。1932年冬，日本关东军调集大批军队围剿抗日武装，义勇军遭受巨大损失，李兆麟受奉天特委指示，转入本溪湖煤铁公司从事地下工作，任"中共本溪临时工作委员会"（后改为中共本溪特别支部）负责人。不久因患肺病，调到奉天造兵所做地下工作。1933年6月，中共奉天特委遭到破坏，李兆麟辗转来到哈尔滨，任中共满洲省委军委负责人。

<h2 style="text-align:center">二</h2>

　　1933年冬，李兆麟来到珠河，化名张寿篯，加入由赵尚志任队长的游击队，任副队长。在赵尚志、李兆麟的率领下，这支仅百余人的游击队取得了一系列胜利，队伍不断壮大。1934年6月，珠河游击队改编为东北反日游击队哈东支队，赵尚志任司令，李兆麟任政委兼政治部主任，开辟了宾县、珠河、延寿、方正、五常、双城等新的抗日游击区，巩固了以珠河三股流域为中心的根据地。1935年1月，以哈东支队为主体成立了东北人民革命军第三军，李兆麟任二团政治部主任。9月任三军政治部主任，11月调任六军政治部主任。1936年1月，东北反日联合军军政联席扩大会议在汤原县召开，李兆麟当选为扩大会议执行主席。不久，第六军改编为东北抗日联军第六军，李兆麟任临时总指挥。1936年3月赵尚志率队西征木兰后，李兆麟以北满联合军总政治部主任和三、六军留守主任身份，负责建立和扩大汤旺河根据地，歼灭了据守在汤旺河西岸的伪山林警察大队，奇袭日伪老钱柜据点，从而为建立和巩固小兴安岭汤旺河后方

根据地奠定了基础。在此期间，李兆麟领导抗联官兵建立了许多密营，设立了小型兵工厂、被服厂、仓库、医院等，还成立了联军军政干部学校，培训北满地区抗联师团以下干部和地方领导 100 余人，为提高军政干部的政治军事素质发挥了重要作用。1936 年 9 月，李兆麟被选为中共北满临时省委委员和执行委员会委员。

1937 年，根据中共北满临时省委决定，东北抗日联军总司令部改为北满抗日联军总司令部，赵尚志仍为总司令，李兆麟任总政治部主任兼六军政治委员。七七事变后，日本关东军制订了三年内消灭我抗日联军的"肃整计划"，纠集十余万日伪军对抗联和根据地进行围剿。李兆麟在抗联队伍遭受严重挫折的情况下，担负起各军的指挥责任，日夜奔波于松花江两岸，巩固了抗日联军各部，并先后组织了三批部队西征，为保持抗联实力、创造新的根据地和游击区作出了突出贡献。为了鼓励战士们的斗志，李兆麟和他的战友们创作了著名的《露营之歌》，成为激励抗联战士胜利完成远征、杀敌报国的有力精神武器。

三

1939 年 1 月 28 日，中共北满临时省委在海伦召开第九次党委会议，为加强对抗联各部的统一领导，临时将三、六、九、十一军各路部队改编为 4 个支队。其中一、二支队由李兆麟负责，主要活动在嫩江、讷河、五大连池、通北、龙门、克山、克东一带，经过几个月的努力，各支队在黑嫩平原站稳了脚跟。1939 年 5 月 30 日，正式成立了东北抗联第三路军，李兆麟任总指挥，下辖 4 个支队。截至 1939 年底，抗联第三路军同敌人进行较大的战斗 40 余次，击毙日军 100 多人、伪军 150 多人，攻袭城镇 7 处，破坏火车站 3 座，缴获各种枪支 500 余支，开创了黑嫩平原抗日斗争的新局面。

1940 年初，吉东、北满省委代表会议在苏联境内的伯力召开，李兆麟率领的第三路军缩编为第三、六、九、十二共四个支队，这是抗联活动最艰苦的时期，李兆麟坚持在黑嫩平原北部地区开展抗日斗争，他坚定的革命意志和无畏的革命精神，感染着每一位抗联战士。

进入 1941 年，日伪调动空军和大批地面部队，采取"铁壁合围"和"篦梳山林"等战术向抗联根据地发起进攻，李兆麟领导的第三路军分成小股部队深入到铁力、庆城、巴彦、木兰、东兴一带开展游击战争。为保存实力，李兆麟于 1941 年底率第三路军分批进入苏联境内休整。1942 年 7 月 22 日，在苏联境内南北营的东北抗联队伍统一合编为抗联教导旅，周保中任旅长，李兆麟任政治副旅长。

1945 年 8 月 8 日，苏联对日宣战，出兵中国东北，东北抗日联军在周保中、李兆麟、冯仲云等领导下，分别向黑龙江、吉林等地 57 个大、中城镇进发，随苏军做向导，并配合苏军接管所攻占的城市，为最终打败日本关东军，光复全东北做出了重要贡献。

四

1945 年抗战胜利后，李兆麟出任哈尔滨苏军卫戍司令部副司令，并负责组建中共松江地区委员会。10 月 1 日，在哈尔滨成立了苏军管辖下的滨江省政府，李兆麟受党组织派遣出任副省长。11 月中旬，中共中央东北局派陈云、钟子云来到哈尔滨组建中共北满分局，李兆麟任分局委员并兼任中共松江省工委委员和哈尔滨市委委员。当时中共党组织还处于秘密状态，李兆麟的公开身份是滨江省副省长和于 11 月 5 日成立的中苏友好协会会长。他充分利用这些有利条件，组织或参加群众集会，以报纸、电台等新闻媒体宣传中国共产党的政治主张，在哈尔滨人民群众中产生了良好的影响。

1945 年 11 月，根据中苏两国政府协议，苏军决定将沈阳、长春、哈尔滨等大中城市交给国民党政府接管。为顾全大局，李兆麟辞去了滨江省副省长职务，专任中苏友好协会会长，继续以合法身份坚持开展工作。由于李兆麟时时无情地揭露国民党破坏和平、撕毁停战协议的阴谋，国民党对他又怕又恨，于是策划了阴谋的暗杀行动。1946 年 3 月 9 日下午 3 时许，国民党哈尔滨市长杨绰庵以研究国大代表问题为名，将李兆麟诱骗至水道街九号将其杀害，终年 36 岁。

3 月 15 日，哈尔滨市各界人士成立了李兆麟烈士处理善后委员会。第二天，我党中央机关报《解放日报》在头版刊发了李兆麟被国民党杀害的消息，一时中外震惊，对国民党的卑劣行径纷纷表示强烈谴责，抗联将领周保中、冯仲云、李延禄联名通电要求"缉惩暗杀李兆麟将军的凶犯，追究主谋者"。4月3日，中共中央东北局、东北民主联军总部与哈尔滨市党政军民各界万余人在道里公园举行了隆重的追悼大会，高大的灵台上悬挂着"民族魂"的匾额。东北局书记彭真讲话，号召继承烈士遗志，为争取东北和平民主而奋斗到底。4月28日，苏军撤出的第二天，东北民主联军开进哈尔滨，从此哈尔滨真正回到了人民怀抱。8月15日，哈尔滨各界人民在兆麟公园李兆麟墓前树立起了一座10米高的纪念碑，正面刻着"民族英雄李兆麟之墓"的金色大字，背面刻有松江省长冯仲云撰写的碑文。

民族英雄李兆麟将军的一生，是为中华民族解放和独立奋斗的一生，他的光辉形象和英雄事迹，将永远成为鼓舞人民奋勇前进的重要精神力量。

（作者系辽阳市政协机关二级巡视员）

朱瑞

锦州市政协文化和文史委员会

朱瑞，老一辈无产阶级革命家，中国人民解放军炮兵的奠基人，1948年牺牲于辽沈战役，时任东北军区炮兵司令员，是中国人民解放军在解放战争中牺牲的最高将领。

朱瑞于1905年出生在江苏省宿迁县的一个书香门第，上中学时，受到进步书刊的影响，开始萌生革命思想，考入广东大学后，成为进步学生组织的主要负责人，投入到反对国民党右派的斗争中。朱瑞于1925年留学苏联，先后在莫斯科中山大学和克拉辛炮兵学院学习。留学期间，朱瑞加入苏联共产党，

朱瑞

后转为中国共产党党员。1929年，朱瑞以笔试和实弹操作第一名的优异成绩从炮兵学校毕业。

1930年，朱瑞回到国内，先后担任中央军委参谋、中共中央长江局军委参谋长职务，在白色恐怖下沉着机智地与国民党反动派作斗争。1932年初，

朱瑞来到了中央苏区红都瑞金,历任中国工农红军总司令部科长、军政治委员等职,率部参加了红军第四、第五次反"围剿"作战。1934 年朱瑞任红一军团政治部主任,并随中央红军参加长征。卢沟桥事变后,朱瑞被授予中共中央北方局军委书记、八路军第一纵队政治委员、中共中央山东局书记等一系列职务,在这期间,为中国共产党在北方特别是山东的抗日工作做出了重要贡献。

党的七大召开后,中共中央准备任命朱瑞为副总参谋长,朱瑞向毛主席表示,在战略反攻即将到来之际,建设和发展炮兵和工兵已成为我们军队建设的重要任务,他要把在苏联学到的炮兵专业知识用于炮兵建设,把自己的后半生都献给人民炮兵事业。毛主席对朱瑞这种从革命需要出发、不计个人得失的精神给予了高度赞扬,鼓励他说:"苏联有炮兵元帅,你就做我们中国的炮兵元帅吧!"

1945 年 6 月底,朱瑞被任命为延安炮兵学校代理校长,从此,朱瑞抱定"忠于斯、老于斯、死于斯"的坚定信念,为人民炮兵的建设事业呕心沥血、辛勤工作。

1945 年 9 月,奉中央军委的命令,朱瑞率领炮兵学校迁往东北。到达东北后,面对一无所有的困境,朱瑞亲自带领炮校的老师和学生到处搜集日本侵略者投降之前隐藏和破坏的大炮。一次,他们接到老百姓的报告,说日军撤退时曾把几门大口径野炮和许多炮弹推到了镜泊湖里。朱瑞立即赶到镜泊湖,带领大家一镐一镐地刨开湖面四五尺厚的冰层,用不到一天的时间就捞出了三门野炮。到 1946 年 5 月,共搜集各种火炮 700 余门,炮弹 50 多万发,坦克 12 辆,汽车 23 辆,以及大量零配件和各种器材,正是依靠这些火炮和器材,东北炮兵部队迅速组建起来,并且成立了炮兵司令部,朱瑞任炮兵司令。

为了使东北炮兵迅速发展,朱瑞采取了一系列措施。他代表军区起草了"炮字四号命令",对炮兵的组织、训练、装备、作战等方面做出了明确、具体的指示,"炮字四号命令"的实施,使东北炮兵得以全面发展,由原来自发、分散的状态,走上了有组织、有计划、有步骤的发展阶段。三下江南、四保临江战斗结束后，朱瑞主持召开炮兵会议，总结炮兵作战经验并提出步炮协同、集中火力、攻坚作战、抵近射击、快准猛等一系列战术原则，这些经验和原则在解放战争中发挥了重大作用，其中很多被编进了解放后的《炮兵条令》中。朱瑞还非常重视对炮兵人才的培养，他建议将延安炮兵学校改名为东北军区炮兵学校，招收学员、培养干部，到辽沈战役前，学校共为部队培养、输送炮兵干部 2000 多名。

在朱瑞的努力下，到辽沈战役爆发前，东北全区共建立起 16 个炮兵团、两个高炮团和几十个师属山炮营，拥有各种火炮 4000 余门，人民炮兵已成为一个强大的兵种驰骋在东北辽阔的战场。

1948 年 7 月，朱瑞参加辽沈战役的准备工作，军区领导决定留他在后方主持工作，但朱瑞坚持要去前线。1948 年 9 月 12 日，辽沈战役打响，朱瑞带领炮兵部队配合东北野战军攻打义县。义县位于锦州北 50 千米处，地理位置重要，是锦州的门户。义县城墙高大坚固，国民党军以城墙为依托，构筑碉堡、地堡群，设置多层鹿寨和铁丝网，城外遍布地雷，城内驻守着国民党军一个装备精良的整编师及地方武装 12000 多人。

1948 年 10 月 1 日，东北野战军向义县发起总攻。随着朱瑞一声令下，炮兵部队开始对义县城墙进行猛烈攻击，最终将坚固的城墙轰开一道 40 多米宽的豁口。紧接着，步兵发起冲锋，从炮兵开拓的突破口冲入城内，经过 4 小时激战，全歼守敌，一举攻克义县。在这次战斗中，朱瑞率领的炮兵部队大显神威，功不可没。

由于这次攻城使用了从国民党军手中缴获的 15 门榴弹炮，朱瑞为了尽快了解这种大口径火炮的攻坚性能，为接下来的锦州攻坚战做准备，在战斗还没有结束时，就离开指挥部，亲自到战场去检查。在去往突破口的途中，朱瑞不幸触雷身亡，牺牲时年仅 43 岁。

噩耗传来，广大指战员无不为失去一位优秀的指挥员而悲痛万分。

中共中央给予朱瑞高度评价，在唁电中指出："朱瑞同志在中国人民解放军的炮兵建设中功勋卓著，今日牺牲，实为中国人民解放事业之巨大损失。中央特致深切悼念，望转告全军，继续为革命战争的彻底胜利而奋斗，以纪念朱瑞同志永垂不朽。"为了纪念朱瑞，中央军委将东北炮兵学校命名为"朱瑞炮兵学校"。

朱瑞牺牲后，安葬于哈尔滨烈士陵园。1986 年，义县修建朱瑞烈士陵园和朱瑞纪念碑。1991 年，辽沈战役纪念馆在园区内竖立起朱瑞将军大理石雕像。2009 年，朱瑞被评为"100 位为新中国成立作出突出贡献的英雄模范人物"。

梁士英

锦州市政协文化和文史委员会

梁士英

在锦州辽沈战役纪念馆中，陈列着一组锈迹斑斑、大小不一的爆破筒残片，我们很难通过它们，还原出爆破筒完整的样子，而这几枚爆破筒残片却是辽沈战役"特等功臣"梁士英烈士留下的最后的战斗痕迹。

梁士英，中国共产党党员。1922 年 11 月 13 日出生于吉林省扶余县三岔河镇大梁家村。从小家境贫寒，生活漂泊不定。1946 年 1 月参军，被编在独立团。1946 年春，从独立团调到第二纵第五师第十五团三营机枪连当战士。他军事技术过硬，作战机智勇敢。在攻打昌图、彰武和大练兵中多次立功。1948 年 9 月，全歼东北境内敌人的辽沈战役开始。攻克锦州前夕，梁士英被调到尖刀连尖刀排担任爆破组组长。辽沈战役锦州攻坚战中，为打开部队前进的道路，梁士英舍身炸地堡，牺牲时年仅 26 岁。

1948 年 10 月 14 日，辽沈战役最关键一战——锦州攻坚战打响了。梁士英所在的第 2 纵队负责从锦州西北向锦州城发起攻击。当时国民党军在铁路桥设置了两道坚固防线，每道防线布满铁丝网、梅花桩、地雷、碉堡，还有围墙。在炮火的掩护下，战士们顺着总攻前事先挖好的交通沟向围墙接近，在距离围墙 40 来米的地方被敌人发现，他们聚集所有的火力向尖刀连射击。梁士英所在的尖刀排冒着密集的子弹冲在最前面，在交通壕的尽头，他们一跃而起，飞上壕沿，迅猛地占领围墙，将红旗插上墙头。国民党军见势不妙发起反扑，梁士英在围墙上居高临下，一连甩出几颗手榴弹，击退了敌人一个连的疯狂反扑，扫清第一道障碍，尖刀连迅速涌进突破口。

国民党军的第二道防御工事，是利用铁道高出地面五六米的路基修筑的。尖刀排进入突破口时，路基下的一座地堡挡在了前面。这是一座钢筋水泥的暗堡，隐藏在铁路桥路基的西侧，并占据了有利地形，是一个可以三面扫射的火力点。它里面的两挺重机枪突然开火，居高临下，朝着路基下及突破口方向疯狂地扫射。不仅封锁住了梁士英所在的八连，就连位于突击右侧的三连也被阻挡，整个部队被压得不能动弹，前进的道路被封锁住。

排长靳文清带人硬冲了几次，都被严密的火力网压了回来，组织了几次爆破都没有成功。此时，大部队总攻号已经吹响，成千上万的战士们如潮水般涌向突破口。时间在一分一秒地过去，伤亡在一个一个增加，每延迟一分钟都将付出更大的牺牲，不除掉地堡，甚至将影响整个战斗。关键时刻，梁士英主动请战。枪林弹雨中，梁士英脱掉棉衣，别上两颗手榴弹，提起爆破筒，紧贴着路基，艰难地向前跃进。他以地堡前的一个小土坎作为目标，在离小土坎还有一米多远的时候，猛地蹿起，纵身一跃，来到了小土坎下面，这时候敌人的火力对他已无济于事。梁士英甩出两颗手榴弹，趁着爆炸的浓烟，纵身跃到地堡前。他敏捷地拉开爆破筒的导火索，将爆破筒塞进枪眼里，刚要转身，爆破筒被推了出来，掉在地上吱吱地冒着白烟，随时都会爆炸，这个时候他只要侧身一滚，就可以了。可就在这万分危急时刻，梁士英没有半分迟疑，转身捡起爆破筒，再一次塞进枪眼里，可刚一松手，爆破筒又被敌人推出一尺多长。在这千钧一发之际，共产党员梁士英用胸膛死死地顶住了爆破筒，如钢铁巨人般，一动不动。排长急得狂喊："梁士英，快回来！"可他微微转过脸来，右臂扬起"不能……"话音未落，"轰"然一声巨响，地堡被炸得粉碎，部队前进的道路打开了，梁士英壮烈牺牲。

后续部队冲上路基，冲向锦州城！经过 31 小时浴血奋战，第二天锦州解放。

梁士英塑像

锦州解放的第二天，10 月 16 日早晨，部队在广场上召开追悼大会。全体指战员眼含热泪，沉痛悼念在这场战役中英勇牺牲的烈士。会上团政委宣读了师党委追记梁士英烈士为"特等功臣"的褒奖令，给梁士英烈士追记三大功，生前所在班被命名为"梁士英"班。1948 年 12 月 10 日、13 日《东北日报》两次刊载了专题报道。解放后，锦州市人民政府将锦州城西北门改称"士英门"，将"惠安街"改称"士

梁士英牺牲战场弹片

英街"，1963 年 9 月 30 日，辽宁省人民委员会将"梁士英舍身炸地堡遗址"公布为省级文物保护单位。将古塔区敬二小学改称士英小学，创建梁士英中队，建立士英文化馆，以永远纪念这位不朽的战士。

共产党员梁士英，没有照片，没有遗体，可他却用宝贵的青春谱写了一曲胜利的凯歌，用短暂的一生诠释了对党、对人民的无比忠诚，他那英雄的壮举和光辉的业绩化作一座巍峨不朽的丰碑，永远矗立在我们心中。

征途漫漫，唯有奋斗。未来征途依旧艰难险阻，会面临重重挑战。为实现中华民族伟大复兴的中国梦，更加需要崇尚英雄、争做英雄，像梁士英烈士那样坚守、那样奋斗，共同谱写新时代中国特色社会主义的壮丽凯歌。

程远茂

张恺新

　　著名战斗英雄程远茂是山东省牟平县（今烟台市牟平区）人，1919 年 6 月出生在牟平县一个贫苦农民家庭，成年后在家乡务农，饱受地主压迫。1945 年 2 月，26 岁的程远茂参加八路军，任八路军胶东军区十六团战士，同年加入中国共产党。抗日战争胜利后，随部队挺进东北。在东北解放战争中，由于作战勇敢，从一名战士逐步成长为连指导员。历任副班长、班长、副排长、排长、副指导员、指导员，参加了本溪战役、鞍（山）海（城）战役、

担任少校军官时的程远茂

新开岭战役、四保临江战役和 1947 年东北夏、秋、冬季攻势，所在部队经过几次改编发展成为东北野战军第四纵队十师二十八团。

　　辽沈战役打响后，程远茂所在部队奉命从台安县赶赴辽西走廊上的塔山防线布防。时任东北野战军第四纵队十师二十八团二连指导员的程远茂在做好政治动员工作的同时，带领战士们挖战壕、修工事，做好防御国民党军队从葫芦

岛港登陆后救援锦州的准备，配合东北野战军主力部队攻打锦州。

《塔山英雄程远茂》一书封面

10月10日，塔山阻击战打响。程远茂带领一个加强排五十余人坚守铁路桥头堡阵地。国民党军队先后以几十门重炮、多架飞机向铁路桥头堡阵地发起猛烈轰击。坚守铁路桥附近5号阵地的二十八团一营一连一排在程远茂的率领下，坚守6个地堡和500米战壕，先后击退了国民党军队8次集团冲锋，最后只剩下7个人，弹药也即将用尽。在紧急关头，程远茂以灵活的指挥，率领部队坚守阵地，宁死不退。弹药用完后，他们就用石头与敌人搏斗，一直坚持到后续部队赶到，将敌击退，坚守住了阵地，为塔山阻击战胜利做出了重要贡献。

程远茂使用过的手枪和留给自己的"光荣弹"

塔山阻击战结束后，程远茂被授予毛泽东奖章，荣立一等功，所在师授予程远茂"英勇守备塔山 旗帜永远鲜明"锦旗，他所在的东野四纵十师二十八团被东野四纵授予"塔山守备英雄团"荣誉称号。革命战争年代，程远茂先后荣立战斗大功8次、艰苦大功1次，荣获毛泽东奖章、艰苦大功奖章、东北解放纪念章、华北解放纪念章、中南解放纪念章。

程远茂荣获的锦旗

1950年9月，程远茂光荣出席全国战斗英雄代表大会，被授予"全国战斗英雄"荣誉称号，受到毛泽东、朱德等党和国家领导同志的亲切接见。程远茂勇于坚守阵地、英勇抗击数倍之敌的事迹被写成《塔山英雄程远茂》一书，由华南人民出版社于1951年出版。

辽沈战役后，程远茂随所在部队参加了平津战役、衡宝战役、广西战役和广东剿匪作战。中华人民共和国成立后，程远茂历任营参谋长、营长、副团长、师后勤部副部长，在每一个岗位上都勤恳工作，一直是所在部队的先进典型，受到官兵们的一致好评。1958年5月17日，《解放军报》头版以"英雄的荣誉永不褪色，程远茂再立新功"为题报道了时任副团长的程远茂的先进事迹。在广东驻防期间，曾当选为汕头市人民代表大会代表、广东省人民代表大会代表，1951 年 10 月作为 10 位解放军代表之一列席全国政协一届三次会议。

转业到地方工作后，程远茂历任济南市造纸公司副经理、济南造纸厂革委会副主任、济南造纸厂党的核心领导小组成员、济南市民政局副局长等职，当选为济南市第八届人大常委。1982 年 12 月离休，享受地市级待遇。1958 年 12 月，程远茂将自己保存多年的 1948 年塔山阻击战后东野四纵一二一师授予自己的"英勇守备塔山　旗帜永远鲜明"锦旗捐赠给辽沈战役纪念馆（后被评定为国家二级文物）。2002 年 8 月 21 日，程远茂在济南病逝，享年 83 岁。

（作者系中国近现代史史料学学会副会长，辽宁省政协文化和文史资料委员会办公室工作人员）

谢荣策

张恺新

　　谢荣策是解放战争时期的少年英雄，牺牲时年仅 16 周岁，为革命献出了宝贵的生命。谢荣策童心向党，他的事迹曾经在全国广为传播，至今仍具有一定的影响力。

　　谢荣策 1931 年 11 月 13 日出生于辽宁省辽中县（今沈阳市辽中区）茨榆坨镇茨榆坨村的一个贫苦农民家庭，他的童年充满艰苦。父亲谢有信体弱多病，严重的腰腿疼病使他过早地丧失了劳动能力，全家人只靠比谢荣策大 6 岁的哥哥给地主家做长工艰难度日。

　　年幼的谢荣策非常懂事，经常跟着妈妈下地干活，或到村外大地拾柴火。一天，他在村北一块香瓜地旁，看见一位穿着破棉袄的老大爷，正在气呼呼地驱赶着地里的乌鸦。谢荣策立刻撒开小腿，帮助老大爷把乌鸦赶走。谢荣策为减少家里的负担，向老人央求看瓜，老人见他年纪小小有爱心就答应了他，但每天只能管他两顿饭。后来，谢荣策家里因无力偿还地主的高利贷，只得忍痛将全家人赖以栖身的一间半破草房卖掉还债。这样，全家人只好寄居在本村亲戚家的一铺北炕。时隔不久，谢荣策一家人多年用血汗开荒耕种的两亩沙丘地

谢荣策烈士陵园　　　　　　　　　　　　　　谢荣策烈士雕像

又被政府当局以修"国道"为名强行征用。从此，谢荣策家里上无片瓦，下无寸土，生活更加艰难。

谢荣策看到富户人家和他一般大的孩子上学读书，便央求妈妈送他上学。这时，全家人饭都吃不饱，哪有钱供他读书？在谢荣策8岁那年秋天，出生不久的小妹得了重病，因无钱医治而夭折，母亲悲痛万分。为了全家人的生计和满足谢荣策读书的渴望，母亲只好到富户人家当奶妈。

8岁的谢荣策进入本村小学读书，他知道学习的机会来之不易，因此格外用功。然而仅仅过了一年，由于母亲被解雇，家里无钱交学费，谢荣策只好辍学另谋生活。

1940年谢荣策9岁时开始给地主家放猪、放牛，先后换了三家地主。说是放猪放牛，其实就是干杂役，各种苦活累活都得干。早晨起来，谢荣策起来抱柴火、挑水、扫院子，白天放猪放牛，晚上还得铡草……一次，谢荣策的母亲因为思念儿子，走了十多里路赶来看小荣策，见面和分手时，两人泪流满面。有一次，地主婆在院子里破口大骂，说谢荣策偷他家两个鸡蛋，气得小荣策委屈地说："我再穷，也不拿你两个臭鸡蛋。"地主婆见他还嘴，竟然抄起烧火棍就朝他打过去。小小年纪的谢荣策受尽了地主的压迫和虐待，在他幼小的心灵里埋下了对地主阶级仇恨的种子。

1945年日本投降后，谢荣策的哥哥谢荣廉参加了八路军。哥哥参军后，家里整个生活重担落在了只有14岁的谢荣策身上，他只好又去给本村一个地主放牛。微薄的收入，连全家租一铺炕的钱都付不起。无奈，谢荣策全家只好从租用人家的北炕中搬走，到村西土山谢家坟和看坟老大爷住在一起。体弱多病的谢荣策父亲帮人家看坟，老大爷也就不要房钱了。旧社会的黑暗，地主的百般欺凌，生活的举步维艰，坚定了谢荣策反抗压迫的信念。

1947年冬，在东北民主联军发起的冬季攻势中，国民党军从沈阳外围节节收缩。12月18日，东北民主联军开进了谢荣策的家乡茨榆坨村，谢荣策知道这是为穷人翻身求解放的队伍，与子弟兵格外亲切，积极帮助子弟兵带路、送信。大部队留下一个武装工作组，领导穷人闹翻身。工作组组长老郑经常给村民讲党的政策、革命的道理，还组织成立了儿童团，谢荣策被小伙伴们不约而同地推荐当了儿童团长。老郑把谢荣策找到农会嘱咐他说："站岗、放哨是件大事，无论是谁，没有路条都不能轻易放过，切不可马虎大意。"谢荣策牢记老郑的嘱托，带领儿童团员，不畏数九寒天，日夜站岗放哨，盘查监视可疑人物。一天早晨，谢荣策和儿童团员们冒着严寒正在村口站岗，突然发现一个外乡人鬼鬼祟祟地走来，谢荣策敏感而警觉地上前盘问，结果对方支支吾吾回答不上来，于是儿童团员们一拥而上把此人扭送到农会，经审问，此人果然是国民党派来搜集情报的特务。谢荣策不觉想起了不久前发生的国民党军飞机轰炸事件。

那是在1948年1月初的一个中午，国民党军飞机突然轰炸茨榆坨关帝庙，造成许多群众死伤，当场就有16人遇难。当时，有个自称"染匠"的名叫郭作启的外乡人，因口音大家听不懂而称他为"郭侉子"，那天他一边沿街敲锣，一边高喊："解放军大队人马要经过我们村子，村里所有的铁匠、木匠都到关帝庙集合，给解放军的军马挂掌和锯木头。"贫苦农民听说解放军即将进村都很高兴，不一会儿关帝庙前挤满了人，各行手艺人等带着工具准备帮助解放军。突然间，一架国民党飞机飞到村子上空一阵狂轰滥炸，霎时间，浓烟四起，房屋倒塌，人们的惨叫声不绝于耳。当时就曾有人反映说这个"郭侉子"很可疑，甚至有人举报说"郭侉子"站在高处给敌机打信号，但因为没有足够证据，一时未对"郭侉子"采取手段。如今抓到一个进村的特务，让谢荣策警觉地意识到：这个特务的到来很可能与"郭侉子"有关，他把这一判断及时地向工作组组长老郑做了汇报，并下决心把这件事查个水落石出。一天，在村农会的安排下，

辽宁人民出版社1964年版
《少年英雄谢荣策》封面

连环画《小英雄谢荣策》封面

　　谢荣策冒着风雪来到"郭侉子"住处，正巧，郭家的大人都不在家，谢荣策机敏地对"郭侉子"的小儿子说："你参加儿童团吧，你看穿大衣，拿红缨枪多神气！"不料，"郭侉子"的小儿子却说："俺爹的黄大衣比你的好。"并立刻从箱子里翻出一件黄呢子大衣。谢荣策一看，原来是件国民党军官穿的军大衣。于是，谢荣策装作不在意的样子看了看，然后帮"郭侉子"的儿子把黄大衣送回箱子里。离开郭家后，谢荣策立即向农会跑去，把情况报告给工作组。工作组研究决定，马上逮捕"郭侉子"，并从他家搜出国民党军官服和特务证件。经审讯，这个冒充"染匠"的郭作启，原来是潜伏的国民党特务，他看到茨榆坨当地老百姓反对地主阶级热情高涨，于是引来国民党军飞机轰炸该村，造成16人死亡。查明情况后，这个罪大恶极的国民党特务被人民处决。

　　在随后开展的土地改革斗争中，谢荣策积极踊跃参加，除了负责检查岗哨、监视敌情活动外，还负责看管胜利果实。

　　虽然家庭贫困，谢荣策从不动用充公物品，自己依旧穿着开了花的破棉袄，戴一顶破旧的狗皮帽子。

　　茨榆坨村有个地主名叫宋长义，人们称他"宋四坏"。有一天，谢荣策来到住在宋长义家后院的大伯家串门，当走到宋家门口，看到宋长义和老婆正鬼鬼祟祟朝东厢房走去埋藏东西。第二天，农会干部根据谢荣策提供的线索，带领群众在宋长义家的东厢房炕洞和猪圈地下，起出了大量财物。人们夸赞他是能干大事的儿童团长，宋长义也因此对谢荣策怀恨在心。

1948年春，驻辽中农村一带的东北野战军部队陆续开赴前线。国民党军为打通辽沈要道，出动一个骑兵团乘机对辽中县四方台、茨榆坨一带进行武装骚扰。3月9日，工作组组长老郑从肖寨门村开会回来，连夜向农会传达了县委指示，要求大家提高警惕，做好应变的准备。谢荣策面对家乡可能遭遇敌情毫无畏惧，依旧坚持斗争。3月11日，谢荣策不顾个人安危，在掩护农会干部、土改积极分子和儿童团员安全撤出农会后，在走到村西时被国民党骑兵发现，因被怀疑是儿童团员，被捆绑起来带到村子里。地主宋长义看到谢荣策被捆绑，幸灾乐祸地对国民党骑兵指认称谢荣策就是茨榆坨村儿童团长。国民党骑兵恼羞成怒，对谢荣策一顿抽打，逼他交代解放军和农会干部的去处。谢荣策咬牙切齿大骂敌人，国民党骑兵无计可施，只好把他押往骑兵团团部驻地四方台村。

国民党军骑兵团长尚其悦以为谢荣策年龄小，只要用严刑拷打就能从他口中得到想知道的情报，于是下令严刑拷打谢荣策，甚至给他上老虎凳、用竹筷子夹手指。谢荣策愤怒地回答："不知道，不知道！"虽然受尽酷刑，仍然坚贞不屈，未透露点滴实情。敌人了解到是谢荣策举报了"郭侉子"，于是在审讯中问道："郭团长是你给弄死的不？"谢荣策满怀愤怒地说："是。他是大特务、大坏蛋，他给国民党飞机打信号，炸死乡亲们，我们把他枪毙了。"骑兵团长尚其悦见硬的不行，就假惺惺要招降谢荣策，还称要谢荣策留在自己身边当勤务兵，被谢荣策严词拒绝。尚其悦气急败坏，下令枪毙谢荣策。

1948年3月13日早晨，国民党骑兵押解着谢荣策和茨榆坨村武装队长肖洪义到四方台庙前小广场上，骑兵团长尚其悦最后一次问谢荣策怕不怕死，谢荣策慷慨激昂地表态："怕死就不当儿童团！我们的军队一定会打回来，共产党一定会给我报仇！"枪声响了，16岁的谢荣策不幸献身，肖洪义也英勇牺牲。

辽中全境解放后，1949年春，中国新民主主义青年团辽中县委员会追认谢荣策为青年团员，辽中县人民政府追认谢荣策和肖洪义为革命烈士，将他们的遗体安葬在茨榆坨烈士陵园，并为谢荣策立了纪念碑，碑上镌刻着："谢荣策小烈士千古！"1984年3月，中共沈阳市委决定修建谢荣策烈士陵园。10月

31 日，谢荣策烈士像塑成，在塑像基座正面大理石上，时任中共沈阳市委第一书记李涛题写的"少年英雄谢荣策"七个字寄托着人们对烈士的怀念和哀思。后来，为铭记先烈，谢荣策烈士陵园又经过多次重修，如今已成为省级爱国主义教育基地。

（作者系中国近现代史史料学学会副会长，辽宁省政协文化和文史资料委员会办公室工作人员）

张德新

张恺新

在辽宁省黑山县"一〇一"高地东北角胡家镇的黑山村,竖立着一块纪念碑,碑上"小烈士张德新永垂不朽"十个大字格外引人注目。每逢清明节,人们便自发地来到小英雄墓前,缅怀烈士的光荣业绩,学习烈士的革命精神。

1932 年,张德新出生在辽宁省黑山县胡家镇前黑山村的一个贫苦农民家庭。从小他便和父母过着忍饥挨饿、吃糠咽菜的生活。11 岁时,给地主老刘家放羊顶债,经常遭受毒打,受尽了地主的欺负和压榨。在张德新幼小的心灵里,很早就萌生了反地主反封建的思想。1947 年冬,人民军队开进张德新的家乡,人民政权迅速建立起来,前黑山村成立了农会等群众组织,15 岁的张德新被小伙伴们推选为儿童团团长,他带领儿童团积极投入分田地、斗地主的土改运动,站岗放哨、查路条、监视地主、抓间谍、给农会跑路送信,工作得十分出色。

张德新烈士墓

1948 年 9 月 12 日,辽沈战役打响,为了取得

宣传画《儿童团长张德新》

张德新烈士画像

胜利，根据上级指示，驻黑山的解放军和村干部奉命转移。国民党廖耀湘兵团从新立屯等地出发，兵分三路向黑山蜂拥而来。10月20日傍晚，农会干部正忙着指挥村民疏散，忽然，远处传来一阵密集的枪声。不一会儿，老乡长伏在马上，从枪声处飞奔而来。张德新急忙迎上前去，老乡长告诉他："敌人快窜过来了，快通知农会干部和民兵立即转移！另外，还有一封区里的紧急信件，马上送到农会。"张德新接过密件，撕开鞋帮，将密件塞了进去，又抹了一层泥土，然后向北走去。张德新专拣小道走，这时候，山上窜出来不少敌人。"上哪儿去？小东西！""家里的小猪跑丢了，出来找找。"两个国民党兵摸摸他的衣，又摸摸他的裤，接着命令他把鞋脱下来。张德新开始有些紧张，但还是不慌不忙地把两只鞋脱下来，高高举到国民党兵的鼻子底下，国民党兵一巴掌把鞋打在地上，骂道："快滚！"张德新蹬上鞋，一溜烟儿跑了。

张德新越过敌人的封锁线，胜利地完成了任务，回到村里。这时，国民党军包围了黑山村，把村里人都赶到一个大院中，名为开会，实为审讯、抓人。敌人用机枪威逼群众交出农会干部，声称如果谁要不说出农会干部藏在哪里，谁就是包庇共产党，他们就开枪把村里人都杀了。张德新主动站出来，大声喊出："我就是儿童团团长！"于是便被带走了。国民党对这个年仅16岁的孩子用了老虎凳、竹筷子夹手指等酷刑。张德新被折磨得遍体鳞伤，鲜血直流，但没有透露任何解放军的消息。审讯经过了一个晚上，国民党一无所获。10月21日凌晨，丧心病狂的国民党杀害了张德新——这位宁死不屈、英勇顽强的儿童团团长。

张德新的事迹很快传遍了全国。20 世纪 70 年代非常畅销的长篇小说《战地红缨》就是以小英雄张德新的事迹为题材编写的。各种版本的连环画，如《儿童团长》《儿童团长张德新》等也相继出版。小英雄的事迹激励和影响了一代又一代人。1967 年，人民群众为张德新烈士修建了纪念碑，后又将其墓迁至烈士陵园内。

（作者系中国近现代史史料学学会副会长，辽宁省政协文化和文史资料委员会办公室工作人员）

郭俊卿

朝阳市政协文化和文史资料委员会

郭俊卿，曾用名郭富，1930 年出生于热河省凌源县一个贫苦农民家庭，14 岁女扮男装参军入伍，"隐身埋名" 5 年多，虽为女儿身却巾帼不让须眉，始终在一线战斗部队冲锋陷阵，随部队南征北战屡建奇功，为新中国解放事业做出了重要贡献。她屡立战功被评为全国女战斗英雄，受到毛泽东、朱德等老一辈革命家的亲切接见，被中央军委授予"全国女战斗英雄""现代花木兰"等荣誉称号。她以坚强的毅力和勇敢的作风塑造了新时代"女英雄"的光辉形象，她用青春和热血践行了共产党人的初心使命。

郭俊卿

"隐身埋名"参加人民军队。郭俊卿自幼随父母逃荒到内蒙古谋生，全家依靠父亲给地主当长工维持生计，受尽地主压榨和折磨，父亲在饥饿和病痛中悲惨死去，随之而来的是她 3 岁妹妹的夭折和母亲的死亡。家人的相继离世让年幼的郭俊卿走投无路，只能打扮得像男孩子一样靠打零工养活自己，过着颠沛流离的生活，在黑暗中顽强挣扎。人民军队的到来让郭俊卿看到了一线光明，要想活下去只有共产党的军队才能解救自己，于是她下定决心参加人民军队。1945 年，郭俊卿得知林西县支队征兵的消息前去报名，因为部队只招男兵，她改名郭富并剃了光头，女扮男装报名入伍，就这样成为林西支队"男"战士。

勇敢战斗光荣加入中国共产党。郭俊卿来到部队后思想积极要求进步，作战英勇顽强，出色完成了组织交给的各项任务，深受战友们喜爱。1946 年冬，她担任部队通信员，和另一名战友奉命执行到 30 公里之外的白音木图送密令任务，一路顶着风雪严寒，巧妙穿过敌人火力封锁线，顺利完成送令任务，战马在返回途中体力不支累死了，她背着马鞍在雪窝中前行，凭借着顽强的毅力安全返回营地，圆满完成任务的同时也落下妇科病。她身体看似柔弱，但打起仗来胆大心细勇敢顽强，在战友们看来颇有些"女人气"，她有睡觉不脱衣服，不一起上厕所、洗澡的"怪癖"。她在军队里感受到党的关怀和家庭般的温暖，收获了战友间并肩作战的革命友谊，更加坚定了她加入共产党员队伍的决心。由于思想进步、作战表现突出，1946 年 6 月，郭俊卿光荣加入了中国共产党。

冲锋在前历经无数生死考验。1948 年初，郭俊卿机智勇敢的战斗才能得到发挥，调到战斗班任四班长，平泉战役打响后，带领四班攻打平泉城外制高点二道梁，克服武器少、兵员新的劣势，面对装备精良人数众多的敌人，以视死如归的英雄气概，同敌人展开白刃战、肉搏战，凭借顽强的意志、勇猛的作风消灭敌人，拿下二道梁为平泉战役的全面胜利，铺平前进道路。战后，她个人立功受奖，四班获得"战斗模范班"锦旗。1948 年 9 月，郭俊卿随部队编入第四野战军后参加辽沈战役，担任机枪连副指导员，不怕流血牺牲冒着枪林弹雨，多次攻城拔寨，多次坚守阵地，守住了革命的重要防线，为新中国解放战争全线胜利做出了重要贡献。她以男兵身份因作战勇敢、战绩突出荣立特等功 1 次、大功 3 次、小功 4 次。

展巾帼英姿传英雄佳话。辽沈战役胜利后随部队一路入关南下，向着长江挺进。战斗中她依然是生龙活虎的钢铁战士，行军途中同男兵一样步行，扛枪背包，有时还要帮掉队的士兵抬担架、挑军锅，她无所不能。长期作战和劳累

经典故事影片《战火中的青春》

爆发严重疾病，终因体力不支住进了野战医院，暴露了她本是女儿身的"隐私"。消息传开，震惊全军，战友们难以相信并肩作战5年之久的"汉子"竟然是女同志，被她惊人的意志力所折服。军长贺晋年激动地说，郭俊卿是巾帼英雄，是现代花木兰，是我们四十八军的骄傲！郭俊卿的英雄故事传遍全军，她受到毛泽东、朱德等老一辈革命家的亲切接见，被中央军委授予"全国女战斗英雄""现代花木兰"称号，并被授予"模范奖章""勇敢奖章""毛泽东奖章"。古有花木兰，今有郭俊卿，八一电影制片厂根据郭俊卿的英雄事迹，创作了经典故事影片《战火中的青春》，电影中女扮男装参加革命女英雄人物"高山"，成为社会主义革命和建设时期的时代楷模，也成为我们当代经久不衰的青春偶像。

郭俊卿对党忠诚铁骨铮铮，一生清贫两袖清风。1956年，郭俊卿转业到地方工作，任山东省青岛第一服装厂厂长，"文化大革命"期间被造反派批斗，部队首长得知情况后，为保护郭俊卿将其转任山东省曹县民政局副局长。离休前，她给上级有关部门打报告，要求将"郭富"改为"郭俊卿"，并恢复她本来的女性身份，上级批准了她的请求，1981年离休后在江苏省常州市定居。1983年，郭俊卿病逝于南京，时年52岁，这位新中国唯一的女特等战斗英雄，永远离开了我们。一只旧皮箱、一床旧被、一条毛毯是她最贵重的遗物。毛主席曾评价郭俊卿："巾帼不让须眉，是一位合格的共产主义战士！"2009年，郭俊卿入选"100位为新中国成立作出突出贡献的英雄模范人物"。郭俊卿的事迹鼓舞一代代人为了心中的理想不断进取，也激励着人们为国家和民族的振兴而勇往直前，不懈努力。

孟泰

罗琦

孟泰，原名孟瑞祥，曾用名孟宪钢，1898 年 8 月 17 日生于河北丰润，祖上数辈为地主扛活。

自 6 岁起，孟泰即从事家庭副业劳动。待稍长，便给全家打柴做饭。1910 年，孟泰靠着家里租的几亩地上的收获，读了 3 个月的私塾。1914 年，年仅 16 岁的孟泰不得不去扛活。1916 年 3 月，孟泰只身一人来到东北，在辽宁抚顺栗子沟当了小工，后来又进了车辆修理厂当学徒。1926 年，孟泰辗转来到鞍山，进了当时由日本人开办的鞍山制铁所的炼铁厂，当配管工。在日本帝国主义和封建势力的双

孟泰

重压榨下，孟泰和许许多多工友一样，过着饥寒交迫的生活。1934 年，已 36 岁的孟泰，同也是穷苦人家出身的妇女乔世英结了婚。"八一五"光复后，看着国民党恢复鞍钢无望，孟泰毅然离开工厂。

1948 年 2 月 19 日，鞍山解放，孟泰终于盼到了救星。但是，由于盘踞在

孟泰

孟泰（左一）

沈阳的国民党军队尚未被最后消灭，形势动荡不定，当时还没有条件恢复鞍钢。孟泰听从党组织的安排，领着全家到了当时的解放区——通化。在通化，孟泰率领伙伴们顺利完成了修复两座小型炼铁炉的任务，为此受到了通化铁厂负责同志的表彰。

1948年年底，辽沈战役胜利结束后，孟泰回到了鞍山。当时的鞍钢由于屡遭战争的破坏，已沦为一片废墟。看到百孔千疮的高炉群，孟泰心如刀绞。他不顾刮风下雪，跑遍了十里厂区，并动员了炼铁厂修理场的十几名伙伴，没日没夜地干。在几个月之内，收集了上千种材料、上万个零件。他们保管这些零件与材料的那座小房子，后来便被誉为"孟泰仓库"。

1949年春，二号高炉开始修复。"孟泰仓库"起了很大作用。整座高炉的配管材料，几乎都是孟泰他们捡来的，计有300余件。在各种器材极为缺乏的当时，这确是一个巨大的贡献。在孟泰的带领下，一个献交器材的热潮在鞍钢掀起，鞍钢广大职工为恢复生产创造了辉煌的成就。6月27日，鞍山钢铁公司成立后的第一座高炉——炼铁厂二号高炉开工生产了。7月9日，在庆祝鞍钢开工大会上，鞍山市委、鞍山职工总会和鞍山钢铁公司命名他为"一等功臣"。8月15日，在鞍山市纪念"八一五"四周年暨鞍钢立功竞赛运动庆功颁奖大会上，孟泰又获得了"特等功臣"的光荣称号。

1949年8月1日，孟泰光荣地加入了中国共产党，成为解放后第一批工人党员。不久，被提升为工人技术员。从1948年开始，孟泰十几年如一日，从一个普通的配管工，升任配管组组长、技术员、副技师，又升任修理场场长、炼铁厂副厂长，把他的有生之年完全献给了祖国的钢铁事业。他以高度的主人翁精神、高尚的自我牺牲品格，为恢复鞍钢生产、建设社会主义新鞍钢，做出了极为突出的贡献。

在修复高炉的那些日子里，孟泰经常不回家，他把工厂当成了自己的家。在一、二、三号高炉点火的前前后后，他干脆住进了炼铁厂。他根据自己长年维护高炉的经验，总结出了一套维护高炉的方法，提出了"宁叫人找事故，不叫事故找人"的口号。他的操作方法和经验，在炼铁厂至今仍在使用，有的还形成了制度。1950年，孟泰先后为瓦斯贮藏器装上了防尘罩，为检修高炉的架工师傅设计和制作了卷扬机。在以后的几年里，经孟泰提议和主持发明的小改小革更是不计其数！

1950年6月，朝鲜抗美战争爆发，美帝国主义把战火一直烧到了鸭绿江边，并出动飞机在我边境进行狂轰滥炸。在这紧张危急的关头，孟泰不顾个人安危，把行李扛到高炉旁，日日夜夜守在高炉上。每当空袭警报拉响时，他就抓起大管钳子，像哨兵一样警惕地站在高炉总水门前。同年8月，四号高炉发生了铁水遇冷水爆炸事故。孟泰闻声冲上炉台，冒着危险摸到水门边，关闭了阀门，制止了爆炸的继续发生，保证了高炉的安全生产。

1950年8月23日，鞍山市总工会召开了第一次劳动模范代表大会，孟泰被推选出席全国工农兵劳动模范大会。9月25日，在北京中南海的怀仁堂，孟泰作为主席团的成员，坐到了毛泽东主席的身边。

1952年8月，鞍山市召开第四届劳动模范大会，孟泰被命名为市特等劳动模范。"孟泰精神"从这时起已成为鞍钢工人阶级的精神。1953年5月，孟泰出席了中国工会第七次全国代表大会，并当选为执行委员。翌年，被选为第一届全国人民代表大会代表。从此，他的社会活动增多了。几年中，他为各个厂、矿、村、社解决了许多问题，老英雄孟泰受到了鞍山市和全国各界人民的深深爱戴。

1953年春，孟泰随同中国人民赴朝鲜慰问团赴朝鲜慰问。1957年10月，孟泰赴苏联参加十月革命四十周年庆祝活动，在那里受到了热烈欢迎。

1957年12月，孟泰出席了中国工会第八次全国代表大会，再次当选为执行委员。1959年4月，孟泰出席了第二届全国人民代表大会。作为一个人民代表，他的足迹遍布鞍山地区的每个角落，为改善党群关系，加强工农联盟，做出了卓越的贡献。同年10月，孟泰参加了全国工业、交通运输、基本建设、财贸等方面社会主义建设先进集体和先进生产者代表大会，并被授予"全国劳动模范"的光荣称号。老英雄孟泰和他的事迹成了全国人民家喻户晓、老幼皆知的动人故事。

1957年6月，孟泰走上领导岗位，后担任了鞍钢炼铁厂副厂长。他虽然已经60多岁，却依然老当益壮，坚持不脱离劳动，不断为人民做出新贡献。他亲手建立了"孟泰储焦槽"，每年为国家节省了成千上万吨的焦炭。他刻苦钻研，大胆创造，改革成功了热风炉底部双层燃烧筒，比原来的单层燃烧筒提高寿命近百倍。他还研制成功了冷却箱串联，使高炉用水量比以前节约了百分之三十，受到广大职工的热烈赞扬。

1964年12月，孟泰出席了第三届全国人民代表大会，在会上又一次受到了毛泽东主席等中央领导同志的亲切接见。

1966年1月，孟泰担任了鞍钢工会副主席的职务。1966年，"文化大革命"开始以后，孟泰立场坚定，刚直不阿，表现了工人阶级的高风亮节。1967年9月30日下午2时，孟泰于北京医大附属医院溘然病逝，终年69岁。

孟泰是鞍钢工人阶级的优秀代表，是新中国诞生后的第一代全国著名劳动模范，是中国共产党的优秀党员。他为恢复鞍钢、建设鞍钢所做出的突出贡献，鞍钢工人阶级已铭记在心。他的高贵品质和优良作风，给鞍钢数十万职工留下了一笔宝贵精神财富；孟泰的名字和精神，为鞍钢乃至全国的工人阶级世代传颂继承，发扬光大。

（作者系鞍山市政协文化文史和学习委员会办公室主任）

赵宝桐

王平鲁

在中国航天博物馆里，至今仍陈列着一架银灰色的米格－15战斗机，机身上喷着9颗红星，极为醒目，其中7颗实心红星，代表着赵宝桐击落的敌机数量；2颗空心红星，代表着击伤的敌机数量。这辉煌的战绩已成为人民空军至今无人逾越的"奇迹"。

赵宝桐

这架飞机就是抗美援朝战争中的"英雄"，它当年的主人就是"空战之王"赵宝桐。

赵宝桐，1928年7月出生于辽宁省抚顺市。他童年的时候父亲去世，由于祖父还不起地主的租子，家里仅有的几亩地，被地主霸占了。从此他就和祖父一起给地主扛活儿为生，还给地主放过猪，以后他又到当时日本人统治的抚顺钢厂去当学徒，干过镟盘工。

1945年"八一五"光复后，17岁的赵宝桐于9月参加了人民军队，1948年7月加入中国共产党。赵宝桐当过警卫员、武工队员、班长，参加了东北解

刊登赵宝桐事迹的报纸

放战争中"四保临江"战役和本溪、马场等地的多次战斗，以及南下解放武汉三镇等地的战役战斗。1949年赵宝桐被调入第四航空学校学习，是新中国的第一批飞行员。只念过小学一年级的赵宝桐，拿出勇敢战斗的精神拼命学习，成为全班第一个放单飞的学员。

抗美援朝期间，赵宝桐先后担任过飞行中队长、大队长、团长等职。1951年10月20日，赵宝桐所在的空三师开赴辽宁安东（今丹东）浪头机场，担负掩护朝鲜北部新建机场和平壤至安东一线交通运输的任务。

1951年11月4日10点26分，已经担任空三师七团副大队长的赵宝桐和战友们，分别驾驶22架米格－15战斗机升空。

当战机飞临阶川上空，发现6公里外有10余架美F－84战斗轰炸机正向南逃窜。空中指挥员下达了战斗命令："二中队掩护，一中队攻击！"所有米格机立刻投下副油箱，加快速度，爬高追了上去。敌人被突如其来的攻击打了个措手不及，编队一下子被冲散了。赵宝桐歼敌心切，俯冲速度过猛，还没来得及开火，一下子冲进了两层敌机之间，赵宝桐毫未犹豫，猛地一拉操纵杆，一个爬升，从敌机射出的火蛇空隙中冲出重围。等他再回过头来，僚机范万章和其他同志都不见了踪影。赵宝桐知道，空中单机作战是十分危险的，是不符合大机群战术原则的。"我看不见你们了。"他在无线电里大声呼喊。"看不见也要保持空域继续战斗！"是大队长的声音！知道战友就在身边，赵宝桐顿时信心倍增。

这时，他看到前面六七百米的距离上，正有 4 架敌机在转弯，露出一个空当，赵宝桐一个半滚就冲了下去，盯住了一架敌机不放，敌人左转，他也左转，终于把敌人套进了射击具的光环，正在准备开火之际，他想起先期入朝参战的空四师战友传授的经验：当你要向敌机攻击时，要回头看一看是否有敌机在攻击你。赵宝桐猛一回头，果然看到 4 架敌机跟了过来，机头都已经对准了他。赵宝桐果断地按下炮钮，对当前敌机开火，随即一下子把自己的飞机拉起来，就在他拉起的一瞬间，后面敌机的炮弹擦着他的机尾飞了过去。

不料，刚刚拉起的战机进入了螺旋状态，像落叶一样向下旋转，瞬间就跌落了几千米，这时的赵宝桐沉着冷静，稳定住自己的情绪，在距地面 300 米的高度，凭借良好的驾驶技术，及时地改变了螺旋状态，迅速把飞机拉起，又向高空冲去，同时向下一瞥，正好看见刚才被他击中的那架敌机，冒着黑烟，扎进了朝鲜西海岸的泥滩里。等他爬升到战斗空域时，前面又出现了 2 架敌机。越战越勇的赵宝桐不由分说，盯住一架就跟了上去，500 米、400 米、300 米，敌机的尾部几乎充满了整个光环，"咚！咚！咚！"一串炮弹正打中敌机机翼，机身一歪，向下栽去。再向下细看时，敌机已经摔到小山坡上，爆炸了。

空三师首战告捷，击落击伤敌机 3 架，赵宝桐一人就击落敌人两架 F-84 战斗机！

1951 年 12 月 2 日下午，赵宝桐参加了敌我双方首次达 300 架战机的大型空战，首战美军 F-86 "佩刀式"战斗机。F-86 战斗机是当时美军在朝鲜战场上最先进的喷气式战斗机，与我米格 -15 歼击机在性能上可谓旗鼓相当，势均力敌，胜负较量就看空中飞行员的技术战术水平发挥了，这是硬碰硬的较量。

14 点 33 分，空三师 42 架米格 -15 歼击机全体出动，配合友军 4 个团的兵力进行反击作战。当飞至顺川、清川江口上空时，20 架 F-86 "佩刀式"战斗机迎面飞来。"七团攻击，九团爬高掩护！"空中指挥员命令。顿时，双方飞机绞杀在一起。赵宝桐的猛劲和韧劲得到充分发挥，上下几个冲杀，两架 F-86 "佩刀式"战斗机被赵宝桐打掉，其中一架栽进了大海。在返航途中，已成单机的赵宝桐不幸被偷袭的敌机击中，他被迫跳伞。

这次空战，证明美军大肆吹嘘的F-86"佩刀式"喷气战斗机没什么了不起，照样可以被打下来，极大地鼓舞了部队的士气，坚定了我军战胜敌人的信心。

1952年11月21日，赵宝桐又一次参加战斗，再一次与大机群的F-86"佩刀式"战斗机交手。刚刚到达战区，就发现左右都有了敌机，赵宝桐凭经验决定先冲散敌机的队形再行攻击。他迅速将飞机拉高一些，僚机也会意地跟着拉起。这时，他左边的4架敌机已被我机咬住，格斗起来，而原来在他右边的4架敌机却从下面窜到了他的左侧，与他拉成了水平，想利用水平转弯来咬他的机尾。赵宝桐将计就计，向左转弯，就在敌机也跟着左转的时候，他猛地向上一拉，一下子闪到了敌机的左后方，占据了高度优势，并立即用光环套住敌长机，向敌开炮，狡猾的敌长机一低头跑掉了，跟进的敌僚机转到了炮口前，转瞬之间就被赵宝桐打成一个火球，拖着滚滚浓烟直栽下去。

战斗结束，赵宝桐和他的战友击溃了三路敌机，他的战鹰上又涂上了第九颗红五星。

抗美援朝战争中，赵宝桐创下了志愿军空军个人击落击伤敌机的最高纪录，共击落敌机7架，击伤2架，这是中国空军至今无人打破的纪录。他所率中队击落击伤敌机17架，成为"英雄中队"，所率大队击落击伤敌机30架。他本人先后5次受通令表彰，两次荣立特等功，被授予"一级战斗英雄"荣誉称号，并荣获朝鲜民主主义人民共和国二级自由独立勋章、三级国旗勋章各1枚，军功章3枚。

赵宝桐成了家喻户晓的战斗英雄，《人民日报》登出了他的英雄事迹，大大小小的报刊画报上印满了赵宝桐身穿飞行服，倚靠战鹰，仰望蓝天的图片，1953年9月，毛泽东主席在中央人民政府委员会第二十七次会议期间的一次讲话中，提到了赵宝桐的名字，称赞他是"会驾飞机"的"空军英雄"。

（作者系抚顺市社会科学院原副院长、研究员）

王崇伦

罗琦

王崇伦，1927年7月2日出生于辽宁省辽阳县沙河区（1945年光复后划归鞍山管辖）北头街村一贫苦农民家庭。1941年，14岁的王崇伦入鞍山满洲神钢厂学刨工，日本工头一开动机床就把徒工支走。一次，王崇伦躲在工具箱背后偷看操作要领被日本工头发现，竟将王崇伦的右手按

王崇伦

在机台上用板锉狠命地锉……从此，王崇伦留下了这仇恨的伤疤。1945年1月，王崇伦离开满洲神钢厂，经过考工进了鞍山东洋矿机厂当车工。

1948年2月19日，鞍山解放。北沙河村与东沙村合并后成立了农会。王崇伦积极参加土改斗争，被选为民兵队队长。1949年8月，22岁的王崇伦进入鞍钢轧辊厂当刨工，成为1949年后鞍钢职工队伍中为数不多的年轻高级技工之一。亲身经历从旧社会奴隶到新社会主人的天翻地覆的巨大变化，怀着强

王崇伦

烈的报恩思想忘我劳动，积极向上。3个月后，王崇伦加入了青年团，光荣地成为鞍钢解放后第一批入团的青年职工。1951年6月24日，王崇伦调至鞍钢机修总厂四机修厂工具车间，走进了一个施展自己才华的广阔天地。

　　1952年，王崇伦所在的工具车间承担为中国人民志愿军加工飞机副油箱拉杆的十万火急的特殊任务。王崇伦设计并制造出利用刨床加工拉杆的特殊卡具，比开始用铣床加工提高工效24倍，而且全部达到一级品。这年金秋，王崇伦光荣地加入了中国共产党。在入党后短短一年中，他相继革新成功7种工、卡具，成了全厂有名的技术革新闯将。

　　1953年，我国开始实施第一个五年计划，鞍钢的生产建设在突飞猛进地发展。就在这时，鞍钢矿山生产一线告急：大批凿岩机因缺少备件卡动器，而被迫停止作业。试制卡动器的特殊任务最终落在王崇伦所在的工具车间。试制刚刚开始，就遇到了"拦路虎"。第一道工序的车床加工只需45分钟就能加工一个，而第二道工序插床加工一个却要两个半小时。全车间只有一台插床，厂长、车间主任都在为插床的低效急得团团转。王崇伦又悄悄地搞起了攻关。半个月后，双颊凹陷的王崇伦把特殊工具胎的图纸展现在车间领导面前，大家对王崇伦的奇思妙想赞不绝口。在领导的大力支持下，几天之后，一个长达500毫米，直径200毫米的工具胎安置在王崇伦的刨床上。试车这天，数百人前来观看。当第一批工件加工完毕之时，王崇伦宣布：加工一个卡动器耗时仅45分钟，更让在场人震惊的是，以往加工凿岩机的40多个零件，每加工一种零件都得制作一套专用的卡具，而这一工具胎竟能全部取而代之。王崇伦创造的这一独特工具胎被命名为"万能工具胎"。

　　王崇伦继续攻关夺隘，加工卡动器的纪录连连取得新突破，由45分钟缩短到30分钟，最后缩短到19分钟，相当于最初效率的6至7倍，他操作的"牛头刨"，成了"千里马"。凭着万能工具胎，在同时间赛跑中不断创出奇迹。1953年，他完成了4年又17天的工作量，被评为鞍山市工业特等劳动模范，被誉为"走在时间前面的人"。这年，他只有 26 岁。

1954 年 1 月 19 日，《中国青年报》发表了《让更多的青年工人在先进人物的带动下前进》的社论。 1954 年 2 月 8 日，《人民日报》发表了《发扬王崇伦的工作精神，提前完成国家计划》的社论。1954 年 2 月 14 日，《工人日报》发表了《学习王崇伦的先进榜样》的社论。

同年，团中央专门组织了一次首都青年工人与王崇伦会面大会。时任团中央书记胡耀邦在大会上作了《人人都可以做一个先进工作者》的讲话。同年，王崇伦的事迹被编入小学生语文课本，"万能工具胎"的图片被印成邮票。从此，王崇伦以"走在时间前面的人"誉满中外。同年，王崇伦作为中国工人阶级的优秀代表赴苏联参加了五一国际劳动节观礼。

1954 年初，王崇伦提出联名向中华全国总工会建议，在全国开展技术革新运动。不久，由王崇伦执笔的 7 人联名建议信送到了全国总工会主席的手中。中华全国总工会对这封具有特殊价值的建议信进行了专题研究，并于同年 4 月下发了《关于在全国范围内开展技术革新运动的决定》。此后，一个群众性的技术革新运动在长城内外大江南北蓬勃兴起。当年 9 月，王崇伦光荣当选第一届全国人民代表大会代表。

1955 年，王崇伦所在的工具车间被团中央命名为"青年工具车间"。翌年，王崇伦被提任为该车间生产副主任。同年，中国科学院辽宁省分院聘任王崇伦为特别研究员。

1956 年，王崇伦被授予全国先进生产者称号。

1959 年，王崇伦与老英雄孟泰共同发起，在鞍钢成立了一支以劳动模范、先进人物为骨干的技术协作队伍，人数达 1500 多。每逢星期

工作中的王崇伦

天，来自各厂矿的"刀具大王""焊接大王""吊装大王"聚到王崇伦家里切磋交流，不久一场场技术攻坚战便很快打响，王崇伦的家成了能工巧匠交流聚会的"据点"，一直持续近 20 年，直至王崇伦调离鞍山。

1959 年 4 月，王崇伦当选第二届全国人民代表大会代表。

1959 年，王崇伦出席全国群英会，再度被授予全国先进生产者称号。会议期间，受到毛主席、邓小平等党和国家领导人亲切接见。毛主席称赞王崇伦是"青年的榜样"。由于王崇伦的特殊重大贡献，从 1954 年到 1959 年，他先后 14 次受到党和国家领导人的亲切接见。

20 世纪 60 年代初，苏联停止对我国供应大型轧钢机轧辊，鞍钢各轧钢厂面临停产的威胁。在这严峻的关头，王崇伦与孟泰主动请缨，承担组织研制大轧辊的攻关任务，历时一年之久，先后突破十几项重要技术难题，终于试制成功大型轧辊，填补了我国冶金史上的一项空白。此项重大成果轰动全国冶金战线，被誉为"鞍钢谱写的一曲自力更生的凯歌"。1960 年 7 月 17 日，王崇伦被破格晋升为工程师。1962 年 11 月，王崇伦被提任鞍钢机修总厂北部机修厂副厂长，他领导的鞍钢技协队已拥有 15000 之众，车、钳、铆、电、焊等各工种齐全，设计、施工、抢修配套成龙。这支队伍凭着高度的主人翁精神和精湛的技艺，先后为鞍钢解决了一大批生产和技术改造中遇到的难题，而且还应邀为鞍山市、辽宁省乃至东北地区的许多生产厂家排解重大生产难题，为鞍钢赢得了殊荣。

1964 年 12 月，王崇伦当选第三届全国人民代表大会代表。

1980 年，王崇伦在带职担任哈尔滨市委副书记期间，解决了全市豆腐供应问题，还相继解决了冬季鲜菜和鸡蛋供不应求的难题。邓小平称赞王崇伦"抓豆腐抓得对，抓得好，我们应该有更多的这样解决市民生计的好干部"。

2002 年 2 月 1 日，王崇伦因病在北京逝世，终年 75 岁。

（作者系鞍山市政协文化文史和学习委员会办公室主任）

安业民

戴为众

面对一千度的烈焰，没有犹豫，没有退缩，用生命护卫火炮。你循着英雄的传奇而来，向着大海的方向而去。炮台上带血的脚印，刻下你的无私和无畏，高贵的灵魂浴火涅槃，在人们的心中永生。

安业民，满族，1937 年生于辽宁省开原县四寨子村。

安氏家族清末从京城迁入开原，在四寨子村逐渐发展壮大，至六、七、八代已经蔚成"名门望族"，也是一个素有革命传统的红色家族。曾连续出现两位重量级中共党史人物：安业民的祖父辈安金库，化名路遐，早年参加革命，曾参加百团大战、辽沈战役等战役，1964 年授少将军衔，历任军事科学研

1958 年 8 月 23 日，安业民在福建前线炮击金门的战斗中，为保护火炮，全身烧伤面积达百分之七十，仍坚持战斗直至炮战结束。因伤势过重，抢救无效而牺牲（左平提供）

究部副教育长、成都军区副参谋长、军区司令部顾问等职。他的叔父辈安永禄，1925 年 6 月加入中国共产党，是铁岭市第一位中共党员，历任中共北满地委委

员、满洲省委工运巡视员、抚顺特支书记、开原支部书记。

自幼成长在这一特殊环境中，安业民在校期间勤奋好学，是好学生的代表；在合作社劳动，他吃苦耐劳，被推选为生产队的记工员、小组长，被评为全社二级劳动模范。1956 年加入中国新民主主义青年团。

1957 年 3 月，安业民从家乡应征入伍，被分配到旅顺口海军炮兵一六一连当战士。参军入伍后，他一贯积极上进，苦练多种技能，成长迅速。历任电话兵、运药手和瞄准手，无论哪个岗位都干得有声有色，多次被评为技术能手和先进工作者。正是他的勤奋、坚毅果敢、坚韧不拔，为祖国海疆铸就了一柄忠诚无畏的利剑。

1958 年夏天，盘踞金门的国民党反动派的残部一次又一次开炮，轰击我渔船和海岸上的村庄，许多勤劳善良的人民遭到杀害。

安业民所在部队奉命调往福建前线。8 月 23 日，严惩蒋军的命令终于传达下来。我们的大炮开始了猛烈的射击，千万颗炮弹飞过了海峡，大地在颤动，海洋在呼啸，敌舰周围掀起了千万条水柱。

"敌舰中弹！""敌舰中弹！"

阵地上发出一片欢呼声，人们的战斗情绪更加奋发了。这群最前哨的大炮就像一把利剑，刺向金门岛的料罗湾，成了敌人的致命威胁。这时候，敌炮向安业民他们的阵地进行了集中射击，弹片打得炮护板哗哗响，一块弹片打在炮长的小腿上，炮长为了不让同志们看到，一声不吭地放下卷起的裤管，把伤口盖住。可是，站在他对面的战士终于发现了顺着他的裤管留下的血，嚷道："炮长，你负伤了！"

"别嚷！"炮长尽量压低声音说。

炮长的共产党员的顽强精神感染了每一个炮手，复仇的炮弹更加迅速地飞出炮口。

突然，大炮右后方的药包被一块弹皮打着，霎时间阵地上燃起熊熊的火焰。

"射击暂停，马上散开！"炮长发出命令。

但是安业民还是屹立在自己的岗位上。因为炮身暴露在外面，要是不把大炮转到隐蔽的方向，很有可能遭受敌弹损伤。安业民毫不犹豫，双手飞速地转动着方向盘。火扑上了护板，扑上了炮身，也猛烈地扑到他的身上，但是炮身还在转动！火焰已经燃遍了他全身，炮身在转动！等到炮身完全转回隐蔽方向，他已经成了一个火人。他带着熊熊火舌冲出炮位，就地打了几个翻滚，同志们也围上去扑打，身上的火总算熄灭了。这时候，大家发现他的眉毛和头发已经烧光，几乎变成灰烬的水兵衫已经和皮肉粘在一起，身上大部分皮肤烧伤了。他只觉得天旋地转，剧痛难忍，头脑一阵阵昏眩。

1959年7月，海军首长接见安业民烈士父母时合影（左平提供）

在炮弹呼啸中，安业民睁开了眼睛，发现营政委端着一杯水站在他的面前，劝慰他："安静地休息，同志们一定替你报仇！"这慈母般的声音，给他增添了无穷的力量。

"继续战斗！狠狠地打击敌人！敌人打一炮，我们还他十炮！"这是炮长发出的命令。

"对，决不让敌人逞凶！"安业民做了有力的回答，冲过政委的阻拦，光着烧伤的身子，抢先奔上了炮位，又迅速又准确做着瞄准手应做的每一个动作，发出了一串串炮弹。

"安业民，政委派我来替你。你下去，我来干！"副炮长从弹药库跑来接替他。

安业民头也不回地说："我能完成任务！"

十分钟后，副炮长又被政委派来接替安业民。安业民大声地回答："请首长放心，保证圆满完成战斗任务！"

安业民红肿的两眼闪闪发光，一眨也不眨地紧盯着指针。腰板挺得笔直，两只烧伤了的胳臂紧粘在方向盘上。全身挺立，犹如一个钢打铁铸的巨人！十五分钟，二十分钟、三十分钟、四十分钟，这个巨人就这样一直到战斗胜利结束！而且他的每一个动作都那样准确，后来查验他伤势的医生都说：带这样重伤坚持战斗四十分钟，该需要多么顽强的意志啊！

金门岛上腾起了漫天烟火，敌人的炮变成了哑巴。

射击停止后，战士们开始擦拭火炮。安业民被烧伤的脸高高地浮肿起来，两眼已经睁不开了。副指导员带来了担架劝他下去休息。他连忙抓起一块擦炮布说："不，我能看见，我在擦炮！"可是他伸出去擦炮管的那只手却扑了空。

"安业民，你是个共青团员，应该服从命令，养好伤再来战斗。"安业民听到副指导员的这句话，才离开了阵地。

安业民被送往漳州驻地医院，很长一段时间处于半昏迷状态。他的烧伤为三度，医生护士昼夜治疗护理，可是病情越来越严重。处于严重昏迷状态的安业民仍然和死亡作着最后的搏斗，嘴里不停喊着："同志们！狠狠地打！不下去，没完成任务！""炮长同志，火炮已经擦好，请检查！"

9月9日，安业民经抢救无效，安静地合上了双眼，牺牲时年仅21岁。

英雄牺牲后，中国人民解放军海军党委追认他为中国共产党党员，并追记一等功。共青团辽宁省委追授安业民烈士"辽宁省模范共青团员"荣誉称号。《解放军报》和全国各大报刊相继推出表彰烈士事迹的长篇通讯。

1959年5月29日，省政府在烈士的家乡四寨子村召开万人大会，隆重表彰战斗英雄，中央人民广播电台面向全国进行现场直播。与此同时，全国上下迅速掀起向共产主义战士安业民学习的热潮。

为弘扬英雄精神，朱德、彭德怀、林伯渠、郭沫若、谢觉哉等党和国家领导人为安业民烈士题词。郭沫若在政务之暇，写下响遏行云的英雄赞歌《赞安业民烈士》。以安业民事迹为蓝本的《海边青松》《非凡的四十分钟》入编中小学语文教材。辽宁、北京、福建等许多省市的学生纷纷成立"安业民班""安业民中队"，决心沿着英雄的足迹前进。

安业民精神被概括为：意志顽强、英勇无畏、恪尽职守、赤胆忠诚。在安业民的身后，一代代传人前赴后继，赓续传承着他的血脉信念。雷锋入伍第一天仍在日记中写道："一定要向董存瑞、黄继光、安业民等英雄的战斗精神学习，做一个毛泽东时代的好战士。"王杰烈士在日记中也曾以安业民为榜样，他写道："我坚决发扬革命队伍的优良传统，向董存瑞、黄继光、安业民、雷锋等英雄人物学习，在战场上头可断血可流，在敌人面前绝不屈服。"

现在，安业民留下的精神穿越时空，仍然回荡在神州大地。安业民烈士遗体安葬在福建厦门革命烈士陵园，福建晋江前线立有他的墓碑，碑上镌刻着朱德的题词：共产主义战士安业民永垂不朽！在他的家乡建有安业民烈士纪念馆，2015年被列为首批铁岭市爱国主义教育基地，2018年晋级辽宁省爱国主义教育示范基地。他的家乡四寨子村改名为业民村，乡亦称为业民乡，现为业民镇，以永远纪念这位为国捐躯的烈士。

（作者系开原市政协文化和文史资料委员会主任）

雷锋

侯庆芳

1958 年 2 月 13 日，毛主席来到"煤都"抚顺视察，领袖对"赤诚与奉献"精神的赞誉，激发起全国人民建设社会主义新家园的豪情。5 年后的 1963 年 3 月 5 日，毛主席为在抚顺这块热土上成长起来的共产主义战士雷锋题词——"向雷锋同志学习"，雷锋的名字从此与抚顺结下不解之缘。那么雷锋是一个什么样的人呢？

雷锋

一、他是一个懂事乖巧的好孩子

雷锋本应有着一个幸福的五口之家，却有着一个经历过那个年代的人所共有的苦难童年。雷锋的父亲雷明亮，曾是湖南农民运动中的进步分子，在雷锋 4 岁那年被侵华日军打成重伤，含恨离世；雷锋的哥哥雷正德为挣钱养家，12 岁开始做童工，后因积劳成疾，在贫病交加中痛苦离世；雷锋年仅 3 岁的弟弟因病饿交加，死在了母亲怀里；家里最后只剩下母亲张元满和雷锋相依为命，孤儿寡母的生活很艰辛。1947 年的夏天，张元满带着雷锋一起来到地主家干活，却遭到地主的凌辱和迫害，八月中旬的一天晚上，村里正在唱《三官吊颈》的皮影戏，锣鼓声一响，村里人都纷纷去看戏，小雷锋知道妈妈心里难过，就跑回家叫妈妈一起去看戏。却看见妈妈一个人坐在床头流泪，并对小雷锋说："穿上这件衣服吧，少挨些蚊虫咬，往后妈妈不能再疼你了。"小雷锋仰头看着母亲，目光闪着稚气的疑问和惶惑，说道："妈妈你不要哭，我不离开你，总也不离开你！"当天夜里，小雷锋被送到了隔壁六叔奶奶家，第二天清晨，当小雷锋回到家中，可怕的情景出现在他的眼前……

佩戴军功章的雷锋

这个性格刚烈的女子最后悬梁自尽，善良贫苦的六叔奶奶雷张氏收养了雷锋。"穷人的孩子早当家"，生活的磨难已经使小雷锋知晓了穷人家的艰辛。重活干不动，他就上山打些柴草背回来。为了给家里省一口饭，他还时常瞒着六叔奶奶到外乡去讨点吃的，路远天黑回不了家，就露宿在外面。这样的生活一直到 1949 年 8 月家乡解放，雷锋一个孤儿分到了二亩四分水田，还有房屋、家具和衣物，这是父辈们活着的时候想都不敢想的。

苦尽甘来，幼小的雷锋懂得了爱什么、恨什么，正是新旧社会的天地两重天的巨大对比，奠定了雷锋热爱党、热爱祖国、热爱社会主义的思想根基。

二、他是一个勤奋上进的好学生

雷锋 6 年换了 5 所学校。1950 年 8 月，党和人民政府免费送雷锋到安庆乡刘家祠堂（现龙迥塘）小学读书，一年后因学校整修，雷锋转到上车庙小学，三年级时又转到向家冲小学。1954 年秋，雷锋考入望城县清水塘小学读高小，1955 年上学期，转到离家较近的荷叶坝小学，1956 年雷锋高小毕业。

雷锋念初小时，又要读书、做作业，又要参加劳动，时间很紧张，雷锋就

雷锋和小学生们在一起

总结出了"一问、二抓、三补"的学习方法。一问：上课时没听懂的问题，向老师提出一定要问懂为止；二抓：上午布置的作业中午抓紧时间做好，下午布置的作业晚上抓紧时间做好；三补：就是上午耽误的下午补，下午耽误的晚上补，晚上耽误的第二天早上补。这样雷锋不仅劳动没有耽误，还能够全面完成作业，而且每次考试学习成绩都在 95 分以上，一直是一个品学兼优的好学生。1954 年秋天，雷锋以优异成绩考上了望城县清水塘完全小学五年级，这在乡亲们中间，是一件大喜讯。清水塘小学路途很远，每天要起大早，走 15 公里路赶到学校，可他从未迟到过，他总是到学校最早的学生，打扫完教室就温习功课，学习成绩一直是领先的，在这个学校，他成为第一批少先队员。

回顾雷锋的求学经历，无论在什么环境、在哪所学校，雷锋都格外珍惜来之不易的求学机会，始终勤学上进，刻苦学习，表现出色，是一个勤奋上进的好学生。

三、他是一个敢于担当的好工人

1956 年秋，雷锋高小毕业，以优异的成绩被望城一中录取，但雷锋不想再让乡政府负担自己的学费，就在秋征时节到乡长彭德茂身边当起了乡里的记账员和通信员。1956 年 8 月上旬，县委机关交通班人员变动，雷锋被增补为交通员，后因雷锋个子小，被调整为县委书记张兴玉的通信员。在望城县治理沩水工程中，雷锋的本职工作是总指挥的通信员。他在干好本职工作的同时，还主动担当值班员，留在指挥部守夜；自觉担当战斗员，参加劳动和抢险；积极担当文娱员，口头谱曲并组织大家传唱《儿要治沩娘也忙》这首歌；更为突出的是，雷锋还积极参加群众宣传工作。一次，雷锋接到值班室电话，沩水河十婆桥附近发生了纠纷，雷锋接电话后顶风冒雨冲到现场，原来是一些群众拦住了治理沩水河的施工人员，当地百姓认为拆了这座桥会坏了风水，影响安宁。雷锋了解后，对群众动情地说："这桥，听说是清朝嘉庆年间十位寡妇老人捐资修建的，后人为了铭记她们的恩德，取名为'十婆桥'。在古代，老婆婆们都能联合起来造福乡里，难道我们新社会里的人，还不如这十位婆婆？沩水泛滥成灾，人们流离失所，这昔日的苦难不要让它再回来了，今天，党和政府领导人民治理沩水，是为百姓谋福利的大举动。全县人民都在轰轰烈烈地大干，怎么这个小桥就拆不成，就进行不下去呢？"同时雷锋还讲述了自己的苦难经历，这使当地百姓深受感动，桥顺利拆除。

雷锋说过："不经风雨，长不成大树；不受百炼，难以成钢。"1958 年，雷锋积极响应国家号召，主动报名来到工作环境和气候条件都不很适应的辽宁鞍山。雷锋在鞍钢从学徒做起，逐步成长为一名模范工人。1959 年，鞍钢决定在弓长岭兴建一座焦化厂，雷锋不但第一个报名，还带动一大批年轻人来到这里。在鞍钢工作期间，雷锋 3 次被评为先进生产者，5 次被评为红旗手，18 次被评为标兵，荣获鞍山市青年社会主义建设积极分子称号。

勇于承担、敢于担当，是雷锋对工作负责、对群众负责的真实体现，也是他在工业战线上的生动写照，这也印证了雷锋把自己的原名"雷正兴"改为"雷锋"的最初寓意，即：在工业战线上打先锋。

四、他是一个敬业奉献的好战士

雷锋入伍的时候，身高只有 1.54 米，体重 47 公斤，在入伍训练中，一些基础的队列动作倒是没有问题，但是投手榴弹成了"拦路虎"，一连几天，雷锋凭着全身力气，却怎么也达不到及格线。为此，雷锋总是夜间起来，一个人在大操场苦练投弹。每次手榴弹一出手，雷锋就马上追过去，抓起来又往回投，往回跑。用他自己的话说，这样不仅可以多练习、多体会，还捎带练跑步，可以增强腿上的爆发力。那段时间，只要没有集体活动，雷锋就练习单双杠，以增强臂力。功夫不负有心人，雷锋不仅投弹及格了，参加实弹演习还一举命中，成绩优秀。在新兵训练结束后，雷锋被分到运输连当了汽车兵。为了解汽车的构造，雷锋一有空就拿着笔记本钻到车下，对着零件一样一样地熟悉，很快就掌握了汽车构造原理。他还虚心学习驾驶技术，苦练驾驶技能，成为新兵训练班下到战斗班最早开车的一个。在这期间，雷锋不仅武艺过硬，而且还经常利用出车间隙，为群众做好事，同班战士有了困难，雷锋也积极捐钱捐物，我们所熟悉的雷锋雨夜送大嫂、好事做了一火车等故事都发生在这个时候，由于热心服务人民，雷锋被推选为抚顺市人大代表。入伍两年零八个月，雷锋先后荣获二等功一次，三等功两次，团营嘉奖多次。

从雷锋的成长轨迹中我们不难看出，雷锋精神诞生在望城，成长在鞍钢，成熟在军营，正是在军营这样一段如火岁月，雷锋留给世人的最终形象，定格为一名伟大的共产主义战士。

（作者系抚顺市政协文化和文史资料委员会办公室主任）

张志新

王岩頔

　　在中国历史上，有这样一位女性，她勇敢地站出来，为正义而战，最终献出了自己的生命。38 岁的她因为反对"四人帮"被捕入狱，45 岁被割喉后枪决，从此与一双儿女天人两隔。在给丈夫的诀别信中她说："一个人不管是生或死，只要是为了革命就是有意义的。"她就是张志新。

张志新

　　1930 年张志新出生于天津的一个音乐世家。她的父亲就是一名革命者，早年间参加过辛亥革命，可以说是最早一批的具有先进思想的知识分子。母亲也是接受过高等教育的大家闺秀。在这样的书香门第长大的张志新，从小就接受了很好的教育，并且对音乐更具天赋。

　　张志新她自幼好学上进，勤于思考。少年时期追求真理，忧国忧民，参加了进步学生运动。1949 年天津解放后，张志新就学于天津师范学院，在党的教育培养下，确立了共产主义信仰，决心为伟大的共产主义事业奋斗终身。

抗美援朝战争爆发后，张志新积极报名参加了中国人民志愿军，因为当时的志愿军部队缺乏俄语翻译人才，所以就挑选了一批年轻人进行俄语培训，张志新就是其中的一位。于是，20岁的张志新，被保送到中国人民大学俄语系。由于成绩突出，张志新被人称为"人大才女"。

1952年张志新留校任中国人民大学资料员。1955年被调到北京俄语学院任资料员、资料组长、哲学教员，同年加入中国共产党。1957年来到中共沈阳市委宣传部学习室任讲师。1960年调入中共辽宁省委文教部、宣传部文艺处任干事。

张志新说："我愿永远跟着共产党走，朝向真理的目标。"她热爱党，热爱祖国，热爱人民，热爱社会主义，服从组织，遵守纪律，襟怀坦白，光明磊落，刻苦学习，积极工作，出色完成各项任务，多次被评为先进工作者。

1966年，"文化大革命"开始了。张志新经过观察分析，认为"文化大革命"继续和扩大了"左"倾错误，看到各级党委和政府纷纷被搞瘫痪，生产被破坏，社会陷入混乱，人民生活困难，她痛心不已。长此以往，党和国家会成什么样子？再这样下去怎么得了？对林彪、江青反革命集团乘"文化大革命"之机阴谋篡党夺权，她更是怒不可遏。她决心坚持马列主义、毛泽东思想的真理，奋起战斗。

她不是没预料到可能遇到的危险。但是，纯洁的党性和强烈的责任感使她抛开了个人荣辱得失。她在日记中写道："作为一个共产党员，省委机关干部，不能再做私字枷锁束缚的奴隶。"在给母亲的信中她写道："现在是到了给国家贡献力量的时候了。"

1968年，张志新在开会、讨论时公开了自己深思熟虑的见解，她说："我为党和国家的前途担忧。现在毛主席身边那几个人可靠吗？……"她指明"文化大革命"的错误，把斗争的锋芒直指林彪、江青反革命集团。很快，她被打成"现行反革命"，关进"学习班"，一次又一次挨批斗，丧失了自由。

她并没有屈服，口头和书面继续申明自己的观点，明确提出："文化大革命"是错误的；林彪、江青不是好人，不干好事；刘少奇、邓小平没有搞资本主义，不存在刘邓反动路线，刘邓不应被打倒；彭德怀同志1959年上书言事是行使党章规定的党员的权利，不是"反党"，应该平反；所谓"61人叛徒集

合影

团"是冤案。在"学习班"里，她写了《对"文化大革命"的质疑》《共产党员应讲真心话》《就是被打成"一小撮"我也要坚持自己的看法》《关于党内民主生活等问题的看法》《要用历史唯物主义的观点看待政党和领袖》等文章。

1969年9月，张志新在盘锦干校被宣布逮捕，关押进看守所。在一次次"审讯"中，她从不承认自己犯了什么罪，利用写"认罪"材料的机会，写下了上万字的《一个共产党员的宣言》，庄严宣告：对关系到党和国家前途命运的重大问题发表意见，是每一名共产党员的权利和义务。我的言行，没越过党纪国法的规范。我讲的话都是在一定组织形式下讲的，没有私下不负责任地散布过，根本构不成违法。作为马列主义者和共产党人，坚持正确立场，向错误作斗争，是天经地义的。党培养我这么多年，我不去为捍卫真理、为捍卫党的利益而斗争，还算什么共产党员，又怎能对得起党和人民的培养和期望！她还写下了《为刘少奇辩护》的近5万字的长篇文章。她的另一篇文章《对"文化大革命"有关问题的观点、看法》因纸笔被收走，未能写完。

1970年8月，张志新被以所谓"现行反革命罪"判处无期徒刑，关进监狱。在"公判大会"后的"审问"中，她坚定地说："我的立场观点未变！"

在监狱中，张志新以共产党人特有的顽强精神生活着，战斗着。她的精神一直很充实，把每月两元钱生活费积攒起来买了很多书。她在狱中阅读了《马克思恩格斯选集》《列宁选集》《毛泽东选集》和鲁迅著作等共37本，还写下大量读书笔记和学习心得。每年"七一"，她都把手纸染上红色做一朵小红花戴在胸前，或是做一枚精致的书签，纪念党的生日，表达对党的一片忠贞。

1973 年在一次批斗大会上，张志新又大喊口号，反革命集团认定她"顽固坚持反动立场，劳改中又构成重新犯罪"，将她判处死刑。1975 年 4 月 4 日，张志新被押赴刑场，那是一个多么令人悲痛的日子啊！党的好女儿张志新为了维护党和人民的利益，英勇牺牲了。这一年她年仅 45 岁！

张志新在特殊的历史时期和极端困难的条件下，英勇地举起真理的旗帜，用宝贵生命捍卫了真理的尊严，以浩然正气宣告了真理的胜利，以一腔热血唤起千百万人为真理而斗争！

党的十一届三中全会后的 1979 年 3 月，中共辽宁省委决定，为张志新同志彻底平反昭雪，恢复她的党籍，追认她为革命烈士。决定说："张志新同志不愧为我们党的一个好党员、好干部，是无产阶级的坚强战士，是中华民族的优秀女儿，是我们学习的好榜样。"号召全体党员和干部学习张志新忠于党和人民的高贵品质；刻苦学习马列主义、毛泽东思想，理论联系实际，实事求是，独立思考，解放思想的革命学风；勇于追求真理，坚决为真理而斗争，无私无畏，宁死不屈的革命精神；襟怀坦白，光明磊落，坚持党性原则的高尚品德。

《人民日报》《辽宁日报》以及全国各主要报刊以及电台、电视台纷纷报道了张志新烈士的英雄事迹。张志新的血没有白流，她的英勇斗争迎来了中国翻天覆地的变化，迎来了我们党和国家辉煌的今天，迎来了中华民族全面复兴的新时代！

（作者系辽宁日报社编辑、记者）

蒋新松

王岩頔

蒋新松曾说："科学事业是豪迈的事业，需要我们用毕生精力探索、追求和攀登。科学应是我们为之献身的事业，而不应是作为一种晋升的台阶，有了伟大的目的，才能产生持久的百折不挠的毅力。"

作为中国工程院院士、国家"863 计划"自动化领域首席科学家、中国科学院沈阳自动化研究所原所长，蒋新松是新中国自己培养的战略科学家。

青年时期的蒋新松

在自动控制、人工智能特别是在机器人、CIMS（计算机集成制造系统）等高科技领域卓有建树，在对我国发展经济和科技具有重大意义的"863 计划"的制定和实施中发挥了重大作用。

1931 年 8 月 3 日，蒋新松出生于江苏江阴。抗战时期，年少的蒋新松就背井离乡四处逃难，多次目睹日本侵略者烧杀抢掠的罪恶行径。蒋新松立志好好学习本领，长大报效祖国。

新中国成立后，蒋新松上了中学、大学。

蒋新松

1956 年，蒋新松以优异成绩毕业于上海交通大学，被分配到中国科学院工作。

正当蒋新松在科学技术领域准备大展宏图的时候，却被错划为"右派"，下放到河北农村劳动。身处逆境，蒋新松的报国之志不减，加紧学习钻研，创造条件为祖国和人民贡献自己的聪明才智。蒋新松为天津东亚毛纺厂研制成功"色温采样控制器"，为石景山钢铁厂研制出"侧吹转炉炼钢终点观测仪"。蒋新松的论文《极值搜索原理在测量设备中的应用》于 1964 年在瑞典斯德哥尔摩举行的国际计量学年会上宣读，并在兰州炼油厂取得国际上最早在大型工业中应用的成果。

1965 年，蒋新松被调到中科院沈阳自动化研究所，作为技术负责人参加"国家自动化试点"项目到鞍钢参加攻关。他在鞍钢取得了达到国际先进水平的 1200 可逆冷轧机准确停车、复合张力调节、自适应厚度三项成果，获得中科院重大科技成果奖和全国科学大会重大成果奖。

党的十一届三中全会后，蒋新松的错划"右派"得到改正。1981 年，他光荣加入中国共产党，实现了多年的愿望。

蒋新松还在当助理研究员的时候，就对各国机器人及人工智能研究极为关注，1973 年就与另外两位同志正式提出开展机器人研究的建议。然而，在"文化大革命"中，这项建议石沉大海，他们只能焦急等待。

1980 年，蒋新松担任中科院沈阳自动化研究所所长后，马上向中央提出，发展中国的机器人事业，蒋新松的建议被批准了。蒋新松作为水下机器人的总设计师，组织几十个科研单位的多学科专家攻关。仅两年多，就研制出具有国际先进水平的水下机器人。

几年后，世界最高水平的6000米水下机器人在太平洋上试验成功，被中国科学院、中国工程院两院院士选入"1997年十大科技进展"。

作为中国机器人事业的开拓者，蒋新松在水下机器人、工业机器人、特种机器人的科研、应用及产业化方面取得一系列开创性成果，为我国建立起一支高水平的机器人科研队伍，创建了我国机器人研究开发制造基地。

矗立在沈阳南湖的中科院沈阳机器人工程研究开发中心，就是在他的主持下建成的。

在主持机器人工程的同时，蒋新松还主持了CIMS（计算机集成制造系统）工程，组织几千名科技人员攻关，取得世界瞩目的成果。现在，设在清华大学的CIMS工程中心及设在中科院沈阳自动化研究所、北京航空航天大学、上海交通大学、西安交通大学、东南大学、北京机床研究所的CIMS实验室都已建成使用，我国的CIMS技术达到了世界领先水平，在10多个省市的近百家工厂推广。很多国有大企业应用了CIMS技术后，管理水平迅速提高，经济效益显著增长。被选为突破口的沈阳鼓风机厂、北京第一机床厂、成都飞机制造公司的产品报价、设计、生产、交货周期明显缩短，成本、库存明显下降，经济效益和市场应变能力明显提高。

蒋新松说："科学事业是豪迈的事业，需要我们用毕生精力探索、追求和攀登。科学应是我们为之献身的事业，而不应是作为一种晋升的台阶，有了伟大的目的，才能产生持久的百折不挠的毅力。""干事业，首先要心中有祖国母亲，这样才能产生对事业的使命感和强烈责任感，才能战胜一切困苦。"

蒋新松几十年如一日，超常付出，加倍奉献。与他一同乘火车出差的同事，每天早上都能看到睡在上铺的他歪着身子在看书。与他同住一屋的"863计划"专家半夜12点看他在灯下写东西，凌晨4点醒来，看见他还在写，问他怎么还不睡，他说："我睡过了。"年轻的学生、助手们敬佩地说："蒋老师求知、治学孜孜不倦，比我们小伙子还努力。"

蒋新松是国家有突出贡献的科学家、全国优秀科技工作者、全国五一劳动奖章获得者，曾获得多种荣誉表彰，他担任所长14年，中科院沈阳自动化研究所一跃成为国内、国际知名的研究所。人们由衷地被他的学识、才干、人品所折服。他的老同事说："老蒋非常民主，绝不独断专行，在学术上、工作上谁都可以拍桌子和他争论，他从不记恨，你敢于坚持正确意见，他就欣赏你。"上级领导说："蒋新松是科技帅才，很有人格魅力。"

1994年，蒋新松不再担任所长，专门从事研究工作。1996年是他从事科技工作40周年，他写下一篇感怀《祖国和科学，我心目中的依恋和追求》。

多年积劳成疾，蒋新松患了严重的糖尿病、心脏病，但还像百米冲刺一样工作。

1997年3月29日，蒋新松心脏病发作，被紧急送进医院抢救。3月30日，病情恶化，抢救无效，在沈阳逝世，时年66岁。

他的逝世，震动了中国科技界，人们深切缅怀这位为中国科技事业建立了丰功伟绩的科学家。

1998年4月，中组部、中宣部、科技部、中科院党组、中国工程院党组作出决定，号召全国科技工作者向蒋新松同志学习。

中共辽宁省委、辽宁省人民政府作出决定，号召广大工作者向蒋新松同志学习，学习他爱国爱民、追求真理、勇于开拓和生命不息工作不止的奋斗精神。

蒋新松逝世两个月后，我国在夏威夷以东太平洋上再次进行6000米水下无缆遥控机器人返回试验，获得成功。19位科学家肃立在考察船甲板上，把蒋新松的部分骨灰撒入太平洋中，蒋新松将在他酷爱的大海中永生。

（作者系辽宁日报社编辑、记者）

谭彦

王岩頔

谭彦曾说："只有正确对待生命、时间、工作这三者之间的关系，我才能摆脱疾病的困扰，在有限的时间里充分发挥自身的潜能，刻苦学习，努力工作，有一分热发一分光，来报答党和人民。也只有干好工作，才能不愧对肩上的天平和头顶的国徽。"

谭彦

1985 年，25 岁的谭彦毕业于吉林大学法律系，毕业后分配到辽宁省大连市中级人民法院。国家批准开办大连经济技术开发区后，他主动要求参加开发区人民法院的筹建工作，担任了书记员。在艰苦的条件下，他努力工作，连年被评为先进工作者。

1989 年 3 月，谭彦连续 20 多天高烧不退，不得不住院治疗。经诊断，他患的是"慢性纤维空洞型肺结核"。医生说："长期全休治疗还可以生存，否则最多能活 5 年。"

妻子哭着劝他："养好病再工作吧。有你在，我有丈夫，孩子有爸爸，我

谭彦

们有个完整的家。"谭彦的眼圈也红了:"我明白,不少结核病人在医院一住就是多少年。我这么年轻,党和国家培养我这么多年,我不能躺在病床上啊!"

法院领导不同意他工作,谭彦再三恳求:"我活着就要工作,死也要死在工作岗位上!"他揣起全休假条,以重病之身投入了工作。

谭彦越来越消瘦,1.76 米的个子,体重降到 40 公斤,全身皮包骨。1991 年,谭彦出现耐药性,肝功能严重损坏。1994 年,谭彦被发现肺心病、心力衰竭。1995 年,谭彦哮喘加重,常常要靠吸氧维持呼吸。每次上楼必须几次停下来喘息休息,晚上往往病情加重,咳嗽剧烈,全身蜷缩成一团。就是在这种情况下,谭彦的工作仍然是那样出色,每年都超额完成任务。1993 年和 1994 年,大连开发区法院审判人员人均审案 74.8 件,他审案 108 件,结案率、调解率、无超审限三项指标名列全院第一。

各级党组织、政府和人民群众非常关心谭彦,组织医生为他会诊。院领导表示,只要能治好谭彦的病,要什么条件给什么条件。院里给谭彦买了两个氧气瓶,一个放在办公室,一个放在家里。谭彦走不动路,同志们就给他打饭,背他上下楼。看到谭彦骑自行车上下班,院领导就拉他坐车。

后来谭彦再次病倒,住进了医院。法院领导下决心停止他的工作。院长找他谈话时恳求:"你不能再干了!再干别人会说我太残忍、太不人道了。算我求你了。"谭彦说:"我知道我现在是什么样子。我还能干几年?你真让我闲着,我还活着干什么?"院长的眼睛湿润了,他想不出什么话来说服这个坚强的人。

同志们送给谭彦"老铁"的绰号。不仅由于他有钢铁般的意志,也由于他清正廉洁、秉公执法、铁面无私,办的都是铁案。院领导说:"要想让谭彦办人情案是绝不可能的。"

在大连开发区法院廉政记录中，谭彦历次拒贿拒请数字赫然在目。1994年，他审理一起盗窃抢劫案。开庭前一天，犯罪嫌疑人的妻子到他家，塞给他2000元钱，被他严词拒绝。那个人走后，他发现钱被塞在沙发缝里。由于身体虚弱无法追赶，第二天，他把2000元钱交给了法院纪检组。在法庭上，他正气凛然，依法审判。判决后，法院纪检组把2000元钱当场还给案犯的妻子。她说："没想到金钱买不动法官。"

谭彦在办案中，经常遇到方方面面说情的，无论是谁，与他是什么关系，他都是铁面一张。也有人依仗权势对他施加压力，但他坚决顶住，该怎么判就怎么判。在审理一起财产纠纷案时，被告破口大骂，威胁道："老子天不怕地不怕，还怕你这个小法官？"被告亲属也多次打电话恫吓："咱们走着瞧。"他坚定地回答："我就是要按法律办事。对我，你们想怎么办就怎么办吧。"最后，正气压倒了邪气，被告及其家属乖乖服判。一次，谭彦的一个老朋友涉及一起经济纠纷案，想让他给点面子，不要冻结他的资金。谭彦说："这个面子，我不能给！"到底把该冻结的资金冻结了。

谭彦说："我们是法官，头顶国徽，肩扛天平，决不能在我们手中办错案子。"

1994年，谭彦审理一起酒后斗殴致死案，听到不少人议论："死者先动手打人，被告是正当防卫""夜间打乱仗，难以断定谁是主要凶手。"他经过详细调查取证后得出结论：这场斗殴是死者等一伙人无理取闹又先动手打人引起，死者应对伤害后果负一定责任。被告虽然先被侵犯，但没有理智对待，

谭彦

而是找人扩大斗殴，并手持木棒乱打造成死亡后果，不能算是"正当防卫"。可是，医院检验证明：死者死于左脑脑疝，而木棒打伤的是死者头右部。是否另外有人打了死者左头部，没有造成外伤，却引起脑疝？他请医院重新验尸，重新化验，结论仍与原来一样。这真是奇案。他又请外科、内科、神经科著名医生会诊，医生认真分析棒伤方向和深度，终于认定，木棒打在死者头右部，脑浆猛烈冲击左脑部造成左部脑疝。现场只有被告一人手持木棒，致人死命者必然是他。案情大白后，双方口服心服。

1995 年，他审理一起检察院起诉的贪污案，发现起诉被告贪污的 5.9 万多元中，有 3.3 万多元属于挪用公款。他反复核对已有证据，又搜集到重要的新证据，认定应以贪污和挪用公款分别定罪。他的认定得到法院审判委员会支持，判处被告有期徒刑 2 年，缓期执行 3 年。宣判后，不仅罪犯心悦诚服，法院内和社会上也一致赞扬判得公正。

不管什么案子，他都反复推敲，把案情彻底理清，毫无疑点才结案。有时为取一个证据，他抱病往返奔波。当法官以来，他先后办案 300 多起，没有一件发回改判。

由于业绩突出，谭彦先后被评为大连市杰出法官、大连市特等劳动模范，辽宁省高级人民法院给他记了一等功。1996 年 6 月，中共辽宁省委授予谭彦"优秀共产党员"称号，号召全省共产党员和各级干部向谭彦同志学习。

1996 年下半年，组织上把他送进全国最好的结核病医院，给他提供最好的治疗条件。在他的积极配合下，疗效显著。至 2003 年初，他的痰菌培育检查结果呈阴性，医生宣布，他的病已临床治愈。

但 2003 年底，谭彦的病情突然再次加重，医院发出病危通知。坚持了 11 个月后，2004 年 11 月 28 日，谭彦永远离开了这个世界。

2009 年 9 月，谭彦被评为"100 位新中国成立以来感动中国人物"之一。2019 年 9 月被评为"最美奋斗者"。

（作者系辽宁日报社编辑、记者）

潘恩良

王洗尘

潘恩良 1930 年 7 月 26 日出生在香港九龙，客家人，祖籍广东省惠阳县葵涌圩。其父为香港潘墨香学校校长，家境清贫，5 岁时丧父。自 1937 年起先后在香港九龙城建图书院小学、夏尔斯书院、油麻地书院读书。为帮助家里，11岁就开始沿街卖香烟、擦皮鞋，做过童工、徒工、矿工、跑堂，1945 年他在香港九龙新新大酒店当"后生"（小服务员），夜里通宵在麻将、扑克桌旁为豪赌的阔佬们递烟、倒水、捡牌，白天到书院刻苦学习。10 年半工半读的艰辛，饱尝人间的辛酸，他在当童工时，被推泥车轧伤过，被老板打昏死过。他看到英警倒执着中国人的头发拖上警车，日军的炮弹把中国人炸得身首异处……刻骨的经历，民族的耻辱，激发了他的爱国热忱以及报效祖国的理想。

1951 年秋，在香港有名的英文学校皇仁书院就读的潘恩良，抛弃了只差一年就可升读香港大学的机会，告别了亲人，只身投奔内地，在广州市培桂中学就读，被选为学生会主席和学生代表。1953 年从佛山市立中学考入大连医学院。在校期间，他胸怀报效祖国大志，努力学习马克思主义基础理论，从《共产党宣言》《资本论》等著作中认清了共产主义的伟大真理，坚定不移地跟着中国共产党走。1955 年暑假回港探亲时，亲属们从报刊上看到国内展开大规模肃反运动，劝他不要回去，但他坚决相信党，相信群众，提早回校。然而他却被列为肃反的重点审查和斗争的对象，临毕业前夕被定为右派分子。"我投身革命，就要接受组织的审查。"从"肃反"到"反右"，潘恩良同志虽身处逆境，遭遇坎坷，但他的赤子之心坚如磐石，对党由衷信赖，对社会主义祖国前途充满信心。在《生活的浪花》中潘恩良写道："回国之后，我一跃成为高中生、医科学生，最后是外科医生，对这个'后生'来说，回国后的'三生'，那真是太幸福了，饮水思源，不忘共产党的恩情。"

"台安人民太好了，我舍不得离开他们！"

1958 年秋，潘恩良到台安县人民医院做外科医生，在新的环境里，他暗下决心，要用自己的实际行动，做到全心全意为人民。

潘恩良工作艰苦，长年生活在一间只有 6 平方米的值班室里，一天 24 小时随时应诊，每月 27 元工资待遇维持生活。三年困难时期，同台安人民共同渡过了低标准瓜菜代的生活。两腿浮肿了，照样上手术台，抢救重患，多次献血，曾三天三夜不眠，坚持做手术，眼发黑，四肢无力，喝点开水，休息片刻，继续手术。当他接到母亲从香港寄来的侨汇和食品时，写信告知慈母，他吃得饱、穿得暖，不要再寄。他没有进修的机会，就努力自学，认真钻研，很快掌握了儿科、妇科、内科和外科的诊断及治疗技术、手术技能，熟练地掌握闭式麻醉和髋关节病灶清除手术，腰椎、脊椎减压术，尿道吻合术，肠胃吻合术以及胸腔闭式引流等手术。他以高超精湛的医术、无私奉献的医德，抢救了许许多多垂危病人，赢得了人民的爱戴、领导的好评。1961 年 3 月，县人民医院党支部第一批给潘恩良摘掉了"右派"帽子。他受到了莫大鼓舞，激励着他把全身心都投入到医疗事业上。

"文化大革命"期间，他又蒙受不白之冤，戴上了"特嫌"和"右派"两顶帽子，身挂大牌子，打入"牛棚"，多年积累的资料被洗劫一空，胳膊被打断，被剥夺了工作权利。当他被解除看管后，又马上投入到紧张的工作中。为农村

老大娘做了肿瘤摘除手术获得成功，
震动了远乡近村，许多患者纷纷赶来，
找他做手术。他待人亲切和蔼，一视
同仁，治病热心认真，千方百计解除
病痛。同患者结下了浓厚的感情，正
像有人说的那样："有这样的大夫是
台安县老百姓的福气。"

多年的生活磨难，使潘恩良患上
多种疾病，尤其是花粉过敏性哮喘不
适应东北的气候条件，亲友们为他联
系上广州、大连工作，他就是不去，
他说："台安人民太好了，我舍不得

1960 年任台安县人民医院外科医生的潘恩良

离开他们！"1975 年初，他因哮喘引起心衰，经抢救脱险。2 月 4 日，辽南地
震时，他正在输液吸氧，当即拔下针头和吸氧管，去抢救被安排在大厅的重患，
重患得救了，他却昏倒在地。他就是这样关心他人胜过关心自己。

"我离不开台安，离不开那里的乡亲和人民医院。"

党的十一届三中全会以后，潘恩良的"右派"问题得到彻底解决，"文化
大革命"的"特嫌"得到平反。1979 年他作为侨眷代表出席了辽宁省第三届侨
代会。

1980 年，他去香港看望卧病多年的 80 岁老母亲，至亲从加拿大、美国、
日本和新加坡来港团聚，纷纷从照顾慈母的角度，劝他留港行医，买一幢新楼
供他居住。他斩钉截铁地答复："我离不开台安，离不开那里的乡亲和人民医院。"
亲属们用现代化设施的香港医院打动他，介绍参加国际医疗会议，在香港最大
的伊丽莎白医院参观时，按照他提出的髋关节成型手术三个方案中一个方案，
手术非常成功，伊丽莎白医院院长想用每月 3 万元高薪聘用，他婉言谢绝说：
"我的岗位在内地，我还要回去。"1980 年 4 月 20 日，潘恩良回到台安，不

久当选为台安县人大常委、鞍山市人民代表，并被任命为台安县人民医院副院长。1982年，他去新加坡、马来西亚等地处理母亲遗产事宜，用两年时间考察了当地医院，并完成了管理学函授课程，取得了国际性的香港管理学会毕业证书。

1984年3月，潘恩良被任命为台安县人民医院院长，4月18日走马上任，6月9日被增补为政协台安第四届委员会副主席。在组织的信任和关爱下，他决心把医院办成全省第一流县医院，几年内达到市级医院水平。计划要建造一幢设备先进、环境优美的现代化病房，开办各种培训班，全面提高医务人员素质。为了加快改造医院建设的步伐，他夜以继日工作。在他上任近五个月内，医院购进了一批现代化医疗器械，安装50多部电话，将医疗和护理工作信息开始输入电脑，以逐步实现现代化管理手段。就在他为建设医院操劳奔波时，9月18日晚，心脏猝然停止跳动，享年54岁。就在他生命的最后一天，他还在病痛中写下1500字的给中共台安县委的信，为台安县人民医院大楼建设而秉笔直书。

潘恩良的追悼会，其规模是台安县有史以来没有过的，县委礼堂容纳不下，人们就肃立在窗外，500多件花圈、挽幛从全县各个角落送来，有的是不知名的患者，有的还写着"献给救命恩人潘大夫！"遗体火化那天，医院内外，自发赶来送行的人，挤得水泄不通，全场大恸，哭声震天，成千上万的群众立在大街两旁，目送灵车缓缓通过。他的姐姐和妹妹深受感动，顿然省悟："怪不得我们留也留不住你呀！原来台安人民这样爱你……"

台安县人民医院和潘恩良塑像

1985年9月20日，《人民政协报》头版头题发表讴歌潘恩良灵魂的长篇通讯《热血洒在辽河畔的香港人》，辽宁政协主席徐少甫号召："学习潘恩良同志高度的爱国主义精神和坚定的共产主义信念。"从此掀起了向潘恩良同志学习活动的热潮，为卫生界所熟知，为辽宁人乃至全国人所熟知。

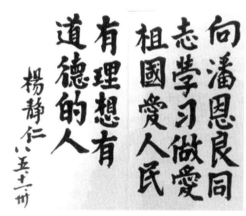

全国政协副主席杨静仁为潘恩良题词

1986年2月20日，中共辽宁省委、省政府在台安县隆重举行追授潘恩良同志荣誉称号的表彰大会。国家卫生部命名潘恩良同志为"人民的好医生"，省政府追授潘恩良同志为"模范医生""省特等劳动模范"称号，同时将台安县人民医院更名为"台安县恩良医院"。用名字命名医院，这是新中国成立以来前所未有。"台安县恩良医院"牌匾由时任全国政协副主席赵朴初题写。1986年5月31日中共台安县委根据潘恩良生前的愿望，追认潘恩良同志为中国共产党党员。

如今潘恩良铜像矗立在台安县恩良医院，他的骨灰安葬在台安县烈士陵园。潘恩良的精神让台安人民追思至今，直到永远。

（作者系台安县政协委员）

韩芸娜

王岩顿

　　韩芸娜 1941 年出生在辽宁省安东县（今东港市）。新中国成立后，韩芸娜才过上幸福生活，她上了学。

　　1962 年，韩芸娜从鞍山师范学院毕业后，在辽阳县中学、小学教书育人近 20 年，后来调到辽阳县委工作，历任县委宣传部副部长、部长，县委常委，县委副书记等职。

韩芸娜

　　在韩芸娜的述职报告中，我们可以看到："我是怀着报效党和人民的神圣责任感走上领导岗位的。"韩芸娜刚当宣传部长时，挨个找同事谈心："人什么都可以没有，就是不能失去人生的信念。只追求房子、票子，生活会变得十分空虚。"同志们被她感动了，除一人调离外，都留了下来。

　　韩芸娜在县委、县政府的支持下，稳定发展了宣传思想工作队伍，开创了宣传思想工作和精神文明建设的新局面。她组织编写、宣讲中央 1 号文件精神宣传提纲和辽东半岛对外开放宣传材料，总结推广改革开放和发展经济的经验，组织举办改革开放 10 年成就展，对全县解放思想、转变观念、加快改革开放起了推动作用。

韩芸娜提出精神文明建设从实际出发、分类指导的思路，倡导开展"学英雄，树理想，建家乡，比贡献"活动，抓文明村镇和文明集市建设。几年中，全县省级文明单位由 5 个增加到 19 个，市级文明单位由 1 个增加到 39 个，县级文明单位由 87 个增加到 293 个，"党员联系户""农民之家""公德评议会""妇女禁赌会""红白理事会"相继建立，引起全省、全国重视，参观学习的队伍络绎不绝。

1985 年夏天，一场特大洪水袭来，太子河大堤决口，唐马寨镇被淹。仅仅 3 个小时，韩芸娜就带着救灾的饼干、汽水驱车涉水赶到灾区。她对抹着眼泪的镇干部们说："现在不是哭的时候，要坚强起来，振奋精神，带领群众战胜自然灾害，重建家园。"

县委机关的同志们说："她是吸铁石，是咱们的大姐，有话愿意跟她说，有问题愿意跟她谈。"

韩芸娜自己忙得顾不上吃饭，却给写材料打夜班的同志端来热气腾腾的饭菜；自己忙得没时间照顾家，却一户一户到出差同志的家里去看望；自己得了重病坚持工作，却催促有病的同志去医院。她亲自买来砖瓦、水泥、木材，帮住房拥挤的老于盖上房子；专程带着礼物到乡下看望被车撞伤的包村干部老何；带着粽子、鸡蛋、饺子、水果、饮料，几次去医院看望小金住院的孩子。她说："我们是共产党的干部，应该把关心群众疾苦，为群众排忧解难放在心上。"

韩芸娜自己家境不宽裕，却经常拿钱接济别人。她在穆家乡中学教书时，无微不至地照料学校里一位无儿无女的老职工，20 多年亲如父女，进城当了领导干部后，仍是有机会就去看望老人。有一位妇女做计划生育手术后买不起营养品，她送去 50 个鸡蛋；一位上访妇女没有钱了，她帮着安排了住宿；一位青年勤奋好学，但没有工作，她帮着找工作，帮着修改作品，这位青年有了工作，还入了党。

韩芸娜酷爱学习，把大部分业余时间都利用起来读书看报。组织上几次安排她到省市委党校学习，她每次都认真听课，刻苦读书。她还参加了大学自学考试，取得了哲学、中共党史、写作、逻辑学的毕业证。有的同志说，你都有文凭了，何必费那么大劲呢？她说："我要系统提高理论水平和业务能力，文凭不文凭倒是次要的。"

她住院后，病势已经十分沉重，还托看望的同志带书刊给她。她的办公桌上，摆着没来得及填写的大学本科函授班登记表，床头摞着一尺高的书。她去世后，在简单的遗物中，有几十本学习笔记，几千张学习卡片，几百篇文章手稿和讲话稿。

韩芸娜家里除了一台彩电，再没有新东西。床是自己打的，一张旧办公桌，一个老式立柜，一对破了的沙发，一个书架，就是全部摆设。韩芸娜住院后，县委的同志准备带她的三个孩子去医院看她，他们想让孩子穿得好一点儿，翻遍箱柜，竟没有找到一件像样的衣服。她多才多艺，爱美，爱打扮，但多年来总是穿着样式过时的旧衣服。

1986年6月的一天，她带一位同志到一个村了解情况。中午，村里安排了丰盛的酒菜。她推说县里有急事要立即赶回去，没吃这顿饭。事后，她说："我们会上讲廉洁，会下吃吃喝喝，这怎么行！"她常年下乡，从来不允许人家招待她，每月都严格按规定向办公室交足下乡的饭费。想给她送礼更是没门。她教过的一个学生想往县城调工作，求她帮忙到有关部门问问。她觉得这个学生完全符合县里规定的条件，就答应给问。过了两天，这个学生拎着礼物来到她家，她非常生气地说："你把东西拿回去，你要是不拿回去，我就不帮你问了。"这个学生不好意思地拎着礼物走了。

一天，韩芸娜交给办公室秘书3角钱，说："麻烦你帮我买3张邮票。"秘书说："你有信就拿来，我一块儿发。"韩芸娜说："不，这是我的私信，不能和公信一起发！"

韩芸娜经常到企业搞调研和检查工作，但企业的产品她向来不拿、不买。可去世前3个月，她却破例从县制鞋厂带走一双鞋。这天，她到县制鞋厂了解情况，厂长向她介绍了一种新产品。同去的县二轻局局长说："韩书记，你总上大场面，要是穿出去替他们宣传宣传，做做广告，那就好了。"韩芸娜拿起鞋端详一会儿说："做广告宣传可以，但必须给钱。"厂长急忙说："做广告宣传我们从来不收钱。"韩芸娜不容分辩地说："那不行！"临走时，她留下钱，带走了一双鞋。

韩芸娜说："献身党的工作是我最大的追求。"她常常是午饭推到午后吃，晚饭推到半夜吃，办公室的灯光经常亮到深夜。每年她用大部分时间下基层、下乡搞调查研究，有车跑远道，没车就迈开双腿去近的地方，走遍了全县几乎所有乡镇、村屯、学校、医院。

韩芸娜经常为自己工作太忙没时间干家务、辅导孩子而内疚。只要节假日没安排工作，她就在家里拆拆洗洗、擦擦扫扫，一干就是一天。她忙里偷闲为婆婆、丈夫、孩子打毛衣，自己的毛衣到了冬天还没上袖，索性穿着"半成品"。

韩芸娜幼年就得了胃病。超负荷的工作和不规律的生活使她的胃病越来越重，常常疼得直不起腰来，她总是吃点药顶一顶，照样工作。

1989 年夏天，她的胃疼得一连 10 多天吃不下东西。在县委书记的强制下，才到医院检查。谁也没有想到，检查结果是这样的无情，她的胃病已经转为晚期胃癌！医生们深感痛惜：早期胃癌是可以诊治或得到缓解的，可是她的病症已经这样明显，为什么从来没看过呢？她用什么样的毅力忍受病痛的折磨啊？

重病的韩芸娜一边打点滴一边紧张工作，一直到去住院那天。同志们劝她："韩书记，我们恳求你，你不能再下乡了。"

医院动了两次大手术，还是不能从死神手中挽回韩芸娜宝贵的生命。在她生命的最后一天，父亲从沈阳赶来看她，她断断续续地对父亲说："我这一生最大的遗憾是工作任务没完成……"

1989 年 12 月，中共辽宁省委命名韩芸娜为"党的好干部"，作出向韩芸娜同志学习的决定。决定指出："她的一生，是忠心耿耿为共产主义事业奋斗的一生，是兢兢业业、忘我工作、全心全意为人民服务的一生，是孜孜不倦为党的宣传教育事业和党的建设无私奉献的一生。""她的先进事迹具有时代精神，被誉为新时期焦裕禄式的好干部，是广大党员、干部学习的楷模。"

（作者系辽宁日报社编辑、记者）

张鸣岐

王岩顿

1994年7月14日，对于一般人来说是再平凡不过的一天，但是对于锦州人民来说却是悲痛难忘的日子。因为他们在承受洪水给家园造成巨大损失的同时，还不得不忍受失去市委书记的巨大悲痛。

张鸣岐

张鸣岐（1945年10月—1994年7月），祖籍山东省昌邑县，出生于黑龙江省哈尔滨市。1966年8月参加革命工作，1971年7月加入中国共产党。历任沈阳黎明机械厂车间团支部书记，厂团委组织部长，车间党支部书记，厂团委书记，厂党委常委、工会主席，沈阳市总工会副主席，共青团辽宁省委副书记，辽宁省政府办公厅副主任兼交际处处长，辽宁省政府副秘书长兼参事室主任，沈阳市政府副市长，中共沈阳市委常委、政法委书记。1993年11月任中共锦州市委书记，锦州市第十一届人民代表大会代表、辽宁省第八届人民代表大会代表。1994年7月张鸣岐14日凌晨，在指挥抗洪抢险第一线不幸以身殉职,终年49岁。1994年8月4日,被辽宁省政府授予革命烈士称号。

对党忠诚　心系群众

张鸣岐常说,"别把官看得太重,我们不是做官,是做公仆。做公仆,就得为老百姓办事。""衡量一个干部的好坏,首先要看群众是否满意,因为为人民服务是党的唯一宗旨。"

张鸣岐把一生献给了党的事业,危难关头总是率先垂范、一马当先、冲在前线、靠前指挥。他的工作日程从来都是以小时计算,排得满满的。他废寝忘食、夜以继日地忙碌,很少有时间关心妻子、陪伴孩子。

1992年6月5日,辽中县发生一起特大持枪杀人案。罪犯王国新穷凶极恶,连续残杀无辜学生、农民多人,作案后逃窜。作为主管沈阳市公安工作副市长的张鸣岐凌晨4点接到报告后火速赶赴现场,将犯罪嫌疑人包围在民居内。王国新携带的双筒猎枪杀伤力极大,而且他身上有近百发子弹。张鸣岐竟蹲在离犯罪分子仅有10多米的矮墙后进行现场指挥,随行人员拼命阻拦,几乎是哀求他:"副市长,你还是下去吧,这里太危险!"张鸣岐生气了:"谁不危险?"他指了指正弯腰四处迂回包抄的武警战士:"他们比我们更危险,我们不能下去。"事后许多人对张鸣岐说,你是副市长,又没武器,不应当上去。可是张鸣岐却说:"在生与死之间,即便是有万分之一生的希望,那也只能首先留给人民群众,而不是我们共产党人,特别是我们这些领导干部。"

1994年3月,积劳成疾的张鸣岐因肺内感染住进医院,同时做了色素瘤手术。因为患有糖尿病,他的刀口术后愈合很慢,躺在病床上的张鸣岐想着锦州还有很多工作需要处理,心里十分焦急。他恳求医生让他提前出院。3月27日,在还有4天才能正常出院时,院长同意了张鸣岐的请求,派出3名医护人员和一辆救护车,把躺在担架上的张鸣岐由沈阳送回了锦州。刚刚回到锦州,张鸣岐就听闻紫荆山、观音洞、牛心山、老虎沟一带发生山火,他二话不说,跳上

工作中的张鸣岐

部队一辆指挥车就奔赴失火现场，急得医护人员一直在后面追，无论怎么劝也劝不回来。他一个山头又一个山头地走，一边查看火情，一边和市委、市政府及驻军的领导指挥灭火。他和消防队员组成人墙，端起上百个灭火器向大火喷去，经过十多个小时的战斗，将大火扑灭。当人们擦拭着面额上的汗水和泥土时，才看到张鸣岐刀口流出的鲜血已将腰部绷带大面积染红。

张鸣岐牢记肩上的使命："把锦州的经济搞上去，改变锦州的面貌，改善群众的生活。"他深入企业调研，听职工讲困难、谈原因、发牢骚，那段时间，在很多企业的车间里，都留下了张鸣岐调研视察的身影。

1994 年 4 月 5 日，张鸣岐来到锦州钢厂视察，亲自走进生产车间，一边观察车间的生产状况，一边听钢厂的领导讲述企业从衰到兴的过程。张鸣岐感到，现在的企业都面临着这样那样的困难，但这并不代表企业没有希望，一个企业的发展关键是在领导班子、在人。锦州钢厂是一个成功的榜样。过后，张鸣岐把新闻媒体请到锦州钢厂，帮助总结企业发展的成功经验，并进行大力宣传，鼓励其他企业从困境中走出来。

教育是重要民生工程，关乎未来发展大计。张鸣岐非常关心教育事业发展，推动教育资源和发展成果惠及全民。

1994 年 4 月 18 日，张鸣岐到黑山县视察。下午 4 点多钟，来到黑山县司屯乡水泉村，张鸣岐在田间询问农民生产生活情况时，偶遇一个小男孩儿王力，在得知其五年级就辍学时，张鸣岐有些着急，要求黑山县领导，要把农村教育作为一件大事来抓，党委和政府有责任做好辍学学生的复学工作。临走时，张鸣岐还不忘叮嘱王力："一定要念好书。以后到锦州时打电话给我，我就见你，但一定要带上你学习的好成绩。" 不知道有多少孩子因为鸣岐书记的这番话重返校园，拿起书本，从此改变了人生。

张鸣岐十分关心农民生产生活，重视农村经济全面发展，为此他多次深入各县（市）区实地视察调研，提出繁荣农村经济、强化农村农业基础、增加农民收入的举措。

1994 年 5 月，凌海市遭受暴风袭击，2 万多亩蔬菜大棚受到严重破坏。张鸣岐闻讯，

工作中的张鸣岐

第一时间赶到受灾乡镇，挨家挨户查看灾情，并且鼓励农民坚定信心恢复生产。在走访时，农民向他反映急需塑料薄膜，张鸣岐当即回复大家："我想办法解决！"当时，他取消了去其他县的行程，立即返回市里，协调解决问题。第二天上午，20 多吨的塑料薄膜送到了受灾农民的手中。大家都十分感动，连连称赞，这才是为老百姓办实事的好领导。

个人干净　作风过硬

张鸣岐对待名利、荣辱和是非，清清白白、坦坦荡荡，他时时处处从小事做起，始终筑牢廉洁自律的思想堤坝，时刻凛然警觉、防微杜渐，用一言一行保持了一个领导干部的节操，书写了清白的一生。

张鸣岐结婚时，自己没有房子，住在岳父母家一间不到 11 平方米的阴面房间里。在黎明公司工作时，许多人劝他，就是为了工作你也该调房子了。他总是说，有的老工人一家三代六、七口人才住 7 平方米，我这比他们强多了。就这样，他多次将分房的机会让给别人，在那间 11 平方米的房子里一住就是十几年。直到 1987 年，他当省政府副秘书长一年多以后，因为公务实在繁忙，常常不是半夜回家，就是半夜离家，家离省政府又太远，很不方便，才在领导的安排下，搬到了省政府附近的机关宿舍。

在张鸣岐看来，在锦州市经济处于暂时困难的时候，廉政不仅是一种作风，

更是党员干部能否和人民同甘共苦的重大政治原则。为此，他率先垂范，对自己约法三章：一不吃请，二不应酬，三不搞花架子。

张鸣岐在锦州工作时，借宿在军分区院里的一间集体宿舍中，同分区大院的干部战士吃一样的伙食。分区同志看他工作辛苦，有多种疾病，几次提出单做一些饭菜，他都谢绝。他开会回来晚了，总是让炊事员把饭热一热，绝不让特殊新做。

张鸣岐工作期间，要求身边工作人员厉行节俭的同时，也严格要求自己，他下乡调研视察时最常穿的是布鞋，错过饭时最常吃的是方便面。

张鸣岐的妻子王桂香说，他平时生活中要求非常简单，节俭的习惯伴随他的一生，一些物品一用就是十几年、几十年，不是坏到不能用的东西都舍不得扔掉。

张鸣岐坚决反对权为己用，对待亲人、朋友、同学的请托，坚持原则、公事公办。同时不让身边人以他的名义办任何个人或小团体的事情，凡是家里的事无论大小他都不让找单位，因此，有人说他"不懂人情世故"。

敢于担当　奉献生命

敢于担当是中国共产党人的鲜明品格，是领导干部的时代责任。这是张鸣岐心中最朴素的真理。无论是在沈阳还是在锦州工作期间，张鸣岐始终坚守着共产党员事不避难的担当精神，直到生命的最后一刻。多年好友说："张鸣岐的牺牲不是偶然的，他内心非常珍惜党和人民给予他的职位，他觉得作为领导干部，肯定会冲到一线。"

1994年7月13日，锦州市境内普降暴雨，大、小凌河水势猛涨，流量之大实属罕见。

下午5点10分，省防汛抗旱指挥部发来急电：当晚午夜前后，大凌河中上游义县段流量将以每秒1.2万立方米向下狂泄，凌海市段每秒达9000立方米，最大流量每秒可达1万立方米以上。此时在沈阳参加全省市委书记和市长会议的张鸣岐得知锦州汛情紧张，大、小凌河沿岸数十万人民群众正面临着几十年不遇的特大洪水的袭击，再也坐不下去了。晚饭来不及吃，仅在回去的车上吃了一个豆沙包。

晚上 11 点 35 分，张鸣岐来到凌海市防汛指挥部，听取了汛情和抗洪抢险的情况汇报后，他亲临现场，察看大凌河桥下水流情况，看望堤坝上抗洪抢险的部队官兵。这时，听说大凌河西护堤尤山子段出现险情，他不顾个人安危，当即决定前去察看。

车一直开到尤山子村。停车后，张鸣岐一行人到尤山子东边护堤上，看见许多群众在护堤上，水面离护堤顶还有 2—3 米。在确保村民生命财产安全的情况下，张鸣岐决定返回凌海指挥部，此时，洪水已从尤山村外的高堤冲泄下来，淹到村子边上，断了来路。在这万分紧急的关头，留守在村中的农民拉住他的手一再挽留，可是他实在不能在这里停留。此时，他心中只有一个念头，沿河几十公里还有许多村屯的灾民需要他的帮助。他说："外边还有很多的事情等待我们去办，我在这里耽搁太久不行啊！"

14 日凌晨，张鸣岐再次跳上车，指挥着司机加速向前。由于水位迅速上涨，车在半路就熄火了。张鸣岐一行人决定弃车，手挽手在齐腰深的洪水中前行。一个巨浪打来，冲散了他们一行人。随行人员用身上对讲机向指挥部呼救，指挥部收到求救后，询问他们遇险的具体位置，还没来得及回复联系就中断了。一种不祥的预感笼罩在指挥部每一个人的心里。

14 日凌晨 1 点多，指挥部迅速组织大规模的搜寻、抢救。14 日凌晨 2 点 30 分。还不知道他们存身的准确位置。时间一分一秒地过去了，直到凌晨 4 点多钟，8 名遇险同志获救，张鸣岐、张秀和、杨晔三名同志下落不明。

张鸣岐等人失踪的消息震惊了锦州的军民，锦州市和凌海市两级党政领导立即组成抢救张鸣岐的指挥部。驻军某部部分官兵在副司令、参谋长的率领下来了；海军驻军某部的官兵驾驶着快艇来了；一位普通群众开着个人承包的游船来了；就连笔架山附近的渔政船也开来了。

7 月 16 日清晨 5 时 10 分，在凌海市大凌河镇尤山子村距出事地点 2000 米左右一间孤立的农房附近，找到了锦州市委书记张鸣岐的遗体，此时距离张鸣岐牺牲已经过去了 2 天零 4 个小时。当遗体从浑浊的洪水中打捞上来时，他身上依然穿着遇险前的那套雨衣，脚蹬雨靴，手腕上的手表停在了 3 时 59 分 45 秒。

锦州人民不能忘记，在 7 月 13 日那个漆黑的风雨之夜，特大洪水来袭，300 万锦州人安然无恙，但锦州市委书记在抗洪抢险最危险的地方献出了宝贵生命。

深切缅怀　砥砺前行

张鸣岐走了，走得那么匆忙，同他朝夕共事的战友、为他牵肠挂肚的亲人，还有刚刚开始认识他的 300 万锦州人民，都无法相信这个残酷的事实。然而，他真的走了，留下了他为锦州人民绘制的建设蓝图和改革设想，留下了他那共产党人所特有的一心为民的崇高的公仆精神。

张鸣岐牺牲后，中共中央、各省市领导纷纷发来唁电，对鸣岐同志以身殉职表示哀悼。

1994 年 7 月 18 日上午，锦州的雨和泪交织，通往殡仪馆的士英街、重庆路两侧数千名群众，自发送鸣岐书记最后一程。

张鸣岐是锦州市人民的榜样，是锦州人民的骄傲，张鸣岐的父亲、爱人和社会各界分别撰写并发表文章，表达无尽的哀思、永远的怀念。

为弘扬张鸣岐精神，各大新闻媒体、报纸杂志，纷纷登载张鸣岐事迹，锦州市还专门编写了话剧，拍摄了电影、纪录片，引起了强烈的社会反响。每年的 7 月 13 日，人们自发地聚集在尤山子村"张鸣岐纪念碑"前悼念革命烈士。

1994 年 8 月 4 日，辽宁省人民政府授予张鸣岐革命烈士称号，8 月 11 日，中共辽宁省委做出决定，命名张鸣岐同志为党的优秀领导干部，号召全省共产党员、广大干部，特别是党员领导干部向张鸣岐同志学习。

大河奔流，浪花轻轻托举起烈士的英灵；群山昂首，松涛阵阵传颂着英雄的业绩。洪流浊水，无损洁白之躯；蓝天白云，永祭公仆之魂！

张鸣岐永远地离开了我们，但他的思想言行永远铭刻在青山之上，音容笑貌永远映现于绿水之中。他对党忠诚、个人干净、敢于担当的优秀品质，已成为激励广大党员干部干事创业、奉献奋斗的宝贵精神财富。

历史走进新时代，山河巨变展新颜。我们将继续以全新的业绩告慰鸣岐同志，并永远以他为榜样，不忘初心、牢记使命，在建设中国特色社会主义的伟大实践中，在实现中华民族伟大复兴的中国梦的道路上继往开来，奋勇前进！

（作者系辽宁日报社编辑、记者）

方永刚

王岩顿

方永刚，男，中共党员，1963 年 4 月出生，1985 年 7 月入伍，海军大连舰艇学院政治系原教授。22 年教学生涯中，方永刚在完成年均 200% 教学任务的同时，还担任多个单位的客座教授，从海军到陆军、空军、武警部队，从基层舰连到仓库、干休所，从党政机关到街道社区、企业学校、农村乡镇，广泛宣传党的创新理论，讲课 1000 多场次，被群众誉为"大众学者""平民教授""科普专家"。

方永刚

荣获全军院校育才奖银奖、首届全军政治理论研究成果一等奖，多次被评为优秀教员，荣立三等功 1 次。2007 年 6 月，中央军委授予他"忠诚党的创新理论的模范教员"荣誉称号。2007 年 9 月，被评为"全国道德模范"。

方永刚曾在讲课时问过群众：现在的好日子是谁给的？

群众的回答非常朴实："共产党好！""改革开放好！""'三个代表'好！""科

学发展观好！"

这些朴实的语言背后蕴含的是什么？答案是：正是有了党的理论的正确指导，我们的社会主义建设才有了这样显著的成绩，这样的创新理论，群众打心眼儿里欢迎。

"如果有一天我的生命之钟停摆了，我愿意把它定格在自己的岗位上，永远保持一个思想理论战线英勇战士的冲锋姿态。"方永刚曾说。

精神的下线是道德，精神的上线是信仰。靠什么来武装一个国家、一个民族的精神信仰？靠理论。

而一种理论如果不被人民所掌握，这种理论就难以变成精神动力。方永刚认为，作为党的理论工作者，如果对党的理论不去维护、不去传播，那就是失职。

方永刚对研究和传播党的创新理论，有着火一样的激情。

每一堂课方永刚都满怀激情，慷慨陈词。有没有话筒无所谓，有几个人听无所谓，只要准备好毛巾和水，他就开讲。只要一见到学生、一见到听众，两分钟他就进入状态。

有人问方永刚为什么这么有激情？

方永刚说，我热爱这个事业，我就会有激情。

党的理论每前进一步，方永刚的学习就跟进一步，研究就深化一步。党中央领导的每次重要讲话，中央发布的每个重要文件，方永刚都及时学习和研究；只要有新的政治理论书籍出版，他都在最短的时间内买到手，以最快的速度消化和吸收。"三个代表"重要思想、科学发展观等党的理论，都是他第一个在舰艇学院引入课堂。可以说，方永刚20年来的心路历程，是与时代同行，与真理同在。

每当他想通了一个理论问题、对党的创新理论的认识又进了一步时，或是又提炼出一个观点的时候，自己都情不自禁地拍案叫绝。

他有股拼命三郎的劲头，交给他的讲课任务，再难也不拒绝，如果需要第二天就讲，那他宁可一晚不睡，也要准备好。

甚至在住院时，他还带着军装，"需要我讲课随时吩咐！"方永刚的激情几乎无处不在。

除了正式的讲座和报告，朋友聚会变成了他的宣讲沙龙；坐公交车听到有人对党的政策或一些社会现象表示不满，他就站出来与人家理论，直到人家心服口服；回到家，方永刚利用一切机会给家里老小讲今天的幸福生活来之不易。于是，老岳父给他起了个绰号：永刚广播电台。

方永刚是辽宁建平人，他的老家萝卜沟乡土地贫瘠，十年九旱，是出名的贫困乡。当年，在"左"的路线影响下，受家庭出身影响的他一不能当兵，二不能上大学。一年闹春荒，他眼睁睁看着妈妈没米下锅，愁得坐在院子里抹泪……

方永刚永远记得那一天：1979年的春天，村支书来到他家，一字一句地宣读了党的十一届三中全会之后作出的取消家庭成分的决定。父亲老泪纵横："今后，我的儿子和别人的孩子一样啦！"

1981年，他以优异成绩考上了复旦大学历史系。1985年，他不但参军入伍，还成了一名政治理论教员。

第一次穿上军装，第一次登上讲台，方永刚激动不已："这一切都是党给的，都是党解放思想、实事求是的思想路线带来的！"他常说，自己有两个生日："母亲生我的日子是一个，还有一个是我的政治生日：1978年12月18日，是党的十一届三中全会开幕的日子。"

在方永刚的一生中曾有"三次痛哭"。

1984年，国庆大典。从电视里看到北京的大学生打出"小平您好"的横幅，他感动得哭了。1992年，邓小平南方谈话发表，他百感交集，和教研室几位志同道合的同志抱在一起，喜极而泣。1997年，邓小平同志逝世，他悲痛不已，失声痛哭……

1997年5月8日，他骑自行车遭遇车祸，颈椎破裂，碎骨只差韭菜叶宽的距离就戳到主神经。医生在他头骨上钻了两个眼，用钩子吊着16磅的秤砣，整整吊了108天。

身体不能活动，脑子还能思考，方永刚让妻子把书拿到病房来，用手举着看，从一开始举3分钟不到就得休息，到后来举着书一看就是3个小时、6个小时……住院期间，他看了43本书，还写了一本30万字的专著《亚太战略格局与中国海军》。空闲时，他给病友们讲国际形势，讲得大家出院时仍恋恋不舍。

"两年之内不准坐车船，走路要稳。"出院时，医生这样叮嘱他。但是，方永刚哪里"稳"得住？很快，他又走上了外出讲课、调研的征途。

方永刚

从三峡大坝建设到西部大开发，从申办奥运到"神舟"飞天，从建设社会主义新农村到构建社会主义和谐社会……13 亿中国人民践行党的创新理论的惊世伟业，让他激情迸发。1998 年，全国纪念党的十一届三中全会召开 20 周年，方永刚接连写了 10 余篇研究文章。党的十六大之后，他又和两名同志合作，共同研究江泽民中国特色社会主义理论这个国家社会科学重点课题，40 万字，几易其稿。

他还和同事编写出《党的创新理论专题研究》教材。这是全国、全军首部系统研究科学发展观的理论专著，人民出版社决定党的十七大之后出版发行。

一条白毛巾，方永刚讲课时总是随身带着。每次一上讲台，哪怕是寒冬腊月，也边讲边不停地擦汗。听众都说，方教授讲课，一只手摘眼镜，一只手擦汗，嘴里还在滔滔不绝地讲。

一次讲课后，从全身淌下的汗水浸透了裤子、沾湿了椅子。从此，每次外出讲课，他的妻子回天燕都要给他准备两套内衣，让他讲课后到卫生间换了再走。

"嗓门高，精神高度集中，身体需要的氧气多，血管拼命压缩，就出汗多，这说明我身体新陈代谢好！"方永刚曾这样说。

然而，病魔正向他悄悄袭来。2006 年 11 月 17 日，凶恶的结肠癌让他躺倒在无影灯下。

然而，他依然没有忘记自己的使命。2007 年 1 月 15 日，他再次走进课堂。

军礼，依然标准；嗓音，依然洪亮。然而，学员们看得出，方教授明显地消瘦了……

这两节课，在他看来非同寻常——《新世纪新阶段我军历史使命与海军基层建设》。手术后，他执意向系领导请求：按照原计划上完这两节课。

"这是我的使命！"讲台上，他开宗明义。讲台下，一片肃穆……

　　1月22日，他再次来到大连市地税局，讲《正确理解和把握科学发展观》。得知他刚刚做了大手术，地税局领导后悔不已："方教授，我们实在不知道您得了这么重的病，不要讲了，不要讲了！"

　　"我两个月前就答应你们讲这一课，能讲多长时间就讲多长时间吧！"这一课，方永刚讲了一个半小时……

　　方永刚明白，一个人生命的长短，不在于眼睛能睁多久，而在于当眼睛还有光彩的时候，用它去追寻什么。只要一息尚存，他就要去追寻，用如火的激情去追寻春天的阳光！

　　"履行新世纪新阶段我军历史使命，没有前线和后方之别。作为穿军装的理论工作者，我要和全军将士一起，在自己的岗位上保持冲锋的姿势、战斗的状态。"这是方永刚对自己使命的解读。

　　如何帮助官兵深入学习领会邓小平理论和"三个代表"重要思想？如何在军队建设中全面贯彻落实科学发展观，提高履行新世纪新阶段我军历史使命的能力？……这些年，他马不停蹄地宣讲党在军队和国防建设领域的创新理论，走遍了白山黑水的部队、哨所，踏遍了万里海疆的海岛、军港。

　　黑龙江畔，漠河边防四连。那天，为函授学员连续授课的方永刚嗓子疼得咽不下饭。临行前，指导员试探着问："能不能再给战士们讲一讲周边形势？""行！"方永刚二话没说。

　　江风猎猎，涛声盈耳。站在全连官兵面前，他从身边这条大江的历史讲起，一直讲到东北亚国际形势和周边局势，讲到党和国家的对外政策，一口气讲了两个小时。

　　这，是方永刚跑得最偏远的一堂课。

　　黄海前哨，某要塞区。那次上岛，方永刚讲完函授课，已经是晚上8点多了。官兵们听得兴致勃勃，有些士官和干部的家属也抱着孩子来听课。于是，方永刚又讲了3个多小时，一直到晚上11点半。

　　这，是方永刚讲得最晚的一堂课。

　　2000年4月，方永刚来到青岛驻军某部做问卷调查，这里的部队接二连三请他去讲课。一个星期的时间，他上午讲、下午讲，有时晚上还要讲，总共讲了 15 堂课。

这，是方永刚教学生涯中最密集的一组课。

方永刚以坚定的理想信念、执着的理论热情、扎实的工作作风和丰厚的研究成果，用青春和生命塑造了一个真学、真信、真情传播，真诚践行党的创新理论的光辉典范。方永刚的先进事迹感人至深，催人泪下，给人以向上的力量，激发人们努力工作、积极生活。

（作者系辽宁日报社编辑、记者）

罗阳

王岩頔

2012 年 11 月 23 日，阳光明媚，一架编号为
552 的歼 –15 舰载战斗机跃向湛蓝的天空。绕舰转
弯后，随着"嘭"的一声，歼 –15 的尾钩牢牢挂住
阻拦索，稳稳地停在了辽宁舰的甲板上。

歼 –15 在辽宁舰上的成功起降，标志着中国战
斗机实现了从陆地向海洋的历史性跨越，对加强国
防建设、维护国家海洋权益具有重大战略意义。中
国海军正式踏上"航母时代"。这一刻，多少航空
人眼含热泪，多少中国人欢呼雀跃。

罗阳

2012 年 11 月 25 日上午，胜利完成中国首次航母舰载机着舰任务的辽宁
舰返回大连港。9 时 04 分，歼 –15 研制现场总指挥罗阳慢慢走下了舷梯。此
时的他看上去有些疲惫，这个背影是他留给人们最后的影像。这一天，罗阳因
心肌梗死不幸病逝，年仅 51 岁。

罗阳出生于军人家庭，从小就深受军人出身父亲的影响，1978 年高考填志

罗阳

愿时，罗阳填报的 5 个志愿中，有 3 个都是航空院校以及飞机制造专业。他首先报的是北京航空学院，接着是西北工业大学、南京航空学院，他就是要立志搞军工，投身报国行列。

罗阳在北京航空学院度过了四年的学习生涯，在大学学习期间，满心所想就是学好知识报效祖国。罗阳学的是飞机高空设备专业，始一接触，他就深深迷上了这个专业，埋头苦读，刻苦钻研，学到了丰富的专业知识。他经常听广播、看报纸，关心国家大事。

大学时，罗阳曾看过一部资料片。由于信息化程度低，片中我空军还没看到敌机就被对方击落，罗阳很受震撼。在航空领域，我国与世界先进国家相比，还有很大差距。为祖国航空事业发展做贡献，开始成为罗阳坚定的信念。

20 世纪 80 年代末到 90 年代初，罗阳到沈阳飞机设计研究所担任设计员。在设计员的岗位上，罗阳一干就是十年。凭着对专业知识的高深造诣和忠于职守的敬业精神，他取得了骄人的成绩：在国内首次采用气动力分析法进行座椅的适应性分析；在国内率先开展透明件材料人工加速老化研究，填补了国内在这一领域的空白；提出了一种新的计算机仿真方法，有效地解决利用元部件的可靠性数据进行系统可靠性参数置信区间评估的问题；主持了歼 –8 系列飞机

罗阳

弹射救生系统重大技术攻关，得到了空军领导机关的肯定，并顺利实施。

罗阳认为没有丰厚渊博的航空知识是难以报国的。他一直没有忘记深造和学习，丰富自己的理论知识。他抢时间、挤时间奋发学习，1990年取得了北京航空航天大学工学硕士学位。在研究所工作的时候，他结合工作实践，潜心飞机透明件领域研究，掌握了先进的飞机透明件设计技术与研究方法，在广泛收集与整理国外最新文献资料的基础上，他主编出版了两册约25万字的《飞机透明件设计文集》，为从事飞机透明件设计专业的同行提供了很有价值的参考资料。

2007年，罗阳任沈阳飞机工业（集团）有限公司董事长、总经理、党委副书记，成为航空工业沈飞的掌舵人。在此期间，国家下达的国防装备任务型号多、技术新、时间紧、困难大。面对困难，他带领员工迎难而上，奋力攻坚。与此同时，他也接到了一个重要任务——为中国研制第一代航空母舰舰载机。

当时，由于西方国家对航母舰载机技术的封锁，中国没有相关的经验可以借鉴，只有自主创新一条路可以走。面对这个貌似不可能完成的任务，罗阳的表态只有八个字："恪尽职守，不负重托。"

罗阳说过，外国人能办到的，我们中国人也一定行，而且会干得更好！

歼-15舰载机的研制困难重重，该机项目采用了大量的新技术、新材料、新工艺，生产难度大，同时，绝大部分制造任务要在一年多时间内完成，设计和制造都存在大量的难题和问题。

为了提高效率和速度，罗阳协调组织厂所率先提出了"面向制造的设计"和"面向设计的制造"的新理念，创造了"厂所一体、设计制造一体协作攻关"的新模式。歼-15在设计阶段，罗阳组织派出100多人到沈阳飞机设计研究所，提前介入设计；而在制造开始后，研究所又派出100多人的"跟产队"进入沈飞公司，将设计延伸到制造，形成厂和所、设计和制造的一体化态势，各方配合流畅，保证了技术快速突破、项目快速进展。

罗阳亲自协调组织，将设计、技术、工人三方的精兵强将集中在一起，建立了新的组织模式"快速试制中心"，大量使用了新的研制手段：三维发图、数字量传递、数控加工等，大大缩短了研制周期，加快了新机型生产进度。

在制造折叠机翼方面，罗阳亲自"点将"，组建了折叠机翼研制攻关团队，进行技术突破和项目推进。他每天都要到工作现场，手里总是拿着两个本子，一个是所有攻坚项目进度表，另一个是密密麻麻的计算数据和他对技术难题的解决设想。

在制造拦阻系统方面，拦阻钩一直达不到设计要求。罗阳动员科技人员攻关时自信地说："再大的困难也拦不住我们！"他和科技人员一起，把可能影响产品达到设计要求的所有因素一项一项列出来，精度、储存、配合关系，不放过任何一个细节，不断调整思路和主攻方向，最终解决了这个难题。

最后是舰上起降试验，罗阳要求研制团队全过程参加起降试验。他组织研制团队多次长时间到现场跟随飞机试训，详细了解飞机功能性能状况，针对试飞遇到的问题，研究改进技术。

罗阳作为现场总指挥，亲自协调 200 多家协作单位，协调会经常要开到下半夜，每次开会都几十个人。他还要管理试制、生产、调试、试飞等每一个环节。

在罗阳担任沈飞掌舵人的 5 年间，罗阳是多个型号的研制现场总指挥，他用五年时间研制了比沈飞过去 50 年还多的新机型，成为企业历史上完成军机研制型号最多的领导者、组织者和指挥者。在罗阳的带领下，沈飞公司科研生产任务连年报捷，全面实现了国家某重点型号研制和"十一五"任务目标，实现了多个型号成功首飞、设计定型，创下了企业近 30 年来交付飞机数量最多的新纪录。企业营业收入突破百亿元大关。

就在他去世一个月前，他带领沈飞员工在 4 天之内实现了两型新机完美升空，创造了航空工业新机研制的奇迹，使我国一跃成为世界上第二个具备同时研制两款四代战机能力的国家。从陆基到舰载、从三代机到四代机、从引进仿制到自主创新，他托举起祖国歼击机研制生产的"半壁江山"。

为了守护美丽的中国，罗阳在航空工业战线整整奋斗了 30 年。第一个 10 年，他是一名非常优秀的飞机设计员；第二个 10 年，他是一名非常优秀的飞机设计研究团队领导；第三个 10 年，他是一名非常优秀的飞机制造大型国有企业领导。无论身处哪个角色，他都将恪尽职守、忘我奉献的崇高品德贯穿始终。他始终勤勤恳恳，舍身忘我，不知疲倦地为航空工业发展贡献力量，终生为建设航空强国的伟大理想而奋斗。

听党话、跟党走，守初心、担使命。今天，罗阳精神已成为一面旗帜、一种基因，融入了中国航空人的精神血脉之中。罗阳牺牲后的第二年，航空工业内部诞生了一个先进团体——罗阳青年突击队。2013 年以来，沈飞公司共组建"罗阳青年突击队"2000 余支，累计 5 万余人次参与其中。罗阳精神正激励航空人以永不懈怠的奋斗姿态，忠诚奉献，逐梦蓝天，为建设新时代航空强国汇聚磅礴力量，为实现中华民族伟大复兴的中国梦做出新的更大贡献！

（作者系辽宁日报社编辑、记者）

研究
与探讨

YAN JIU
YU TAN TAO

中共满洲省委的特殊历史贡献

王意恒

　　中共满洲省委8年零8个月领导东北人民艰苦奋斗的历史，是中国共产党的光荣革命史中不可分割的重要组成部分。它是中国共产党在东北地区的第一个统一领导机构，在与其他地方党组织不同的斗争环境和特点下，满洲省

《满洲省委为日本帝国主义武装占领满洲宣言》

委作出了独特的历史性的贡献。

　　中共满洲省委筹建于中国革命的低潮时期，在异常艰难险恶的条件下，领导东北人民进行了长期的革命斗争，使东北地区的革命火焰呈燎原之势。特别是九一八事变后，中共满洲省委站在反抗日本侵略者的最前沿，以血肉之躯和

不可征服的英雄气概谱写了可歌可泣的壮丽篇章。

1927 年大革命失败后，中国革命转入低潮。中国共产党为了进一步加强对东北人民革命斗争的领导，根据中共中央决议，于 1927 年 10 月成立了东北各省市党组织领导机关——中共满洲省委。作为党在东北地区最高领导机构，陈为人、刘少奇、林仲丹、陈潭秋、罗登贤等同志都曾担任过中共满洲省委书记。中共满洲省委在党中央领导下，采取多种形式积极开展革命活动，使革命火种遍布整个东北地区，开创了东北地区革命运动的新局面。1931 年九一八事变爆发后，中共满洲省委站在抗日最前线，号召各阶层民众坚决抗击日本侵略者。在中共满洲省委的积极领导和协助下，东北地区组织了抗日义勇军，建立了党直接领导的抗日游击队，与敌人进行了艰苦卓绝的斗争。1936 年 6 月，中共满洲省委在完成历史使命后正式撤销，在 8 年零 8 个月的岁月里，中共满洲省委及其优秀儿女写下了中国革命史上光辉灿烂的篇章。

总结研究中共满洲省委独特的历史发展进程及贡献，对激励我们与时俱进，开拓创新，全面建设小康社会，实现中华民族伟大复兴，具有重大的现实意义和深远的历史意义。

一、建立中共满洲省委的历史必然性

1. 东北地区革命运动发展的需要

我国东北幅员辽阔，富饶美丽，有丰富的地下资源和无尽的宝藏。因其地处亚洲东部，西与蒙古毗连，北与俄国接壤，东临日本和朝鲜，南靠东南亚，是远东的战略要冲，在政治、经济和军事上都占有重要的地位。

在近代，东北一直是各帝国主义列强争夺的重要目标。20 世纪初，日、俄帝国主义通过战争，在东北划分两国的势力范围。辛亥革命以后，奉系军阀张作霖依仗日本帝国主义的支持，在东北建立了军阀统治。

东北地区由于毗邻俄国及中东铁路的修建，成为中国最早接受马克思主义的地方。早在 1905 年 11 月，布尔什维克就在哈尔滨建立了"俄国社会民主工党工人团"组织，领导中俄工人进行了许多革命活动。1908 年 4 月，铁岭人任辅臣秘密加入俄国社会民主工党（布尔什维克党的前身），是中国最早加入布尔什维克党的人。

俄国十月革命成功后，有数万华工从俄国回国，集中在哈尔滨谋生，他们带回大量苏联的《旅俄华工大同报》《华工醒世报》《社会警钟》《社会星》等报刊和宣传十月革命的书籍，而且将自己亲眼所见、亲身经历的俄国革命的一些具体情况和马列主义思想传播到东北。

20世纪初期，随着东北近代工业的发展，工人阶级队伍迅速成长壮大起来，出现了蓬蓬勃勃的工人运动，大连、沈阳、抚顺、本溪、营口、鞍山、辽阳、安东、开原、哈尔滨、旅顺等工业城市均有罢工斗争。

俄国十月革命的成功，给在黑暗中摸索救国真理的中国知识分子以极大的鼓舞，树立了成功的榜样。1919年的五四运动进一步推动了社会主义学说，特别是马克思列宁主义在东北的传播。正如李震瀛在《东三省实情分析》中所说："革命的萌芽却得到了深厚的栽培""东三省是很有实力的一股生力军"，是"民族革命运动的新重心"。

2. 东北地区党组织建设发展的需要

1921年中国共产党成立后，非常重视东北地区的党组织建设和革命活动，派出一批批优秀的共产党员到东北地区传播马列主义，建立党、团组织。

1921年冬，罗章龙到东北考察，回到北京后，向党组织汇报了考察情况，并写出了书面报告。1922年2月，马骏与韩迭声等人在哈尔滨组建了"哈尔滨救国唤醒团"。同年，中共唐山地委书记邓培派中共党员罗占先、王贺明、朱志安等到奉天组织工会。1923年，邓培又派共产党员欧阳强到锦州、沟帮子、彰武等地进行革命活动。

1923年3月，李大钊派李震瀛和陈为人到东北开辟党的工作，8月又派彭守朴、陈作霖到哈尔滨。同年10月，他们成立了东北地区第一个党组织——中共哈尔滨独立组。1923年下半年，团中央派团员罗思危到复县（今瓦房店）开展工作。1924年6月，陈为人、李震瀛到大连，成立了中国社会主义青年团大连支部，直属团中央领导。

1924年，邓中夏曾两次亲临大连巡视指导，将沙河口工场华人工学会改为大连中华工学会，使工学会的规模和影响得到扩大。同年 6 月中旬，李大钊赴苏参加共产国际第五次代表大会，路经哈尔滨，对哈尔滨的革命斗争，做了具体的指导。

1924 年 1 月，韩乐然从上海美专毕业，受党中央的派遣，赴沈阳筹建东北党组织。1925 年，共产党员任国桢、吴晓天到沈阳后，与韩乐然共同领导了声援上海五卅惨案的沈阳"六十运动"，同年 9 月，在沈阳建立了党、团组织。

1925 年初，党中央派吴丽实到哈尔滨整顿党、团组织。吴丽实于 1925 年 2 月建立了中东铁路上的第一个党支部，9 月，建立了中共哈尔滨特别支部。1926 年初，成立中共北满地方委员会，同时成立共青团北满地方委员会。

1924 年春，恽代英的胞弟恽代贤受团中央派遣到长春开展革命工作。1925 年，党中央派楚图南、刘旷达、杜继曾、张锦春、林俊、孙绂生等到长春等地开展党的工作。

1926 年 4 月 27 日，爆发了东北地区有史以来最大的、持续最久的罢工——大连"福纺"工人大罢工。李大钊、苏兆征、邓中夏、刘少奇等亲自过问、指导，李大钊先后派张炽、邓和皋、尹才一、张式媛来大连加强大连地委工作，领导"福纺"厂工人罢工。

1927 年上半年，哈尔滨、大连、沈阳、吉林、长春、牡丹江、双城、北宁路、柳河、台安等地都建立了党、团组织。李大钊指示："随着大革命北伐的形势发展，党的活动还要发展壮大，东北将成立新机构。"在东北地区建立党的统一领导机构，成为党组织建设发展的需要。

3. 国内国际形势变化的需要

1927 年 4 月 12 日，蒋介石背叛孙中山的三大政策，在上海以"清党"为名疯狂地屠杀共产党员和工农民众；7 月 15 日，以汪精卫为首的国民党武汉政府宣布"分共"，国共合作彻底破裂。

国共合作时期，日本帝国主义和封建军阀张作霖发现东北地区大革命运动所以一浪高过一浪，根本原因是中国共产党起着核心领导作用，因此他们把共产党视为心腹之患，必欲除之而后快。1927 年 4 月，张作霖开始在北方捕杀共产党员和国民党"左"派人士，并残酷杀害中国共产党创始人之一、中共北方区委领导人、国民党北方执行部负责人李大钊。中共东北地方党组织受到严重破坏，许多地方的党组织停止活动，东北地区的革命运动处于危机之中。

在此期间，帝国主义各国乘中国之危，加紧了对中国东北的侵略活动。特别是日本正值田中义一上台组阁之际。蒋介石背叛革命，疯狂屠杀共产党人和革命群众，对田中的侵华野心是莫大的煽动。同时，奉系军阀张作霖由于面临被国民党新军阀赶出华北甚至被消灭的危险，也渴望得到日本的支持和帮助。这一切，都使田中感到抛出并全面推行他们的所谓"积极满蒙政策"的时机已经到来，遂接连制造事端，越法侵权，步步进逼。

另外，自1910年日本吞并朝鲜后，朝鲜人民越来越多地流亡东北，寻求生路。东北成了"韩国独立运动者的亡命地，同时也是韩人在海外独立运动的根据地"。1925年4月18日，朝鲜共产党宣告成立，次年成为共产国际的一个支部。

为了加强对中国东北地区朝鲜族人民的领导，朝共第二次党中央责任秘书姜达永，于1926年4月6日给上海的金灿下达指令，要求组织朝共满洲总局。满洲总局的主要任务是：为在满朝共党员创造活动条件，教育提高党员的斗争本领，发展党员，扩大队伍，培养朝鲜革命的后续力量。总局设在宁古塔，下设东满、北满、南满三个区域局，东满区域局为满洲总局的核心组织。同时，还成立了朝鲜共产主义青年会满洲总局。

朝共党满洲总局及其所属各区域局的干部，大部分是从20世纪20年代初开始，在苏联海参崴或在中国上海接受马克思主义，是由从事独立运动的人转变为共产党人的。因此，他们有能力在东满、南满、北满广大的朝鲜族居住地区传播马克思主义。对于唤醒这些地区的朝鲜族及汉族群众的民族觉悟和阶级觉悟，无疑起了巨大的作用。

在中国革命的危难时期，党中央为扩大革命力量的回旋余地，粉碎国民党消灭共产党的阴谋，建立起统一的东北党组织，以加强东北地区的革命力量，这成为挽救中国革命的重要组织措施之一。

二、中共满洲省委的特殊性

1. 对日本侵略阴谋的及时揭露

中共满洲省委成立后，书记陈为人在 1927 年 12 月 22 日《关于中共满洲省委临委工作情况给中央的报告》中，就把领导民众反日斗争定为省委的主要任务，指出："整个满洲的政治，完全是仇俄亲日的统治，不但新闻的统治是仇俄亲日的统治，金融的统治是仇俄亲日的统治，产业的统治是仇俄亲日的统治，即军事的统治也是仇俄亲日的统治。……无论何人一入满洲境内，只是看见日人论调的新闻报纸，充满市面的金票，意态洋洋的日本军警，与侵略中国的一切野蛮行为"，提出"在满洲的反日工作，要占革命工作的大部分"的指导方针，并不断地对日本的侵略本质予以猛烈的抨击和揭露。

1929 年，刘少奇在任中共满洲省委书记期间，对帝国主义在东北侵略与争夺的本质有着极其深刻的认识，在其主持编印的《政治通讯》中，对国内外政治形势进行了透彻的分析，预见了日本对东北侵略加

中共满洲省委旧址纪念馆

剧的必然性及第二次世界大战不可避免地要到来。

1931 年 1 月 27 日至 2 月 20 日，"驻沈附属地之日本帝国主义军队第三十三联队，举行包围省城大演习"，"这次演习所占区域，竟达十九村之多，几遍沈阳县全县"。由满洲省委主办的《满洲红旗》及时报道了日军这一侵华动向，并富有预见性地指出："无疑地，这些枪声，是帝国主义武装占领东三省的信号。"文章彻底地揭露了日本帝国主义妄图侵占东北乃至全中国的阴谋和野心，以及国民党政府投降卖国的丑恶嘴脸，号召工农群众"起来！环绕在中国共产党的周围，积极扩大反帝国主义、国民党的争斗，争取全中国苏维埃政权的实现"！

1931 年夏，日本帝国主义制造了"万宝山事件"，随后又在朝鲜各地煽动排华，致使华侨百余人惨遭杀害。惨案发生后，中共满洲省委立即发布了《万宝山事件及朝鲜惨案宣传大纲》，指出："万宝山事件就是日帝国主义预先准备作为借口出兵满洲的一个阴谋……充分地暴露出日帝国主义占领满蒙的企图！"

1931 年九一八事变前夕，满洲特科人员得到日本正在秘密进行侵略部署的确切情报，向中共中央和满洲省委报告了这一情况，并随即通报东北当局。这一重要情报虽然未得到东北当局的应有重视，却为中共中央和中共满洲省委及时把握日本的侵略动向、制定政策和策略提供了准确的依据。在九一八事变前，及早地为东北民众敲响了警钟！

2. 中共满洲省委撤销的复杂性

共产国际与中国革命有十分密切的关系，共产国际帮助中国筹建了中国共产党，1922 年中国共产党参加共产国际，成为共产国际的一个支部。由于历史、地理等原因，中国东北地区历来是苏、日斗争的焦点，引起苏联和共产国际的

中共满洲省委旧址纪念馆

极大关注。因此，中共满洲省委的工作受共产国际的影响比其他地方党组织都要大。

中共驻共产国际代表团是大革命失败后中共中央在共产国际设立的一个派驻机构，担负着协助共产国际制定中国革命方针和向国内传达共产国际指示的任务。1931 年 11 月到 1934 年 9 月，中共代表团在政治上、组织上对中共满洲省委实行了间接领导。1934 年 9 月以后，中共代表团直接领导中共满洲省委的工作。

1934 年 9 月 16 日，王明、康生在发给中央的信中指出，我们根据材料和报告已经进一步研究满洲问题，现在正在准备给满洲地方党几个文件。指示中央"不要给满洲党发文件，以免双方意见不一致，给满洲工作造成困难"。王明、康生在这封信里实际上是通知中央不要再管东北的事情，由中共代表团直接领导东北工作。

中共代表团为了适应当时国内斗争形势的需要，对东北的党组织进行改组，撤销满洲省委，改建四省委，这是完全必要的，但是王明、康生在这次改组工作中出现了许多错误和疏漏之处。既然已决定撤销满洲省委，就应该明确宣布，而不该对原省委既要撤销，又要求不告诉他们，还让他们继续"维持着"，把满洲省委长期架空。这不仅在组织原则上是错误的，在实践中也是难以行得通的，以至于出现"使满洲省委独立作为共产国际支部"的说法，导致"满洲省委提出反对和制止独立论"，对东北地区的革命斗争造成了不良影响。

中共满洲省委成员依据实际情况贯彻执行了中共代表团的指示，在复杂环境下成立了三省委一特委，既能够充分发挥调整后的有利条件，又能够在一定程度上克服调整带来的弊端，化解王明、康生错误指导产生的负面影响，为坚持长期抗战、争取最后胜利做出了贡献。

三、中共满洲省委的重要地位

1. 白区工作的典范

中共满洲省委成立于 1927 年 10 月，撤销于 1936 年 6 月，是中国共产党领导白区斗争的一个重要地方党组织。中共满洲省委在其全部革命活动中，在党中央的领导下，用马列主义教育东北各族人民，不断地提高群众的觉悟，不断地壮大党的组织，使革命火种遍布于整个东北的城市乡村。

它领导了大小数百次的工人运动，有震惊世界的中东路工人斗争，有北宁路工人争"花红"的斗争和奉天兵工厂的反日斗争；领导了广大农村的佃农斗争，建立农村党组织，为创立农村革命根据地作出了努力；领导了哈尔滨"一一·九"学生运动，为中华民族争生存、争自由进行不懈的斗争；开展士兵工作，在奉系军队中发展地下党员，从而在军队中点燃了革命火种；九一八事变后，指导义勇军，创建抗日游击队、人民革命军和抗日联军，开展革命武装斗争。

中共早期领导人陈为人、刘少奇、林仲丹、陈潭秋、罗登贤等同志，都曾先后任过中共满洲省委书记。他们在领导满洲省委的工作中，都是实事求是的楷模，以实际行动赢得人民群众的真心拥护。尤其值得一提的是，刘少奇虽仅在满洲省委工作8个月，却开创了东北革命的新局面，积累了宝贵的白区斗争经验，为后来他被全党确立为白区正确路线的代表，奠定了重要思想基础。

总之，东北地区的政治环境和党的活动等具有与众不同的特点，中共满洲省委在长期的斗争中积累了相当丰富的白区工作经验，为党中央制定正确的白区工作路线提供了重要借鉴。

2. 站在抗日斗争的最前沿

东北抗战是全国抗战的重要组成部分，也是全国抗战的主要战场之一，抗日战争首先在这里打响。1931年9月18日，日本侵略者悍然发动了蓄谋已久的九一八事变，东北三省迅速沦陷，中国陷入了前所未有的民族灾难。在面临亡国灭种的危难关头，中国共产党高举抗战大旗，立场鲜明地站在了御敌斗争的第一线。

九一八事变爆发的第二天，中共满洲省委立即在奉天（沈阳）小西边门附近省委机关召开常委紧急会议，分析了当前局势，讨论了应对措施，制定了斗争的任务、方针、策略和口号，并发表了《中共满洲省委为日本帝国主义武装占领满洲宣言》。

《宣言》中强烈痛斥了日本帝国主义的强盗行径，揭露了国民党卖国投降主义的实质，提出了"只有工农兵劳苦群众自己的武装军队，是真正反对帝国主义的力量。只有在共产党领导之下，才能将帝国主义驱出中国"，号召东北人民"发动游击战争！驱逐日本帝国主义与一切帝国主义的海陆空军！"

中共满洲省委积极号召和领导东北各阶层民众开展多种形式的抗日救亡运动。与此同时，派出许多领导骨干到义勇军中开展工作，使义勇军成为当时抗日救亡的一面旗帜。由满洲省委建立的党直接领导的抗日游击队、东北人民革命军、东北抗日联军，所进行的抗日游击战争，给日本侵略者以沉重的打击，有力配合了全国抗战的胜利。杨靖宇、赵尚志、周保中、李兆麟、冯仲云、魏拯民、金伯阳、赵一曼等民族英雄都曾是中共满洲省委的重要成员，他们用生命和鲜血谱写的英雄篇章，在神州大地广为传颂。

东北地区长达 14 年的抗日战争，是一场艰苦卓绝的抵抗外来侵略的伟大斗争，具有空前的广泛性，而且坚持时间最长。中共满洲省委及其接续组织在党中央的领导下，高举抗日的大旗，始终站在抗战的第一线，成为领导这场伟大战争的中流砥柱。

3. 抗日民族统一战线的最早实践

毛泽东指出，中国革命有三个基本的历史经验，即"统一战线、武装斗争、党的建设"，这是中国革命的三大法宝。这三方面中共满洲省委都有其独特而丰富的历史性贡献。

尤其在统一战线方面，其策略的最早形成和实践是在东北。东北由于在九一八事变后首先具备了发展统一战线的条件，并受到共产国际的影响，使得抗日民族统一战线于 1933 年便提出并发展起来。

1932 年底，中共驻共产国际代表团召开专门会议研究东北的抗日斗争和制定党的任务等问题，讨论并起草了两个文件：《中央苏区政府和中国红军革命军事委员会关于在反对日本帝国主义斗争中合作的三条件的宣言》（1933 年 1 月 17 日）和《中央给满洲各级党部及全体党员的信》（1933 年 1 月 26 日）。

《一·二六指示信》是针对东北特殊情况而专门发出的，对于东北党组织来说是极其重要的。《一·二六指示信》纠正了"北方会议"中的"左"倾关门主义的错误，提出了比较符合东北客观实际的政策，为中共满洲省委指明了斗争的方向。

中共满洲省委在接到《一·二六指示信》之后，开始把广泛开展反日民族统一战线作为自己的中心工作。其各项决议和给各地党组织的指示中，反复强调这一中心工作，提出切合各地实际的办法和具体要求。《一·二六指示信》有力推动了东北抗日斗争形势的发展，实现了策略路线的转变，从而确立了我党在抗日武装中的核心地位。

东北地区的抗日民族统一战线对凝聚全民族的力量、推动东北抗战的发展和夺取中国抗战胜利起到了不可忽视的历史作用。尤为重要的是，它的形成与发展，为后来全国抗日民族统一战线的形成提供了有益的借鉴。

四、李大钊与中共满洲省委的建立

李大钊是我国共产主义运动的先驱者，中国共产党的主要创始人之一，杰出的马克思主义思想家和无产阶级革命活动家。在其光辉的一生中，对中国人民的解放事业，对马克思主义的信仰和无产阶级的革命前途无限忠诚。他在开创和发展我国共产主义运动中表现出的大无畏的献身精神，永远是我们的光辉典范。李大钊的光辉业绩受到中国人民的追怀和崇敬。

1921年中国共产党成立后，李大钊是我党的二大、三大、四大的中央委员，代表党中央指导北方地区党的工作。1924年底，中共北方区委成立，李大钊担任北方区执行委员会书记。在他的领导下，北方区委派出许多同志到冀、鲁、豫、晋、内蒙古和东北的广大地区开展党团工作。

李大钊非常重视在东北地区进行建党工作。为了开展东北地区的革命活动，他派出一批优秀的共产党员到东北地区传播马列主义，发展党团员，建立党团组织，领导东北人民进行反帝反封建的斗争。1923年初，派京汉铁路总工会秘书长、中国劳动组合书记部干事李震瀛和共产党员陈为人到哈尔滨、大连和沈阳（奉天）等城市开展工作。1925年初，派吴丽实到哈尔滨整顿党团组织。1925年春，派任国桢等人到沈阳组建党团组织，领导人民群众进行革命斗争；派张炽、邓和皋、尹才一、张式媛等人到斗争比较激烈的大连工作；派楚图南等人到长春开展革命斗争。1924 年 6 月中旬，李大钊赴苏参加共产国际第五次代表大会，路经哈尔滨，停留 3 天，住在道外太古街路南"宏昌茂"杂货店王芳田处，对哈尔滨的革命斗争做了具体的指导。

这些共产党员按照李大钊的指示在东北各地进行活动。1923 年 3 月，陈为人、李震瀛到哈尔滨，很快地和进步青年韩迭声等人接上关系，他们以哈尔滨《晨光报》记者身份为掩护进行革命活动。他们充分利用这块阵地，广泛地与社会上的文化团体、知识界人士进行接触，积极宣传马列主义。由于《晨光报》越办越激进，引起了当局的注意。报社内部一些落后势力和胆小怕事的人怕受牵连，排挤陈为人等进步力量。恰在此时，陈为人在报纸上发表的一篇评论日本地震的文章，引起日本驻哈尔滨总领事的抗议，东省特别区长官公署为此向报社提出警告，并要封闭报社。为不牵连他人，9 月，陈为人、李震瀛退出晨光报社，另创办哈尔滨通讯社，以此作为宣传阵地和秘密从事建党建团活动的地点。1923 年 8 月，李大钊又派彭守朴、陈作霖到哈尔滨协助陈为人、李震瀛加强哈尔滨党团建设工作。在进步青年中发展了汪洁曼、李铁钧、马新吾、陈毅可、刘天佑等人入团，成立了中国社会主义青年团哈尔滨支部，选举汪洁曼为团支部秘书（书记）。9 月，成立中共哈尔滨独立组，陈为人为负责人。这是东北地区的第一个党组织。12 月末，由于他们的活动"激起反动派向奉吉两当局提起告案"，形势逐渐恶化，陈、李 2 人遂转移到沈阳、大连活动。

1925 年 10 月，哈尔滨的 5 名党团员组成一个小组，由马新吾任组长，年底，建立了中共哈尔滨特别支部委员会。吴丽实到哈后，同铁路工人、早期党员姜文洲、王麟书、刘铁牛、王荷波等人以小工身份为掩护，打入中东路工厂，在"三十六棚"进行活动。他主动接触进步青年工人，同他们谈心，宣传革命道理，在他的周围团结了一大批进步青年。他先后发展了王光禄、张有仁、刘凤阁、小孔、张润舟、郎勋臣、杨长春、郑升如等加入党团组织，并于 1926 年 1 月建立了中东铁路上的第一个党支部，党支部书记由吴丽实担任，后由姜文洲担任。1925 年末至 1926 年 4 月，哈尔滨党团组织又有了很大的发展，党的工作由工厂进一步发展到工大、医大、法大等院校，发展了潘连山、吴宝太、高诚儒等人入党。在此同时，又发展李昨非、陆瘦等人入党。随后建立了中共哈尔滨特别支部。1926年4月，成立中共北满地方委员会，吴丽实任书记。同时成立共青团北满地方委员会，吴晓天任书记。

1924年1月，陈为人、李震瀛从哈尔滨转移到大连，首先通过《泰东日报》记者刘恂躬夫妇介绍，以记者身份访问了大连沙河口工场华人工学会、大连中华青年会、中华增智学校等单位，了解了大连地区的政治、经济情况。通过各种活动，在进步青年中开展马列主义教育，帮助大连中华工学会整顿组织，并使之与全国总工会建立联系。在很短时间内，即培养了一批革命青年，作为活动骨干。经过考验，青年会的杨志云，工学会的傅景阳，《泰东日报》的关向应、赵悟尘，作为发展对象。后来这些人都加入了党团组织。

1926年4月27日，爆发了东北地区有史以来最大的、持续最久的罢工——大连"福纺"厂大罢工。这次大罢工不仅得到全市工人、农民的支持，而且得到了全国工人阶级的支持。中共北方区委和中华全国总工会对这次罢工十分关心和重视，李大钊、邓中夏、刘少奇等领导曾亲自过问、指导，上海、广州、香港、天津等全国各地人民均给予大力声援和资助。在罢工艰苦的时候，李大钊先后派张炽、邓和皋、尹才一、张式媛来大连加强大连地委工作，领导"福纺"厂工人罢工。李大钊等北方区委的领导还为这场罢工制定了"适可而止"的策略，亲自向邓和皋部署："大连党的工作和工人运动有发展，形势是比较好的，但在帝国主义力量集中的地方，工人不宜长期罢工。只要在经济上争取到某些胜利，就要及时复工，以保存力量，便于长期斗争。"邓和皋遵照李大钊的指示，到大连后多次潜入"福纺"工厂，和基层骨干分析形势，研究对策。并向他们传达了李大钊的指示，对坚持罢工斗争做了妥善的安排。

持续3个多月的"福纺"大罢工，自始至终得到全国工人阶级和各界人士的政治支持和经济援助。特别是中华全国总工会宣布将在全国抵制日货，使日本帝国主义和日本财团十分恐慌，迫使日本福岛纺织株式会社社长八代裕太郎急忙从东京乘船赶到大连，经过和有关方面密谋后，向记者发表谈话："工人之要求则必一一审度。苟有应改善者，渐次必予改善，以求圆满之解决。"随后，花钱买通周家屯屯长阎兴礼找工学会"福纺"厂分会罢工工人代表崔仁山谈判。阎兴礼说："厂方答应了工人们提出的条件，还撤了角野的厂长职务。只是厂方硬要罢工工人脱离工学会组织，还要裁减罢工工人。"崔仁山理直气壮地说："参加工学会是我们的权利，裁减工人我们不答应。"

　　大连地委书记邓鹤皋得到消息后，连夜召开会议，讨论复工问题。开始有人坚持被捕工人释放后才能复工，否则不算罢工获得全胜。邓鹤皋根据李大钊的指示精神，制定了正确的指导思想和方针策略。他指出，目前党的力量主要在关内，工人运动的主要矛头针对英帝国主义。大连党的力量刚刚发展起来，日本帝国主义势力相当雄厚。在这种情况下，只要日方答应了工人的基本要求，罢工斗争就适可而止。不然，硬要支持下去，工人队伍会遭到损失，群众斗争的信心会受到挫伤。他进一步指出：日本当局抓人，目的是逼工人复工，工人复工了，工人代表出狱的问题就好办了，党组织继续想办法解决。至于他们出狱后工厂不给复职，工作我们可以另找。斗争要讲策略，在目前情况下厂方让了步，我们就给他一个台阶下，这就叫"适可而止"。经过讨论，统一了思想，中共大连地委做出了复工的决定。1926 年 8 月 4 日，在阎兴礼的大院召开了复工大会。会上，大连地委工运委员、中华工学会副委员长唐宏经和崔仁山根据邓和皋在地委会上的讲话精神，向工人讲了话。唐宏经代表大连中华工学会宣布了复工命令。8 月 5 日，大连"福纺"厂工人陆续上班。这场斗争整整坚持了 100 天，获得了胜利。"福纺"斗争的胜利，打击了敌人，也训练和壮大了自己的队伍。它影响到沈阳和满铁沿线地区，如奉天制麻会社和奉天满蒙毛织会社的同盟罢工，即受到"福纺"罢工的影响。这场罢工有力地促进了反帝反封建反军阀的民主革命运动，在我国工人运动史上谱写了光辉的篇章。

　　1925 年春，共产党员任国桢到沈阳开展工作，从事建党建团活动。在很短的时间里即联系了一批进步青年。5 月 30 日，上海爆发了五卅运动，消息传到沈阳，人民群众反帝斗争的情绪更加高涨，特别是青年学生，对五卅惨案反映极为强烈。任国桢通过进步青年苏子元（基督教青年会文书）迅速串联了一些学校的进步学生，决定举行一次请愿示威游行，支援上海同胞的斗争，抗议和声讨帝国主义的滔天罪行。6 月 10 日，沈阳各校学生集中于省公署门前，锋芒直指帝国主义。被吓坏了的沈阳当局，准备派兵镇压，学生们向警察展开了政治攻势，挫败了反动当局的阴谋。沈阳学生 2000 多人大请愿，以部分胜利而告终。

辽宁省城的声援五卅运动，迅速影响到全省各地，先后有营口、抚顺、新民、海城、凤城、岫岩、铁岭、彰武、本溪、安东等地学生积极投入，声援上海工人、学生的罢工、罢课斗争。

为了进一步扩大党的影响，建立党团组织，任国桢和吴晓天于1925年夏，在沈阳举办了暑期学校，传播马列主义。参加学习的人员有声援五卅运动的学生代表，各校的进步学生和社会进步人士20多人。任国桢亲自讲授唯物史观和唯物辩证法等课程，比较系统地介绍了马列主义的基本理论和我党的主张，不久即发展了一批党团员，建立了党团组织。

1925年12月，李大钊听取楚图南关于云南工作的汇报后，要求楚图南立即赴东北工作，并转达他对东北工作的一些意见和批示。楚图南到长春后以省立第一师范学校为基础，在学生中宣传民主思想，传播马列主义，引导学生读唯物史观、政治经济学等进步书籍，从而使长春已经兴起的爱国学生运动，更加深入发展。1926年12月，楚图南回到北京，向李大钊汇报了《哈尔滨时报》和滨江大戏院被搜查封闭、一些同志被捕或转移的情况。李大钊指示说："开展工作注意隐蔽，不要过于暴露。已被封闭的报馆、戏院就不要再恢复了……"并让楚图南赶快回东北，因为"随着大革命北伐的形势发展，党的活动还要发展壮大，东北将成立新机构"。

中共中央对东北地区的革命形势非常关注，于1927年5月18—19日讨论了东北三省的工作。鉴于东北各党组织日渐扩大，急需成立东北各省市的党的领导机关，以利于开展工作，加强组织领导，中央决定成立东北三省（满洲）省委。后经挫折，筹建工作被迫中止。1927年，八七会议后，中共中央再次决定成立中共满洲省委。北方局根据中央决定，派陈为人到东北组建中共满洲省委。陈为人于1927年10月24日在哈尔滨召开第一次东北地区党员代表大会，成立中共满洲省临委，陈为人任省临委书记。1928年9月，中共满洲省临委改为中共满洲省委。中共满洲省委的成立，象征着东北地区革命斗争进入一个新的历史阶段，标志着李大钊为中国革命特别是东北地区革命做出的贡献，已结成丰硕的成果。

李大钊为中国共产党的创立建下了不朽的功勋，在其领导的北方地区党和人民群众的解放斗争中做出了卓越的贡献。东北地区党组织的建立和人民群众革命斗争的胜利，都包含着李大钊同志的心血。他派出的共产党员，在东北地区播下了革命的种子，并遍地结出丰硕的成果，在哈尔滨、大连、沈阳、吉林、长春、牡丹江、双城、北宁路、台安等地建立了党团组织，为建立一个领导东北地区革命斗争的统一组织奠定了基础。

（作者系中共辽宁省委党史研究室原主任、辽宁省政协文化和文史资料委员会原主任）

烽火兵戎十四载　白山黑水谱华章

孟悦

　　"我的家在东北松花江上，那里有森林煤矿，还有那满山遍野的大豆高粱……九一八，九一八，从那个悲惨的时候；九一八，九一八，从那个悲惨的时候。脱离了我的家乡，抛弃那无尽的宝藏，流浪！流浪！" 一曲传遍中华大地的《松花江上》，唱出一段苦难的民族血泪史，也唱出了东北人民流离失所的满腔悲怆。

　　1931 年的 9 月 18 日，日本侵略者悍然发动了震惊中外的九一八事变，把中国推进了血泪痛苦的深渊。这段黑暗的历史距今已经 90 余年，但它又从未离我们远去。

　　习近平总书记在纪念中国人民抗日战争暨世界反法西斯战争胜利 75 周年座谈会上的讲话中，以深邃的历史眼光回顾了中国人民抗日战争和世界反法西斯战争的奋斗历程，揭示了这场战争胜利的伟大意义和深远影响。在这篇重要的讲话中， 习近平总书记还对抗战起点进行了明确定位： "九一八事变后，中国人民就在白山黑水间奋起抵抗，成为中国人民抗日战争的起点，同时揭开了世界反法西斯战争的序幕。"

正是从 1931 年 9 月 18 日当夜开始，身处日本侵华第一线的辽宁军民率先投身抗日救亡斗争，无数辽河儿女开始为国家生存而战，为民族兴亡而战，为人类正义而战。辽宁，历史性坐落在中国抗战起始地的时空坐标交叉点上，成为中国人民直接对日作战的第一个战场。这片辽阔的白山黑水，自始至终见证了中国抗战 14 载烽火兵戎，见证了中华民族的浴火重生，更为抗战精神的孕育和凝聚做出了突出的贡献，当之无愧成为中国抗日战争的起始地。

中国人民武装抗战的第一枪

九一八事变不仅是日本大规模武装侵略中国的开始，也是中国抗日战争的开端。1931 年 9 月 18 日夜 10 时 20 分左右，日本关东军按照精心策划的阴谋，炸毁了柳条湖附近"南满"铁路的一段路轨，反诬中国军队所为，并以此为借口，迅速向驻守在北大营的中国军队发起突袭。当时驻扎在北大营的东北军独立第七旅是东北军的一支劲旅，总兵力 7000 多人，轻重武器配备比较精良，文化素质较高，战斗力强。然而，在九一八事变前，

1932 年春，东北抗日义勇军攻入沈阳城，沈阳民众在小东门热烈欢迎义勇军入城

上级下达的命令却给战士们泼了一盆冷水。

当日本关东军进攻北大营时，上面不断传来不许抵抗的命令："不准抵抗，不准动，把枪放在库房里，挺着死，大家成仁，为国牺牲。""对进入营房的日军，任何人不准开枪还击，谁惹事，谁负责。"于是，事变当晚，这座当时沈阳最大的兵营出现了极为血腥残酷的一幕：一方肆无忌惮地疯狂屠杀，另一方却束手被杀，双方进行着不对等的军事较量。

然而，北大营内中国军队虽然被不抵抗命令束缚了手脚，但并没有陷入完全被动挨打的局面。一部分爱国官兵毅然奋起还击，与日本侵略者展开激战，成为中国抗日战争的先声。

在撤退突围的命令下，面对日军的围追阻截，隐忍多时的部分东北军爱国官兵"以炽烈的火力还击，将对方的火力压制下去"。一时间，怒吼的枪声带着全体官兵压抑的怒火，尽情地向日军射去。猛烈的炮火很快将敌人的火力压制住，趁此间隙，官兵们相继越壕而出。至 19 日 5 时 30 分左右，东北军第七旅官兵相继全部撤出。随即，日军占领北大营。

同日，日军突入沈阳城。当时，沈阳内城也有武装力量同日军展开激战。这支武装力量就是时任辽宁省警务处处长的黄显声及其率领的沈阳警察队伍，黄显声也因此被后世尊称为"血肉长城第一人"。

19 日晨，日军攻占了沈阳市区商埠地及大小西关，黄显声得知东北军放弃抵抗，毅然身先士卒，果断指挥警察局的兵力，对日本侵略者进行猛烈反击。

抵抗日军进攻的第一道防线设在小西门，70 多名警察在城楼前严阵以待。这里城楼高耸，是阻击日军的有力屏障。可尽管沈阳警察利用临时修整的工事进行了英勇抵抗，但在全副武装、来势汹汹的日本正规军面前，警察的力量还是显得势单力孤。战斗持续了数个小时，大部分警察都阵亡了。

铁西工业区六分局的牺牲是最为惨烈的。这个分局只有 30 多名警察，他们同进犯的日军展开了殊死战斗，激战长达 3 个小时之久。子弹打光后，30 多名警察终因寡不敌众、弹尽援绝而全部被日军杀害。

在历史的长河中，总会有一些并不知名的人，虽然不为后世所深知，却成为那个年代划破黑夜，转瞬即逝的闪光。"打响抗日第一枪"的壮举，成为"血肉长城第一人"的身姿，都蕴含着一种深刻的力量，更是对"天下兴亡，匹夫有责"的最好诠释，卓绝悲壮，节烈芬芳。

抗日救亡的第一声号角

辽宁，之所以成为中国抗战的起始地，不仅因为辽宁是九一八事变的发生地，也不仅因为辽宁素有反侵略的传统，其根本原因在于中国共产党在第一时间就发挥了中流砥柱的作用。

国难当头之际，与国民政府推行"攘外必先安内"政策形成鲜明对比的是，当时中国共产党则是在极力宣传抗日救国的主张。地处反日斗争最前线的东北党组织，在九一八事变爆发前就密切关注日本侵略者的动向。

中共满洲省委是当时中国共产党在东北地区的最高领导机构，早在1931年4月，中共满洲省委已经觉察到日本正在加紧侵略东北的各种阴谋，在给中央的报告中就详细报告了日本在东北各地驻军、修建军营、工事、进行军事演习以及不断增兵的情况，认为"日本帝国主义要直接占领满洲"。事变爆发的前一个月，满洲特科人员在沈阳南满站等地侦察后得出结论称："看来日本人要动手了。"这些侦察和分析对事变后中国共产党做出及时而正确的反应，对于提醒东北各族民众警惕日本军国主义的侵略起到了重要作用。

据时任中共满洲省委常委、宣传部部长的赵毅敏回忆，九一八事变当夜，他正在辽宁沈阳三经街81号居所，听闻变故，马上意识到日军开始了大规模武装行动，他首先想到"中国共产党定要首先发表一个宣言，要尽快告诉群众究竟发生了什么事情"。抱着这个想法，赵毅敏在日军的隆隆炮声中，连夜奋笔疾书。他根据过去开会讨论问题时互相交换过的意见，在驻地一气呵成地写就了《中共满洲省委为日本帝国主义武装占领满洲宣言》。

9月19日，街面上的枪声还没停止，中共满洲省委就在沈阳小西边门附近省委秘书长詹大权家秘密举行了省委常委紧急会议。会议集中讨论骤变的形势

中共满洲省委原址福安里

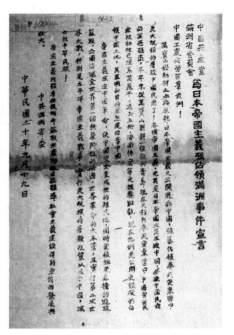

《中共满洲省委为日本帝国主义武装占领满洲宣言》

和应对措施，做出尽快给中共中央打报告并尽早发表抗战宣言等决议。赵毅敏将连夜起草的文件交会议讨论、修改、补充并最终定稿。

当天下午，就在日本关东军的布告张贴出来的同时，另外一种布告也贴满了沈阳的大街小巷。这就是中国共产党领导的满洲省委贴出的《中共满洲省委为日本帝国主义武装占领满洲宣言》，又称为"九一九宣言"，这是中国 14 年抗战史上、也是世界反法西斯战争史上的第一份宣言。

这份宣言简练而又明白，深刻而又透彻。《宣言》旗帜鲜明地阐明自己的政治立场，号召广大民众团结起来共纾国难，同时迅速转变斗争策略，将反日作为主要任务。《宣言》指出："这一事件的发生不是偶然的！这是日本帝国主要者为实现其'大陆政策''满蒙政策'所必然采取的行动！"宣言还强调："只有在中国共产党领导下，才能将日本帝国主义驱逐出中国！"号召工农兵劳苦群众开展英勇的斗争，反对日本帝国主义占领满洲。《宣言》印出后，满洲省委通过共产党员、青年团员和进步学生迅速散发出去，在广大群众中尤其是在青年学生中引起很大反响。

9 月 20 日，中共中央又发表了《为日本帝国主义强暴占领东三省事件宣言》，直指日本侵略者的阴谋，就是"掠夺中国，压迫中国工农革命，使中国完全变成它的殖民地"。此后，中国共产党连续发表一系列紧急决议和告民众书等，提出建立游击队伍，组织民众，联合各抗日队伍与军队共同抵抗侵略。

1932 年 4 月 15 日，中华苏维埃共和国临时中央政府正式发表了《对日战争宣言》，指出，中国共产党将"领导全中国工农红军和广大被压迫民众，以民族革命战争，驱逐日本帝国主义出中国，以求中国民族彻底解放和独立"。这份《宣言》与国民党的"不抵抗"政策形成明显对比，而且比国民党政府正式对日宣战早了 9 年。

九一八事变前后，中国共产党旗帜鲜明的抗日立场，犹如黑暗里的一盏明灯，照亮了东北三千万民众的抗日征途。在中华民族处于生死存亡的危急关头，中国共产党以民族大义为重，义无反顾地冲在了最前线，率先举起了抗日救国的旗帜，吹响了抗日救亡的第一声号角。中国共产党的抗日号召既充分表达了中国共产党抗日救国的政治诉求，也以其振聋发聩的巨大效果激发出了广大人民群众的爱国热情与抗战决心，在东北乃至全中国迅速掀起了声势浩大的抗日救亡热潮，充分表现出一个先进政党的家国情怀和担当精神。

率先高举武装抗日的义旗

九一八事变后，东北大片国土迅速沦入敌手。国难当头之际，东北军部分爱国官兵自发行动，继而形成了包括各阶层人民、部分爱国官兵和绿林武装在内的东北抗日义勇军。虽然义勇军的兵力和装备都比较落后，但他们仍然同日本侵略者展开了顽强的斗争。

东北抗日义勇军是中国抗战起点上最有代表性的民众抗日武装，而辽宁抗日义勇军更是率先举起抗日义旗。其中，辽西义勇军的杰出代表高鹏振，是最早率众走上抗日战场的义勇军将领。

高鹏振，原名高青山，曾在民间自卫团当差，后投身绿林，报号"老梯子"。高鹏振"为匪十余年不曾杀过一个人、放过一次火和奸污过谁家的妇女"。在老百姓心目中，他是一位了不起的"民间的英雄"。

九一八事变发生时，高鹏振正在沈阳养病，目睹了日军的侵略暴行。他病未痊愈，就决定回家乡组织民众武装抗日。九一八事变后的第9天，即1931年9月27日，高鹏振组建了200余人参加的"镇北军"。在镇北军成立暨誓师大会上，高鹏振公布抗日誓词：

起来！起来吧，不愿做亡国奴的人们。山河碎，家园毁，父母成炮灰，留着我们的头颅有何用？拿起刀枪向前冲！杀！杀！杀！

1931年10月初，东北民众抗日救国会委派张永兴（曾化名王立川）前往高鹏振部协助整编队伍、严明军纪、开展活动。在王立川等人协助下，高鹏振部发展迅速，至1931年末队伍达到2500余人。高鹏振率领的骑兵支队，骁勇善战，被誉为"义勇铁骑"，沉重打击了辽西地区的日伪政权，"老梯子"名号威震敌胆。

这一时期，无数如"老梯子"一样英勇的东北抗日义勇军，推动了东北抗日斗争的发展。义勇军全盛时期，总人数达到30万人以上，活动地区几乎遍及全东北，以其巨大的规模和波澜壮阔的抗争之势，给日本侵略者以重创。然而，当时的义勇军成分复杂，战略战术也不得法。中国共产党敏锐地察觉到了这一问题，从1931年10月起，满洲省委和各地党组织先后派遣500多名党团员到各部义勇军中开展工作，东北各地党组织还动员大批青年学生、知识分子参加义勇军，并动员社会各界人士进行募捐活动，支援抗日义勇军的斗争。

1931年10月上旬，中共地下党员、与黄显声相熟的辽宁人刘澜波受其委托，起草、制订了组建抗日义勇军的《编委方案》。这是东北抗日义勇军历史上重要的一页。《编委方案》对义勇军的组编程序、奖励办法、武器装备和经费来

源等方面，都做了详尽的规定，使义勇军的发展正
规化，为义勇军的建立奠定了组织基础。

地下党员刘澜波

鲜血浸染辽河水，义勇忠魂谱华章。在中国共
产党领导下的辽宁抗日义勇军，是最早站出来与日
本侵略者战斗的自发武装，这也是中国 14 年抗战始
于辽宁的重要标志之一。辽宁抗日义勇军为创建东
北抗日联军提供了条件和经验，推动了东北抗日斗
争的发展，为东北乃至全国抗日战争的胜利做出了重要的贡献。1941 年，周恩
来在《新华日报》上刊文指出："海可枯，石可烂，义勇军的民族大义，是永
远不会磨灭的。"

中国民间抗战外交的重要起点

"德不孤，必有邻。"九一八事变后，日军疯狂侵华的行径无疑是对国联
及其盟约的一次公然挑衅，而中国人民的正义之战则得到国际和平力量和有
识之士的支持。于是，1932 年 2 月 3 日，由英、美、法、意、德五国代表组
成的国联调查团从欧洲出发，前来调查九一八事变。可是，本应首先抵达事
件发生地的调查团，却没有径直赶赴中国东北，而是绕道美国和日本，直到 4
月 21 日才抵达辽宁沈阳。利用这段时间，日本侵略者巩固了对东北的占领，
由其一手炮制的伪满洲国也已经宣告成立。这些既成事实都对调查活动非常
不利。

调查团本是为了了解真相，"初看起来，也许
认为这个任务极简单。可是在那个特定历史情况下，
不但不简单，而且几乎不可能"。沈阳是九一八事
变的发生地，而且策划伪满洲国的主要活动大多是
在沈阳进行的。日方唯恐调查团接触东北爱国民众，
使其侵略罪行暴露，所以对沈阳的防范格外森严。
调查团刚到沈阳，就被关东军安排在"满铁"经营

装有"TRUTH"材料的蓝色布
袋

刘仲明

巩天民

李宝实

于光元

张查理

毕天民

张韵泠　　邵信普

刘仲宜

的奉天大和旅馆内。在旅馆及其周围，日本关东军特务人员伪装成公务人员和附近的人力车夫，将大和宾馆秘密包围起来并且进行严密监视。

尽管如此，沈阳九位爱国人士还是冒着巨大的风险，秘密搜集反映日军侵略真相的材料，并且冲破层层阻力，将材料转交给国联调查团。他们被后人尊称为沈阳"九君子"。

沈阳爱国知识分子巩天民、刘仲明等人在九一八事变后，就成立了爱国小组。他们每次聚会时必饮一杯苦水，以表示卧薪尝胆、斗争到底的精神。当他们得知国联调查团要到沈阳的消息后，就决定集中精力搜集日本侵略东北的罪证。他们认为"如果能够通过调查团之口，给世界一个是非判断，也是知识分子报国的一种方式"。

在日军格外森严的防范下，九位爱国志士的搜集工作异常危险和艰难。在拍摄财厅门前布告时，九位爱国志士之一的毕天民遭遇了一次惊心动魄的经历。当时财厅门前每天都有日军看守，所以只能到对面的房顶上去拍摄。毕天民选择了阳光最好的一天，他从僻静处爬到对面一家商号的房顶，静静等待太阳直射大门的时刻。时间一分一秒地流逝着，长时间的等待使毕天民的双腿早已发麻，他想起身稍微放松一下时，一不小心碰掉了一块瓦片，正好掉了下来。毕天民吓得再也不敢挪动半步，任凭豆大的汗珠浸透全身。值得庆幸的是，哨兵并没有发现他。日光终于慢慢地移了过来，但他仍然不敢按动快门，唯恐快门声被哨兵听到，会暴露目标。此时，恰巧一辆汽车经过这里，毕天民借助汽车发动机的嘈杂声，迅速按下快门。照片拍摄成功了，毕天民紧张的神经也终于放松下来，他这次拍摄的照片恰恰成为最为关键的证据之一。

就这样，经历了一次次的冒险，一次次的惊心动魄，爱国小组最终获得日军侵华直接证据 300 余份。至 1932 年 1 月底，这份揭露、控诉日本侵略东北的罪证材料就已经完全准备好了。张查理教授的夫人宫菱波特意赶做了一个蓝色布袋，并用红色丝线绣上了英文"TRUTH"字样。在材料汇编的末尾，九位爱国志士以生命为代价，庄严地签署上了自己的真实姓名。他们是：银行家巩天民、邵信普，大学教授刘仲明、张查理、毕天民、李宝实、于光元，社会教育家张韵泠，医学家刘仲宜。这份签名，不仅代表了他们勇于担当的强烈责任感，更展现了他们维护正义、热爱祖国的伟大情怀。尽管他们当时不是军人，不在官场，但"国家兴亡，匹夫有责"的使命意识使这些知识分子在国家的危急时刻挺身而出，他们的抗日救亡是人格、胆识、智慧和魄力的集中体现。

经过多方努力，九位爱国志士辗转请到了与国联调查团团长李顿自幼熟悉，在法库基督教教区的英国人倪斐德博士帮忙联系。1932 年 4 月 25 日，倪斐德博士借着与国联调查团共进晚餐的时机，将揭发材料送到调查团手里。次日下午，调查团全体成员来到沈阳英国领事馆，审阅了证据汇编。

这份证据汇编重视材料的客观性和实证性，用事实说话，用证据说话，对于国联了解日本侵略的真相，确定对日本的侵略行径持谴责的基调，并且形成最终的《国联调查团报告书》都起到了至关重要的作用。沈阳九位爱国志士的爱国义举，是辽宁知识群体的软实力抗战，也是中国民间抗战外交的重要起点。时至今日，这份证据汇编还被收藏在联合国欧洲总部的日内瓦图书馆内。

以史为鉴　行稳致远

近代中国虽屡遭列强侵犯，却也在反复地印证着"多难兴邦"的古训。九一八事变给我们带来了空前的国难，但同时也催生了中国抗战的热潮。由此发轫，中华儿女前仆后继、浴血奋战 14 载，终于取得了近代以来抗击外敌入侵的第一次完全胜利。

宜将剑戟多砥砺，不教神州起烽烟。"九一八"作为日本 14 年侵华战争的开端，已经深深地印刻在每个中国人的血脉之中。

在纪念中国人民抗日战争暨世界反法西斯战争胜利 70 周年招待会上，习近平总书记发言再度警醒道，"血的教训不能忘却。昨天的历史不是今天的人们书写的，但今天的人们不能脱离昨天的历史来把握今天、开创明天"。

以史为鉴，方能行稳致远。辽宁，作为中国抗日战争的起始地，传承时代薪火，弘扬抗战精神，就是要从那段凝重的历史中汲取伟大的精神力量，从那场不屈的奋斗中获得警示与启迪，锲而不舍，更好地肩负起民族复兴的历史使命。如今，辽沈大地的红色光芒在"六地"文化的传承赓续中愈发闪亮，而新时代下的新内涵、新形式、新视角又为辽宁输送着源源不断的精神给养，与时俱进，历久弥新。辽宁这片热土，正焕发着新的光彩。

（作者系沈阳"九·一八"历史博物馆研究馆员）

辽宁义勇军与《义勇军进行曲》渊源

赵杰

"1998 年，政协辽宁省委员会八届会议之初，用一届五年时间，围绕'义勇军—义勇军进行曲—国歌'的渊源关联这一课题，组织省、市、县（区）三级政协委员、史学界人士联合对分布在全省各地的 58 路抗日义勇军斗争遗址、遗迹进行一次全面视察；目的是切实保护地充分发掘这一宝贵的精神资源。"有案可资，这是"政协辽宁省委员会办公厅送阅件第 6 期"留存，时间为 1998年 7 月 10 日。

每项工作从它的策划到完成，都离不开它的出发点、共识点和归结点。政协文史集中体现在政协工作中，发挥着不可替代的作用，反映了真实性，更是情感真诚坦荡。

一、出发点

义勇军与《义勇军进行曲》渊源的主题，不是孤立的，都是与中国抗战有机联系的。加强研究这一阶段历史，通过挖掘辽宁义勇军新的史料，强化对所

东北抗日义勇军纪念馆

反映的《义勇军进行曲》历史认识：辽宁义勇军抗战中所起的作用及其地位的客观评价，促使进一步解决中国抗日战争是从何时何地开始的问题。

文史资料工作是周恩来同志于 20 世纪 50 年代倡导的，全国政协和各级政协先后成立了文史资料研究机构，开始了文史资料的征集、整理、研究、编写、出版。文史资料工作从开创性地提出征集和研究文史资料之初，它就具有鲜明的统一战线性质。

辽宁省政协文史委员会和各市、县（区）政协文史工作部门在多年的工作中，征集、出版了相当数量有关方面的史料，包括辽宁义勇军的史料。

九一八事变爆发之后，辽宁各地区，特别是各县也随之开始了最初的斗争。据现今掌握的史料，几乎省内各大城市所属的地区，都有义勇军活动的足迹，都有英勇抗击日本侵略者的史绩，并有其代表人物。高鹏振、李兆麟、耿继周、张海天、郑桂林、亮山、李海峰、唐聚五、李春润、邓铁梅、苗可秀等，都是人们熟悉的抗日英雄。

作者将亲历、亲见、亲闻或根据当事人口述整理的资料记录出来，稿件中人物或事件，真实、具体，主题鲜明，有代表性。

我认为从本质上确定东北抗日义勇军的抗战史，确立东北义勇军与《义勇军进行曲》关系研究，就是在支撑中华民族抗战 14 年观点。

中国抗日战争开始于 1931 年的九一八事变，结束于 1945 年日本签订投降书，经过了 14 年艰难曲折的斗争历程。其中，以 1937 年的卢沟桥事变为界，前 6 年是局部抗战时期，后 8 年是全国抗战时期。东北沦陷了 14 年，但东北人的抗日斗争也持续了 14 年，而且是在极其艰苦卓绝的境况下进行的 14 年英勇斗争。

由静变动，这是当年我省政协文史工作的一个新探索。所谓由静变动，就是指要让那些静存的文史资源活起来，注意从加强调查、研究入手，强化文史工作的"资政"功能，即参政议政职能，以更好地服务于现实。

1998 年 6 月初，八届省政协刚刚换届，在研究新一届五年工作时，文史委员会的政协委员提出，沈阳是九一八事变的发生地，相关的纪念活动包括纪念大会、学术研讨会年年搞、经常搞，那么在 2001 年九一八事变 70 周年之际，作为省政协的文史部门，我们又应做些什么？把这个题目提出来，也是基于政协工作的优势和十几年积累的几百万字的义勇军史料。

《国歌》，我们没有谁不知晓。但是却不一定都能讲清它，这首原名为《义勇军进行曲》所包容的历史。在她包容的历史中，日本侵略者踏着中华民族昔日的创伤，悍然发动了九一八事变。山河破碎，国恨家仇，迫使不甘屈辱的爱国民众，揭竿而起。一呼百应的东北抗日义勇军，救国军、自卫军、大刀队、长枪队……在白山黑水之间，不畏强敌，浴血厮杀，前赴后继。义勇军在中华民族反抗外来侵略的斗争中，赢得了永不磨灭的光荣。

对这一问题的思考，主要思想是不满足于例行公事的纪念活动，而是要通过扎实的工作和翔实的材料拿出新鲜的观点。这样，文史委员会就确定了东北义勇军和《义勇军进行曲》的关系这一切入点，即辽宁抗日义勇军在抗日斗争中的地位和贡献。

二、共识点

从辽宁义勇军和《义勇军进行曲》入手，揭示义勇军抗日救亡的重要历史意义和应有的历史地位，在国内史学界研究中，这也是一个空白，过去几乎没有人去涉猎，但它又是一个很严肃的课题。

1998 年 6 月，辽宁省政协学习宣传和文史委员组织省内史学界有关专家、学者，就抗日义勇军在抗日斗争中的地位，进行了研讨、论证。辽宁省政协副主席李国忠和张毓茂分别出席了在沈阳、宽甸两地召开的相关会议。应邀参加的还有丹东市政协副主席曹建洲，沈阳、丹东两市政协文史委主任，宽甸县政协主席、副主席。

这些研讨会的目的是，论证中国人民抗日战争从"九一八"日本入侵中国那天就已经开始，辽宁义勇军用中华民族不屈外辱的血肉之躯，对侵略者浴血奋战，拉开中华民族抗日战争序幕，孕育了《国歌》这激越的主题和旋律。从《义勇军进行曲》到《国歌》，凝结着、汇集着整个中华民族的血肉与呐喊，是全中华民族的意志、精神力量的源泉。就是抗日战争的重要组成部分，在中国人民抗战史上乃至世界反法西斯斗争中，具有不可磨灭的重要地位。

1931 年九一八事变的第二天，中共满洲省委就发表了《为日本帝国主义武装占领满洲宣言》，要求各地党组织利用各种机会、采用各种形式宣传和动员群众，反抗日本帝国主义的侵略，拉开了辽宁抗战的帷幕。

正如毛泽东在《论联合政府》中，对九一八事变后东北地区的抗日武装斗争给予高度评价："中国人民的抗日战争，是在曲折的道路上发展起来的。这个战争，还是在一九三一年就开始了。""东三省的一部分爱国军队，在中国共产党领导或协助之下，违反国民党政府的意志，组织了东三省的抗日义勇军和抗日联军，从事英勇的游击战争。这个英勇的游击战争，曾经发展到很大的规模，中间经过许多困难挫折，始终没有被敌人消灭。"

九一八事变后，东北军大部分撤到关里，而留在各地的警察、保安队、民团等地方武装，却主动起来进行抗日。抗日救国会成立后，有的就派人来北平请求支援，救国会也陆续派人同他们联系。救国会军事组负责把他们组织起来，组成各路抗日义勇军，最多时计有 52 路，由救国会委任的各路司令也有 50 多人。抗日义勇军发展最多时有数十万人，以后把各地义勇军划为四个军区，每个军区相当一军区①。这是 1931 年 9 月 27 日主持成立"东北民众抗日救国会"的卢广绩，即后来辽宁省政协副主席晚年的回忆。

辽宁抗日义勇军斗争风起云涌，主要由军人、工人、农民组成，也包括了共产党员和社

歼灭古贺联队纪念碑

会其他成分：官员、警员、知识分子、市民、士绅、地主，还有绿林人物。无论这些人出身如何，目标是共同的，即：赶走日本侵略者，还我大好河山。阎宝航在九一八事变发生 10 个月时写的《东北义勇军概况》中提到，当时辽宁已有义勇军"20 万健儿，深伏敌背，以为策应，驱逐倭虏，指顾间事"②。提到"义勇军之战绩"，在东北四百万方里土地，到处有义勇军足迹。他还在文中说，因"消息不灵"，"兹编所录，要不过百分之一"③。

政协委员和专家学者多次进行了论证，认为义勇军与国歌相关联的调研题目很严肃，是个空白。这一工作从配合勿忘国耻到突现东北民众的抗日斗争精神，体现中华魂，都是很有现实意义的。

省政协主席孙奇赞同探索政协文史工作参政议政职能的新思路，把义勇军辽宁抗战这一重大专题，列为省政协本届文史工作的重要任务来抓。孙奇主席明确提到，实事求是，是我们党的思想路线，义勇军的史料要抓紧挖掘、整理和抢救。对历史事件和历史人物客观记述，就要防止和克服"左"的思想干扰，使之合于历史的本来面目。客观公正记述历史人物和历史事件，才能收到团结

---

① 赵杰、富伟主编《卢广绩生平》，"九一八事变前后东北人民的抗日救国活动"，辽宁人民出版社 2001 年版，第 91 页。

② 赵杰、李兴泰主编《血肉长城》上卷，阎宝航著《东北义勇军概况》，辽宁人民出版社 1993 年版，第 85 页。

③ 赵杰、李兴泰主编《血肉长城》上卷，阎宝航著《东北义勇军概况》，辽宁人民出版社 1993 年版，第 100 页。

卢广绩为《东北民众救国会》题写书名

教育一大片的效果。

1998 年 4 月，全省政协文史工作协作会在盘锦召开。会上提出用 5 年时间，围绕"《义勇军进行曲》——国歌"渊源关系这一课题，组织省、市、（区）三级政协委员、史学界人士联合视察辽宁抗日义勇军斗争的遗址、遗迹，对分布在全省各地的抗日义勇军斗争遗址遗迹进行一次全面视察，目的是切实保护和充分发掘这一宝贵的精神资源，对青少年和人民群众进行爱国主义教育。会议认为，辽宁文史工作者通过对义勇军战斗遗址、遗迹视察，推动其史料挖掘、整理，并运用史料准确、客观、公正评价其在抗战中的历史地位，充分肯定其历史功绩，进而弘扬爱国主义，光大民族精神，责无旁贷。做好此项工作，无论是告慰先人，还是激励后人，都是辽宁政协文史工作者和史学工作者的历史责任。会议上很多同志都提到，此项工作是意义重大的系统工程，应精心组织、统筹安排，分阶段、有计划、有步骤进行。视察时，要注意史学专家与有关知情人介绍情况相结合，同时，还应借此契机抓紧挖掘、抢救、征集有关义勇军活动的"三亲"口述史料。根据史料整理编辑出版有关爱国主义教育书籍。根据实际情况，因地制宜，或建碑铭志，或挂牌纪念，以突现辽宁城市人文景观、增加城市历史文化含量等。发挥文史资料资政、育人的作用，扩大文史工作的社会影响。在此基础上，召开有关方面专家、学者参加的论证会，以翔实的史料充分论证中国抗日战争 14 年的史学观点。这些研讨会也是支撑贯彻文史委发挥政协工作优势，多开拓进取的工作思路。

三、归结点

"义勇军—义勇军进行曲—国歌"的视察、研究，是时代要求。

1998 年 8 月，张毓茂副主席带队，连续视察了沈阳地区抗日义勇军战斗遗址遗迹。听取了市扩建九一八纪念馆领导小组办公室关于新馆内容布置的介绍。考察了北大营东北军驻地、日本总领事馆、日本奉天特务机关署、日本关东军司令部、日本守备队驻地、东三省兵工厂等旧址，考察了抗日义勇军赵亚洲部攻打过的东塔机场，又赴新民市实地考察了义勇军高鹏振原居住旧址。

李国忠副主席先后带队，参加了在本溪、铁岭的视察。一位辽北绅士白子峰家大业大，国难当头舍弃家产，携儿子、侄子从军抗日，后被日军投入狼狗圈，被狼狗活活咬死。白子峰双眼被火烤、水烫弄瞎，四肢被老虎凳压断，头肿如斗，惨遭活埋在日本军营内。

李国忠回忆说："在开原市八棵树镇下窝棚村时，一个与其素不相识的并不富裕的农民，最初只盖了两间简陋的平房，以后又两次扩建，使纪念馆拥有 6 间瓦房。将积蓄建起抗日英雄纪念馆，让英雄的故事世代相传是很是让人思考。"杨守义对他说，1962 年，其父亲去世前，拉着杨守义的手嘱咐道："一定要把栾法章、白子峰的故事传下去，让后人永远记住他们。"

联合全省各地政协视察，各地也分别展开了对义勇军抗战遗址遗迹视察和对知情者的采访。

1998 年 6 月 23 日始，在抚顺市政协文史主任徐桂英主持下，常务副主席杜贤书、副主席孙承璇率部分文史委员和特邀文史员共 9 人，视察了抚顺地区义勇军抗战遗址遗迹。《关于抚顺地区义勇军抗战遗址遗迹的视察报告》中写道："这是全省联动大视察的一部分，是根据省政协学习宣传和文史委员会的部署进行的，赵杰副主任等省政协领导参加了部分视察活动。"① 视察团以义勇军战斗过的遗址遗迹为线索，实地视察，有当地干部群众介绍，还走访了知情人，最后召开了座谈会。

---

① 政协抚顺市委员会办公厅文件，抚协办发 1998 年 26 号。

1998 年 8 月 22 日，省政协与葫芦岛市政协联合视察歼灭古贺联队遗址。1932 年 1 月 3 日，锦州沦陷，日军在攻占锦州的当日午后，下达了以消灭各地义勇军为任务的命令。骑兵第二十七联队长古贺传太郎中佐率领 200 余名日军，马不停蹄地继续向锦西进犯。就在古贺进城的当晚，锦西抗日义勇军首领刘春山、刘春雨、刘存启（亮山）和锦西公安局长苑凤台等人，决心消灭这股日军，连夜召开会议，议定打掉侵略者嚣张的气焰，报仇雪恨。在日军出城后，亮山亲率 500 精兵在西园子村布下了伏击阵。中午时分，一声令下，枪林弹雨中日军纷纷落马。古贺立时被击于马下，当场毙命。现今，此地已经建起"歼灭古贺联队纪念碑"，碑上刻下义勇军抗日的业绩。

从 1998 年开始，省政协文史委连续五年组织省政协委员视察了沈阳、锦州、葫芦岛、抚顺、本溪、丹东、铁岭、朝阳等市抗日义勇军斗争遗址遗迹近百处，收集了当地政协挖掘的一批宝贵历史资料，促进了抗日义勇军遗址遗迹的保护工作。

委员们在实地视察中看到，对于义勇军在辽宁地区抗日斗争的历史遗址遗迹，以及这段历史在爱国主义教育方面得天独厚的条件，近年来，在当地党政部门的关注下，也先后建立了一些纪念设施，在爱国主义教育中发挥了一定的作用。但就全省来说，缺乏统一和整体的构想和规划。我与吴成槐、艾鸿举、杜凤宝、刘兆林、韩锡铎、李英健、唐立杰、傅波等 9 名政协委员联合提出了一份提案，即《关于在"九·一八"历史博物馆建立国歌墙，提高精神文明水平的建议》，被评为优秀提案受到表彰，而且得到社会上各方面的关注。诸多新闻媒体围绕《聚焦"国歌墙"》给予了多侧面报道；中央电视台新闻中心专程赶赴辽宁，以《永远的国歌》为题，结合义勇军的遗址、遗迹拍摄，对知情人进行了采访；《人民政协报》在民意周刊中，开辟专栏，加了编者按，对这一提案予以登载。在此过程中，我还先后接到了一些义勇军后人和群众来信，在表示赞同和支持的同时，提出了一些建设性意见。

举例：1931 年 10 月，九一八事变后，马子丹毅然在家乡组织群众开展抗日斗争，队伍很快就发展到 1000 余人。1932 年，该部被改编为东北国民抗日救国军独立第八师。他带领队伍袭击北票、朝阳，围攻义县城，活捉日军间谍，处死亲日汉奸。率部辗转于辽西，牵制和沉重打击了日本侵略者的嚣张气焰。1933 年 4 月 26 日，马子丹等人在水口子村东隐蔽休养时，被汉奸告密，在骑马突围时不幸中弹牺牲，年仅 39 岁。国家危亡之际，马子丹以国家民族大义为己任，耗尽家财，流尽了最后一滴血。但令人遗憾的，他的孤坟却在荒芜地。

另一例：辽阳纺纱厂是日本人创办的有几万纱锭的大厂。这个工厂有个工人叫尚吉元，他由东北来到北平救国会对救国会说："我敢把这个敌人纺纱厂烧掉，但我家还有父母，只希望你们能够负责赡养我的老人，我要牺牲自己，一定完成任务。"说着就拿刀把手指划出血来，在一个厚纸盒上写了血书弄成两半。他又说："这一半留救国会，寻一半我给家寄去，半个月后听消息吧！"到 1933 年秋，他父亲拿着儿子当年写的血书来到北平，在场的人员无一不洒下了热泪。救国会想办法给老人 2000 元抚恤金，送他还乡。卢广绩副主席晚年接受采访曾遗憾说："政策到今天也没有落实，我们对不起他们。"

政协文史资料工作为了贯穿各个环节中，张毓茂组织召开了省内有关部门参加的座谈会，就关于落实义勇军政策、确定义勇军烈士和待遇等问题进行协商。锦州义勇军研究会在锦州军分区的大力支持下，对 16 处辽西义勇军抗战遗址勘察确认及图文资料汇总，设计安装义勇军抗战遗址标志碑 13 座。义县烈士陵园内不但建立了抗日志士马子丹将军墓，马子丹牺牲地还建有纪念碑和文保碑。尚吉元火烧纺纱厂事迹，在厂史展览中图文并茂介绍着。随着爱国统一战线的不断扩大，对辽宁义勇军与义勇军行曲爱国主义宣传教育工作也在日益加强。

2005 年，胡锦涛总书记在纪念抗战胜利 60 周年大会上说："1931 年九一八事变是中国抗日战争的起点，中国人民不屈不挠的局部抗战揭开了世界反法西斯战争的序幕。"

2015 年 7 月 30 日，习近平总书记在中共中央政治局集体学习时也强调："我们不仅要研究七七事变后全面抗战 8 年的历史，而且要注重研究九一八事变后 14 年抗战的历史，14 年要贯通下来统一研究。"

本溪市桓仁满族自治县，以山高林密、溪流瀑布、枫叶遍布而闻名，东北抗日义勇军纪念馆就坐落在这里，这是目前唯一经国家批准的展示义勇军史实主题纪念展馆。人们称之为《义勇军进行曲》唱起的地方。

2021 年 12 月，辽宁省委在第十三次党代会上提出："深入阐释辽宁红色标识'六地'的丰富内涵和时代价值。"

以"六地"中的"抗日战争起始地"与"新中国国歌素材地"为例，它们息息相关。《义勇军进行曲》发端于辽宁义勇军抗战过程中，这是辽宁弥足珍贵的历史与文化遗产。在国难当头、民族危亡之际，毁家纾难，辽宁几十万义勇军揭竿而起，舍生忘死，前赴后继，投身抗日战场。他们以劣势武器装备，同武装到牙齿的凶残日军英勇战斗，屡挫强敌。在同日本侵略军进行殊死战斗中，抗日义勇军是在血与火中产生的民族英烈，他们用鲜血和生命捍卫了自己的祖国和民族。

（作者系辽宁省政协机关原巡视员，辽宁省人民政府原参事）

东北抗联与辽宁

张恺新

　　辽宁是 14 年抗日战争的起始地，也是东北抗联精神的主要诞生地。东北抗日联军是中国共产党领导的抗日武装，从 1934 年春到 1938 年秋，东北抗联及其前身部队在辽宁境内艰苦奋战四年多时间，沉重打击了日本侵略者的嚣张气焰，谱写了一曲曲可歌可泣的英雄史诗。杨靖宇、宋铁岩、王仁斋、李红光等著名抗日英烈都曾在辽宁境内率领抗联部队英勇战斗。东北抗联艰苦卓绝的抗日斗争在辽宁留下了很多珍贵的红色文化资源，东北抗联精神激励着辽宁人民在全面振兴的道路上不断开拓进取、奋勇向前。

一、组建队伍，开展抗日游击战争

　　九一八事变后，中国共产党及东北各级党组织积极发动民众抗日，领导和组建了一部分抗日义勇军。1932 年 6 月，在中共磐石中心县委和中共满洲省委军委书记杨林的主持下，磐石工农反日义勇军建立。同年 11 月，杨靖宇将这支义勇军改编为中国工农红军第三十二军南满游击队。1933 年 9 月 18 日，在

曾在辽东山区转战的东北抗联第一路军警卫旅官兵

九一八事变两周年之际，杨靖宇将南满游击队改编为东北人民革命军第一军独立师，杨靖宇任师长兼政治委员。东北人民革命军第一军独立师组建了司令部，暂编两个团，同年 10 月又设立了少年营，共 380 余人。1934 年春，杨靖宇率第一军独立师抵达辽东山区，转战在清原、新宾、桓仁、本溪、凤城、宽甸、西丰、岫岩等地，他们在方圆数百里的山区，采用埋伏、夜袭、阻击、突袭、避强攻弱等战略战术，利用游击战，同武器装备精良的日伪军展开周旋，还找准时机发起主动进攻，发生大小战斗数十次，消灭了敌人很多有生力量。

杨靖宇所率东北抗联第一军的前身——东北人民革命军第一军独立师首次攻打县城是在 1934 年 7 月 22 日。杨靖宇率部与抗日义勇军苏子余部联合南下辽吉边界开展抗日游击战争。6 月 24 日，杨靖宇等率领抗日队伍袭击了兴京县（今新宾县）红庙子，将驻扎在该地的伪警察逼迫到汪清县境内。接着，杨靖宇等率部继续向兴京县城方向奔袭。7 月 2 日，经过激战，攻陷了兴京县城。由于增援的日伪军较强，杨靖宇等旋即撤出县城。7 月 23 日，杨靖宇率部在桓仁县八里甸子攻袭了伪警察署，还围歼了日军守备队，俘虏了日军守备队小队长长秀向等 30 余人。不久，又在四道岭子、大青沟等地与日伪军警展开激战。

在中共南满第一次代表大会期间，根据杨靖宇关于正式成立东北人民革命军第一军的提议，确定了第一军暂设两个师的建制及干部人选。1934 年 11 月 7 日，东北人民革命军第一军正式宣布成立，杨靖宇任军长兼政治委员，朴翰宗任参谋长，宋铁岩任政治部主任兼党务。军部直属有保卫队和两个教导连。第一军下辖两个师，第一师师长兼政委李红光，第二师师长兼政委曹国安。全军共 800 余人。东北人民革命军第一军成立后，根据中共南满临时特委决议，各部划分了游击区域，以机动灵活的游击战术进行分区作战，打击敌人。第一师以龙岗山脉为后方根据地，主要活动在通化、临江、金川、柳河、兴京、桓仁等地；第二师以濛江、金川、抚松等地为后方根据地，主要活动在磐石、西安（今辽源市）、海龙、伊通、东丰和永吉、桦甸等地；军部则率教导连、保卫队转战于上述各地，指挥与开展游击战争。

1935 年 5 月初，杨靖宇与李红光率部南进，于 5 月 5 日攻占了兴京县城附近的东昌台，缴获伪警察署枪械 30 余支。此后，第一师在兴京与当地梁世风领导的朝鲜独立军取得联系，共同进行战斗。5 月 11 日，第一师一部在兴京县老庙岭附近与日伪军 200 余人遭遇并展开激战，战斗从下午 4 时打到太阳落山，战斗中师长兼政委李红光不幸中弹身负重伤，仍坚持继续指挥部队。次日，李红光因伤重牺牲，年仅 25 岁。李红光是磐石抗日游击队的创始人之一，为东北人民革命军第一军的建立与发展做出了重大贡献，他的牺牲是杨靖宇部抗日部队的重大损失。

李红光牺牲后，5 月 16 日，杨靖宇率军部直属部队和第一师一部在桓仁县歪脖子望山突破日伪军的重围，经过岗子岭和都岭，于 5 月下旬返回临江县三岔子一带。6 月，第一军军部和第一师第五、第六团等在临江、通化一带开展游击活动。

1935 年 8 月中旬，杨靖宇率军部及教导团、第五团，在清原县的黑石头沟公路两侧，选择有利地势设下埋伏，成功伏击了伪军 1 个团。此战击毙日伪军 40 余人，击伤 40 余人，俘虏 30 余人，缴获迫击炮 1 门、重机枪 1 挺、长短枪 60 余支、炮弹 10 多箱及其他物资。同年 9 月，一军一师师长李敏焕率领 160 余人，智取桓仁县窟窿榆树伪警察署，不费一枪一弹，缴获 40 多支枪和其他物资。

1936 年 2 月 27 日拂晓，杨靖宇亲自指挥军部教导团袭击伪东边道讨伐司令邵本良所部驻通化热水河子的一个团部，歼敌 60 余人。邵本良恼羞成怒，集结了一千余名伪军，以 3 架日军飞机助战，不分昼夜追击杨靖宇所部。杨靖宇命令所部用小股部队牵着邵本良所部，巧妙周旋于通化、桓仁、本溪、兴京、宽甸等地，行程近千里，历时 18 天，拖得伪军精疲力竭。4 月 30 日，杨靖宇亲率 500 余人的兵力，在本溪梨树甸子大东沟设伏。当邵本良所部进入包围圈时，杨靖宇指挥轻重武器直射敌军，邵本良企图后撤，后路被密集的火力封锁，企图抢夺制高点的突围部队也被击败。这一场战斗，一军共毙伤敌 80 余人，俘敌 10 余人，缴获 1 门迫击炮，4 挺机枪，百余支长短枪。邵本良本人脚部负伤，落荒而逃。

1936 年 7 月，东北人民革命军第一军改编为东北抗日联军第一军，月底又改称东北抗日联军第一路军第一军。军部下辖教导团和 3 个师，杨靖宇任军长兼政治委员，宋铁岩任政治部主任，安光勋任参谋长，全军总兵力 3000 余人，接受指挥的其他抗日武装部队有 8000 余人。其中，在今辽宁境内战斗的有东北抗联第一军第一师、第三师共 1500 余人。东北抗联第一军至此成为辽宁抗日武装斗争的核心力量。

二、建立根据地，加强党的建设

东北抗联第一军及其前身部队在辽东山区开展抗日游击斗争期间，创建了桓兴抗日游击根据地。1934 年 5 月 15 日，中共满洲省委在给人民革命军政委、政治部及全体党员的信中提出了创建革命根据地的指示。遵照这一指示，东北人民革命军第一军开始创建抗日游击根据地。由于地处辽东山区的桓仁、兴京一带离日伪军控制的铁路沿线较远，经过周密选择和精心部署，一军一师选择了战略地位极为重要的长白山龙岗支脉的老秃顶子山区（位于今桓仁、新宾、本溪县交界）作为主要的抗日游击根据地。老秃顶子地处辽宁、吉林两省边界，东与吉林省的辑安、通化相邻，南靠凤城、宽甸，北倚兴京、抚顺，西部和西北部与辽阳、奉天（今沈阳）接壤，这里物产丰富，山高林密，地势险要，海拔 1373 米，号称"辽宁第一峰"，是连绵群山的制高点，非常适合作为进可攻、退可守的抗日游击根据地。

杨靖宇率东北人民革命军第一军来到老秃顶子山区后，依托这里优越的地理条件，广泛开展游击战争，开辟、发展和巩固了以老秃顶子为中心的桓兴抗日游击根据地并逐渐扩大。在桓仁，游击区呈半圆形，从西至北转向东包围着县城；在兴京，日伪当局一度只能守卫县城，广大农村几乎遍布着抗日军队；在宽甸，东北抗联一军一师经常活动；东北抗联一军三师还开辟了抚顺、清原抗日游击根据地，与桓仁、兴京、本溪边界地区相互呼应，坚持抗日斗争。

　　建立各级党组织和党领导的抗日政权是创建稳固的抗日游击根据地的重要保证。杨靖宇率领抗日队伍在本溪、兴京等地区从事抗日活动期间，不断宣传中国共产党的政策主张，扩大中国共产党在这一地区民众中的影响。1934 年11 月，中共南满临时特委成立，杨靖宇兼任特委常委。此后，在创建老秃顶子抗日游击根据地的过程中，杨靖宇先后派共青团满洲省委委员傅世昌、东北人民革命军第一军政治部干部李明山和妇女干部朴金华，在桓仁、兴京地区建立中共桓仁县特别支部和中共桓兴县委。从 1935 年 6 月至 1936 年 4 月，中共桓兴县委组建起桓仁县高俭地、川里党支部和兴京县红庙子、岔路子党支部。此外，在第一军活动的抚顺和清原地区，恢复组建了被破坏的中共清原县委。1936 年8 月，中共抚顺支部成立，次年 4 月改组为中共抚顺县委。各级党组织的建立，为党领导的抗日游击根据地的巩固创造了条件。党的建设为东北抗联开展抗日斗争奠定了基础。在各级党组织的积极努力工作下，以老秃顶子抗日游击根据地为中心的一山区，成为较为稳定的红色区域，群众称其为"红地盘"。在王仁斋、周建华率抗联一军三师在抚顺一带开展抗日游击战争时，中共抚顺县委

位于丹东赛马镇的抗联"红军洞"

位于抚顺新宾满族自治县猴石地区的抗联取水井

配合协助搜集日伪军情报，潜入老虎台沟，他们打开日伪仓库，把很多物资分发给当地群众，还配合一军三师袭击过抚顺火车站。

随着东北抗联斗争的持续，党领导的抗日政权建设也如火如荼。按照中共满洲省委1935年2月19日给南满特委的指示，杨靖宇率部在南满地区开辟抗日游击根据地的同时，积极开展建立人民政权的工作。1935年8月17日，南满特区人民革命政府筹备委员会建立后，立即着手建立基层抗日政权工作。到1935年10月，南满地区就建立了15个乡政府，56个区政府。1936年，东北抗联一军一师在本溪、桓仁、宽甸、兴京建立了窟窿榆树特区人民政府和小青沟子、四平乡政府。在桓仁的马圈子、五里甸子、摇钱树地区也相继成立了抗日政权机构。这些抗日政权组织领导辖区广大群众开展抗日斗争，以各种方式支持党领导的抗日武装，为抗联筹备军需物资。如杨靖宇亲率一军一师组织成立的宽甸双山子区四平乡政府，仅1935年秋季就为一师筹粮百余石，猪、牛、羊百余头，还为一师传送情报、动员青年参军参战，并为部队购买医药，令日伪当局十分恼怒。1936年秋，日军出动飞机猛烈轰炸四平乡政府所在地天桥沟，同时派重兵对该地进行"讨伐"，将村内的房屋全部烧毁，许多乡政府成员遭到逮捕和杀害，残忍的日伪军还把村内的老百姓全部迁至两个集家部落中，在该地制造了一个无人区。同年冬天，在日伪军的残酷绞杀下，窟窿榆树特区政府也被迫解体。

三、两次西征，冲破"讨伐"

东北抗联第一军的两次西征都与辽宁有密切关联，西征所经之地主要位于今辽宁境内。西征的主要目的是杨靖宇等抗联领导人试图打通与党中央及关内红军主力部队的联系，直接取得党中央对东北抗日武装斗争的领导，试图改变东北抗联孤军作战的局面。两次西征，一次是一军一师1936年6月从本溪出发向辽西地区西征，另一次是一军三师于11月从兴京出发向热河一带西征。

1936年1月中共满洲省委撤销后，杨靖宇了解到，党中央已经决定组织"中国人民红军抗日先锋军"开始东征抗日，目的是东进绥远与日军直接作战。而此时，参加共产国际七大的东北人民革命军第二军政委魏拯民从莫斯科带回中共驻共产国际代表团的一些指示，其中就有抗联部队西征热河，扩大游击区域。5月23日，一军军

本溪关门山东北抗联第一军密营遗址

部在本溪草河掌山区的汤池沟附近召开了一师党的干部会议。会议决定一师三团从本溪、凤城中间突破，进入辽阳，而后越过南满铁路和辽河，直插辽西、热河。一师四团和六团在三团两翼活动，以便分散敌人兵力；杨靖宇则率领军部和直属部队由本溪向宽甸、辑安（今集安）活动，以掩护西征部队的行动。经过一个多月的周密部署和精心准备，6月28日，西征部队从铺石河踏上西征之路，虽然部队为了隐蔽，尽可能昼伏夜行，但仍然被日伪军发现。日伪军为了剿灭西征部队，调动了大批兵力围追堵截。西征部队不得不放弃原计划，艰难行军，迂回在辽阳、本溪、凤城一带的山岭中。7月8日凌晨，西征部队领导人在姜家堡子召开临时会议，通过分析形势，特别是研究敌我双方的情况后认为，继续西征只能加大损失，西征成功的可能性不大。会议决定将西征部队化整为零，分三路回师根据地。在回撤途中，一军一师在本溪与辽阳交界的摩天岭与日军驻连山关守备队遭遇并展开激战，歼灭日军80余人，下午又与尾随之敌激战数次，歼敌60余人。战斗中，一师参谋长李敏焕不幸中弹牺牲，年仅23岁。这次西征没有达到预想的战略目的，一军一师遭受很大的损失，出发时的400余人只剩下不到100人，仅在回撤途中取得摩天岭战斗胜利。杨靖宇认真总结第一次西征的教训，于11月上旬率军部及教导团两个连从宽甸天桥沟密营出发，前往桓仁外三堡与第三师部队会合。杨靖宇和

三师师长王仁斋等研究决定，利用冬季辽河封冻之机，由三师组织骑兵再次西征，经铁岭、法库一线前往热河，与关内红军取得联系。一军三师很快就组成了一支 400 余人的精干队伍，于 11 月下旬在师长王仁斋、政委周建华、参谋长杨俊恒、政治部主任柳万熙的率领下，自兴京县境内出发，踏上西征之路。经过半个月的急行军，一军三师西征部队突破敌人多次重兵围堵，到达辽河东岸的石佛寺。遗憾的是，由于这年冬季气温较高，辽河没有封冻，日军提前封锁了各个渡口，在前无道路、后有追兵的形势下，一军三师强渡辽河未果，只能绕路返回清原、西丰、兴京一带，最终仅存 100 余人返回根据地。两次西征都悲壮地失败了。

日伪军视杨靖宇所率抗日部队为心腹大患，把杨靖宇称为"东边道治安之癌"，曾悬赏一万日元购买杨靖宇"首级"。早在 1934 年 9 月，日伪军就联合出动，在日机配合下，集中力量向南满、北满等主要抗日游击区域的抗日武装进行大规模"围剿"。1936 年秋，日伪当局开始所谓的"东边道独立大讨伐"，共动用了多达 2.75 万兵力，历时 8 个月，主要是"讨伐"杨靖宇率领的东北抗日联军第一军及其领导的抗日武装。为粉碎日伪军的"讨伐"，杨靖宇指挥部队与敌人巧妙周旋于桓仁、宽甸一带山区并选择时机主动出击。9 月 18 日，杨靖宇率部一举攻占宽甸县大荒沟，将大荒沟伪警察署 30 余人全部缴械，还到大荒沟街里的宝兴厚商号宣传抗日救国道理，促使宝兴厚商号掌柜表示愿意捐献物资支援抗日，既补充了部队的军需物资，又扩大了抗联的政治影响；9 月 29 日，杨靖宇率军部和十一独立师共 300 余人，在大错草沟伏击了驻宽甸日军牛岛

本溪境内的抗联哨所遗址

部队中熊小队的运粮车队，击毙日军伍长白井彦次郎等 14 人，伤 7 人，缴获 9 辆汽车所载物资。1937 年 2 月，日军守备队中岛"讨伐"队的 80 余人进驻宽甸四平街"讨伐"抗联第一军，杨靖宇得到情报后果断决定先发制人、攻其不备，经过周密部署，2 月 27 日夜，战斗打响，经过三个多小时激战，抗联部队击毙敌人 20 余人，给予前来"讨伐"之敌以沉重打击。当日军赶来增援时，杨靖宇已经率部转移回到桓仁东部山区。1937 年 11 月至 1938 年 2 月，日伪当局又出动 2 万兵力，再次对东北抗联进行"大讨伐"，杨靖宇指示抗联第一路军各部避敌锋芒，将主力部队分成若干小部队，机动灵活开展游击斗争，打击了日伪军的嚣张气焰，还捣毁了日军守备队兵站仓库，缴获大量粮食等物资。这期间，抗联一军三师在开原、清原、西丰交界的夹皮沟一带与伪军"七县联防队"展开激烈战斗。到 1938 年 2 月，抗联第一路军胜利击溃日伪军的所谓冬季"大讨伐"。在反"讨伐"过程中，东北抗联付出了惨重的代价，一军政治部主任宋铁岩、一军独立第十一师师长左子元、一军三师师长王仁斋、一军三师政委周建华、独立旅旅长于万利等将领都英勇牺牲，一千多名抗联官兵献出了生命，二万余群众流离失所，但东北抗联点燃的抗日烈火没有被扑灭，日伪军的疯狂绞杀并没有吓倒英勇抗日的军民。

四、配合全国抗战，精神激励后人

1937 年 7 月，卢沟桥事变爆发，吹响了全国抗战的号角。在日本侵略者大举进攻面前，国共两党实现第二次合作，东北抗联在关外坚持的抗日斗争由此书写了新的篇章，战略任务转变为与全国抗战相呼应，配合关内正面战场作战。面对新的形势需要，一路军总司令部于 1937 年 7 月 25 日发布了《为响应中日大战告东北同胞书》，号召东北全体同胞为"恢复中国人之东北"而战，"驱逐日寇滚出中国"。8 月 20 日，杨靖宇署名颁布《东北抗联第一路军总司令部布告》，再次号召广大民众响应中日大战，打倒日本帝国主义，为独立自由幸福之中国而奋斗。

1937 年 7 月中旬，杨靖宇亲自率领一军军部直属教导团 150 余人，从桓仁夹道子向西北方面进发，经兴京准备奔袭清原，与在那里坚持斗争的一军三师会合，共同袭击吉奉铁路上的列车。7 月 16 日，当部队行进至永陵附近的山林中时，日伪军发现抗联行踪，随即 500 余名日伪军赶来围堵抗联部队。杨靖宇沉着冷静指挥战斗，经过 6 小时的激战，日军死伤 20 余人，伪军死伤 10 余人，东北抗联第一军军部教导团政委安昌勋、中共南满省委组织部部长李东光不幸牺牲。由于发现日伪军加强了兵力防范，杨靖宇决定放弃袭击吉奉铁路的计划，率军部直属部队返回到兴京、桓仁、宽甸游击区，与一师共同战斗，多次主动出击敌人，特别是 10 月在本溪县红通沟痛击日军牛岛部队，击毙牛岛队长等 60 余人。10 月底至 11 月中旬，杨靖宇率军部和第一师在宽甸小佛爷沟、老爷沟等地设伏，毙伤日军 70 余人，缴获了大量武器，还烧毁日军汽车 1 辆。东北抗联一军三师在清原、沈阳东陵、开原、西丰一带主动出击或伏击，从 7 月中旬到年底与日军作战十余次，毙伤俘日军多人，还依靠密营等设施最大程度地保存了抗日有生力量。这些大小战斗发生在全民族抗战爆发后，凸显出东北抗联为配合全国抗战局面主动出击，"给予整个敌军敌国以精神上的不利影响"，打出了中国抗日武装力量的胆识和气魄，激励着全国人民的抗日斗志。

1938 年初，东北抗联第一军直属部队开始实行战略转移，官兵们在杨靖宇率领下，离开本溪、宽甸、桓仁等抗日游击区，向吉林的辑安老岭山区转移。当年夏秋之际，杨靖宇主持召开了中共南满省委和抗联第一路军领导干部紧急会议，会议决定，取消原定的西征计划，"所有部队东进，依托长白山大森林与敌人展开斗争，各部队实行分区作战"。不久，东北抗联第一军第一师留在本溪、桓仁、兴京抗日游击区的三团、六团、四团四连、特务连等也实行战略转移。由于日伪军的残酷"讨伐"，斗争形势险恶，东北抗联第一军转入吉林濛江一带继续坚持抗日游击战争。

在杨靖宇率东北抗联第一军主力转战吉林后不久，1938 年 11 月 6 日，中国共产党扩大的六届六中全会对抗联在极其困难的条件下坚持斗争的精神给予高度评价和充分肯定，全会在给东北抗日联军和杨靖宇的致敬电中，称赞他们是"在冰天雪地与敌人周旋七年多的不怕困苦艰难奋斗之模范"。

"天大的房子，地大的炕。火是我们的生命，森林是我们的家乡，野草和树皮是我们的粮食,胜利呀永远属于我们……"这首流传在本溪地区的抗联歌谣，生动再现了抗联将士在恶劣的生存环境中，展现出来的革命乐观主义精神和战胜日本侵略者的坚定信心。辽宁省现有已经公布的东北抗联不可移动文物遗迹120处。在2020年中宣部等四部门联合公布的第二批革命文物保护利用片区名单中，鞍山、抚顺、本溪、丹东、铁岭的9个县区被列为东北抗日联军片区。2022年，辽宁省鞍山、抚顺、本溪、丹东、铁岭等地相关部门积极开展东北抗联遗址遗迹普查、建档工作，又新发现、确定40余处抗联遗址。这些抗联遗址遗迹都是辽宁宝贵的文化红色资源，在新时代必将发挥出更加主题鲜明的教育引领作用。

在东北抗联艰苦卓绝的抗日斗争中，充分展现出忠贞报国、勇赴国难的爱国主义精神，勇敢顽强、前仆后继的英勇战斗精神，坚贞不屈、勇于献身的不畏牺牲精神，不畏艰苦、百折不挠的艰苦奋斗精神，休戚与共、团结御侮的国际主义精神。2021年9月，党中央批准了中央宣传部梳理的第一批纳入中国共产党人精神谱系的伟大精神，东北抗联精神被纳入。东北抗联精神是中国共产党领导的东北抗日联军在14年抗击日本军国主义侵略的艰苦斗争中形成的，是东北抗联将士崇高精神风貌和高尚思想品格的集中体现，是中国抗日战争史上气贯长虹的英雄史诗，是中华民族自强不息、百折不挠革命精神的彰显，是人类为了正义事业挑战自身极限的传奇典范。

东北抗日联军所面临的艰苦环境，无论是在世界反法西斯战争中还是中国革命历程中，都是极为罕见的，甚至挑战了人类生存极限。杨靖宇等所率抗联部队在辽东山区斗争期间，经常是战斗在深山密林深处，长期露营，只能以山菜、野果、草根、树皮度日。由于长期缺乏营养，缺医少药，指战员经常是大便不通，全身浮肿，视力严重下降，到冬天条件更加艰苦。由于日伪军封锁严密，抗联驻地经常和外界断绝联系，他们在大山深处修建了木棚、石洞、地窨子、石头房等多种形式的密营，在密营中坚持学习、练兵，把密营作为战斗堡垒，以密营为依托辗转游击，寻找机会出击敌人。可以说，东北抗日联军是敌人打不垮、困难压不倒、艰险挡不住的钢铁军队。

东北抗联精神是辽宁人民宝贵的精神财富，也是辽宁珍贵的红色文化资源，我们要继承和弘扬东北抗联精神，充分运用红色资源，赓续红色血脉，为推动辽宁振兴发展提供不竭精神动力。辽宁的振兴发展涉及不同行业、各条战线，需要克服各种困难，敢不敢面对挑战、勇于应战，是摆在我们面前不可回避的问题。东北抗联精神无疑是我们汲取精神力量的重要源泉。站在新的历史起点上，我们要继承先烈的革命传统，发扬革命斗争精神和劳模精神，发扬顽强拼搏、不达目的誓不罢休的精神，不断为推动辽宁振兴发展、实现中华民族伟大复兴而奋勇向前。

（作者系中国近现代史史料学学会副会长，辽宁省政协文化和文史资料委员会办公室工作人员）

解放战争在辽宁

李波

辽宁是解放战争转折地，这一具有历史意义转折的实现，不仅得益于党中央的英明决策和人民解放军的英勇作战，更来自中国共产党深得民心的群众工作。土地改革使人民群众迎来耕者有其田的新时代，在此基础上，辽宁人民全力投身农业生产，踊跃参与支前工作，参军入伍保卫胜利果实，夯实了军民团结战斗的思想基础和物质基础，为推动全国解放战争在辽宁走向转折创造了条件。胜利凯歌中，"人民江山人民保"的责任担当和"人民就是江山"的使命情怀，成为解放战争期间辽宁人民传承后世的红色基因，时至今日仍在辽宁薪火相传。

土地改革在辽宁

受多重历史因素影响，辽宁农村土地所有制状况十分复杂，主要包括日本帝国主义侵略战败后留下的满拓地和开拓地，中国封建土地制度造成的地主土地所有制，以及农民的小土地所有制。解放战争爆发前，南满地区占农村人口总数 4.2% 的大地主占据了 40% 的耕地，而无地农民则占总户数的 32.2%。发动群众，首先要解决严重影响农村生产力发展的土地问题。

伴随着中国共产党进军东北的历史步伐，辽宁的土地改革也同步开始。1945 年 9 月，中国共产党在大连、本溪、抚顺、辽阳、鞍山、安东等城市及海城、宽甸、海龙、东丰、梅河等县城领导群众进行了反奸清算运动。10 月，又开展了减租减息运动。在以上运动成果的基础上，1946 年 3 月掀起了分配敌伪土地斗争的高潮，到 5 月，辽宁、辽吉、安东等省的分地运动基本结束。接着，1946 年 5 月中央《五四指示》和 7 月中共中央东北局（以下简称"东北局"）《七七决议》（《东北的形势与任务》）的发布，推动辽宁土地改革进入新阶段。从 1946 年 6 月起，辽宁地区各省委先后大规模安排干部下乡，土改工作迅速展开。法库县委率先制定了土改方案，在城南三面船斗争了恶霸陈化南，将其囤积的几万斤粮食分给了农民。北票县土地评议委员会评议和分配了黑城子一带的内仓地和外仓地，将其分给附近无地和少地的蒙汉贫困群众。到 9 月底，安东、辽宁两省累计分地 300 余万亩，无地少地的贫雇农分得土地人均 1—4 亩。

1947 年 10 月，中共中央发布《中国土地法大纲》，提出了彻底消灭封建性及半封建性剥削土地制度的土地革命纲领，开始平分土地阶段。1948 年 3 月辽宁各地平分土地运动基本结束后，还在东北行政委员会领导下进行了颁发地照工作，从法律层面确定了农民的土地所有权。这一阶段，辽宁土地改革运动取得了重大成果，仅临江、长白、海龙县即完成土地分配 400 余万亩。平分土地运动极大激发了农民生产积极性，并迅速反映到生产成果上来，1948 年安东全省新开荒耕地近 50 万亩，粮食总产量达 80 万吨。

土地改革运动是一场兼具经济效益和政治效益的社会革命。辽宁广大农民长期以来受日本帝国主义者和封建地主阶级压迫，处于水深火热之中。土地改革使辽宁农村土地所有制形式和经济结构发生根本变化，在一些地区真正实现了"耕者有其田"。伴随阶级力量对比的转变，反动统治阶级的社会基础也一并被摧毁。新的农村政权组织和群众组织迅速成为农村政治支配力量，极大提高了农民的政治觉悟，使其成为解放战争的参与者和贡献者，投身农业生产支持解放军在东北持久作战、踊跃支前和参军参战，为根据地的巩固和解放战争在辽宁的伟大转折奠定坚实基础。

生产支前在辽宁

在辽宁，经过土地改革和一系列社会政治变革，人民群众政治觉悟显著提高，并以多种形式为根据地的巩固和解放战争的进行做出贡献，成为中国共产党及人民解放军的强大后盾。他们积极从事农业生产，如期足额缴纳公粮，确保部队粮食供应；组织担架队直接服务战勤，留下"随军远征，无尚光荣"的美誉。

辽宁人民群众克服重重困难从事农业生产并积极缴纳公粮，为人民解放军持续作战最终夺取辽沈战役的胜利提供物质基础。在辽宁，存在不少共产党和国民党方面激烈争夺的地区，这就是根据地的边沿区。在边沿区进行农业生产，考验着群众的觉悟水平。辽宁兴城中心区群众组织起来，每三户由一名村干部负责，每区由一名区干部领队去前方抢种，边沿各区的武工队则在山头放哨，保护抢种农民安全生产。在各区群众的相互配合下，截至1948年8月，全县

1948 年 11 月 2 日沈阳解放，接管沈阳城的部队纪律严明，他们不住民宅，在大街上休息

东北野战军在辽沈战役中追歼廖耀湘兵团

义县商会为进关部队设立茶水站

前后开拓了约 5 万亩荒地。

对于丰产的粮食，辽宁人民也不吝解囊支前。1948 年 9 月，为了支援辽沈战役，东北局下达了下一年度的公粮任务，并采取预征的办法以保证紧急军需。预征任务下达后，辽宁各地迅速掀起缴纳公粮的又一次高潮。朝阳县群众星夜准备公粮，送粮队伍络绎不绝。建平县五区 9 月 18 日接到预征任务后，当日区干部就下乡做动员部署。各村首先召开积极分子会议，抓好骨干带头作用，然后召开群众大会做进一步动员。由于对战争形势讲得透，群众觉悟高，动员会第二天就有群众送交公粮。建平县朱碌科区西科村，接到任务 10 天内就完成预征任务。北阜义县十二区药王庙村接到任务的第二天，就紧急行动六个小时，完成了 6000 斤的任务。北票县四区西树林子村朱老太太正准备交公粮时，有人说她家的公粮任务重了，老太太说：“出这点粮不算什么。咱没想想，现在的日子都是八路军打的江山，就是再多交点粮也是应该的。”朱老太太的一席话反映出了群众踊跃支援前线、支援部队的热情。事实上，尽管此时恢复生产成效显著，但战争负担对辽宁人民而言仍然不轻。以朝阳县 1948 年公粮任务为例，该县 1948 年人口总数约为 19 万人，粮食总产量约为 7000 万斤，而公粮任务近 1500 万斤，占总产量两成，每人负担达 80 斤左右，这个比例是很高的。可以说，辽沈战役的胜利，辽宁人民的贡献是值得载入史册的。

组织担架队配合从事前线战勤工作，是辽宁人民支援战争的重要形式之一。这些担架队由地方武装部门负责召集和组织并随军工作，主要任务是转运物资和转移伤员。1946 年 5 月，主力部队第一次攻打北票时，北票、朝阳两县以县委书记为首，县区村干部率领民兵、民工支前参战，形成了辽宁支前工作的首个高潮。仅北票县就出动 1000 多人参战支前，出动了担架 100 多副、大车 80 多辆、毛驴 90 余头。其中，一连（八区）全连 18 副担架，共 100 余人，配合十七旅在冠山战斗中，抢救伤员 30 余名，是北票参战中最多的一个连。7 月 19 日，《群众日报》以"英勇的北票担架队"为题，报道了北票县担架队的事迹："北票有 800 多副担架参加了义西战役，在战斗中，随军在火线上距敌堡仅 200 米远的地方，往返三个来回，奋不顾身地抢救伤员，他们两天两夜没吃没合眼。"

1947 年 10 月，建平县一支由 2000 名队员组成的担架队开赴战场。这支担架队由县武委会主任蔺俊岳带队，先后参与了解放军攻打羊山、清河门、广宁山、新立屯和四平等数次战役。在清河门，前线后方"来回 40 多里，队员们踏着 2 尺多深的积雪，鞋袜和裤腿都沾满了雪，结了冰。有的人手脚冻裂了，有的人耳朵冻肿了，还是坚持干"。在广宁山，"因积雪很厚，山高路滑，难以攀登，特别是有些枪支弹药不能用车拉，他们就抬的抬，扛的扛，推的推，拉的拉，运到山顶后，再用绳捆扎往山下送"。在新立屯，担架队配合先头部队打下八道壕和九十九孔桥，歼灭守桥敌人 1000 余名，打下了沈阳西面的马三家子，全部歼灭了敌人的驻守部队和 400 多名增援敌人。1948 年 3 月，这支担架队胜利而归，全队共有 400 多人立功受奖，并被东北人民解放军某部授予"随军远征，无尚光荣"奖旗。

参军杀敌在辽宁

毛泽东在《建立巩固的东北根据地》中指出，"组织游击队、民兵和自卫军，以便稳固地方，配合野战军，粉碎国民党的进攻"。根据这一指示，辽宁各地渐次建立军分区部队、各县大队、区小队及民兵四级军事体制，参军或者参加民兵，成为辽宁人民群众拿起武器直接保卫胜利果实的两种基本途径。

随着土地改革的胜利进行，参军入伍、保田保家成为一种革命时尚。1948 年 2 月 12 日，北票县委在解放不久的北票城召开军民万人祝捷大会，在"光荣花红又红，参加解放军最光荣"口号号召下，当场就有人报名参军。1948 年

解放战争时期，随军辗转于战场上的辽阳县担架大队

2月21日，在建平县朱碌科区参军祝捷大会上，当场又有1000余名青年报名参军。1948年2月13日，《翻身报》报道，北阜义县马家营子等村仅5天时间，就有近90名青年参军。作为新解放区的朝阳县，自1947年至1948年夏，也有近2000人参军。除此之外，民兵队伍也得到长足发展。1947年春夏，朝北县、建平县、新惠县大队都扩充到六个连，北票县、新东县大队都扩充到四个连。起到旗大队作用的蒙民十一支队、十二支队也都保持了充足的兵员。各区小队都有一个补充班和排，各县大队都有一个补充连。这些民兵队伍和地方武装不仅承担起地区保卫职能，也成为主力部队兵源补充的重要来源，许多地区基本形成了"民兵—区小队—县大队—军分区部队—野战部队"的输送系列。例如，1946年初，铁岭县将保安五团（近五个连）补充编入主力三师七旅二十一团，昌图县将县大队上交给主力十旅二十八团。

民兵队伍和地区武装配合主力部队作战，是东北解放战争胜利进行的重要条件。1946年3月，阜新县委将20多名蒙古族青年组织起来建立民族武装，成立了蒙民大队。三年解放战争中，这支队伍的足迹"北至林东、天山，南到闾山、辽河两岸，西起巴林草原、牤牛河畔，东到沈阳、长春一线"，解放大小城市和村庄500多座。1946年8月底，铁法联合县组织地方武装夜袭了法库城，击溃守城的敌警察，并曾一度占领法库。锦州战役期间，北票民兵抢救伤员120名，转送伤员4576名，缴获敌人步枪49支、各种子弹8100发及其他各种军用物资300多件。参战民兵有30人立大功，165人立小功。分区武装、各县、区地方武装和民兵队伍的坚持作战，维护了根据地生产生活秩序，极大保证了巩固的根据地建设的有序进行。同时，分散了敌人的兵力，阻滞了敌人的进攻，为主力部队赢得了休整时间、配合了主力部队作战，为辽宁地区成为解放战争的转折地创造了有利条件。

红色基因传承在辽宁

2022 年 8 月，习近平总书记考察辽沈战役纪念馆时指出，"要讲好党的故事、革命的故事、英雄的故事，把红色基因传承下去，确保红色江山后继有人、代代相传"。解放战争时期辽宁人民所创造的光荣革命历史，为辽宁注入了鲜明深刻的红色基因，持续激励和鼓舞辽宁人民传承红色基因干事创业的精气神，创造辽宁振兴发展新成就。

"人民江山人民保"的责任担当。考察辽沈战役纪念馆时，习近平总书记感慨道："我们的胜利是千千万万的人牺牲换来的，这里面更多的是靠老百姓。淮海战役胜利是老百姓用小车推出来的，渡江战役胜利是老百姓用小船划出来的，辽沈战役胜利是东北人民全力支援拼出来的。"解放战争期间，辽宁数十万翻身农民参加人民解放军，数以百万计的民工参加前线战勤工作，辽宁人民贡献其中的担架、大车、马匹等物资不计其数……应当说，辽宁人民以高度的革命热情深刻诠释了"人民江山人民保"的担当精神。时至今日，辽宁实现全面振兴凝聚了全省人民的共同夙愿和美好愿景，堪称新时代的"辽沈战役"。在这场"战役"中，全省人民群众充分发扬辽沈战役期间辽宁人民全力支前的主动精神，则是辽宁全面振兴各项目标变为现实的重要条件。

"人民就是江山"的使命情怀。人民群众的全力支援是人心向背的集中体现。辽沈战役期间，行军路过的解放军战士虽然饥渴难耐，但面对锦州乡间已经熟

黑山县妇女细心护理伤员

了的苹果,却一个都没有摘。中国共产党领导的人民军队用铁的纪律赢得了民心。习近平总书记在抚今追昔时强调:"毛主席说'不吃是很高尚的,而吃了是很卑鄙的,因为这是人民的苹果'。这样的苹果,我们现在也不能吃。"正是中国共产党及其干部队伍坚定的人民立场和深厚的人民情怀,赢得了民心民意,使人民同党形成了休戚与共、生死相依的朴素感情,从而获得了人民对党的无限支持。今天,辽宁持续净化政治生态、改变工作作风、改善干群关系,不断营造有利于吸引投资、鼓励创业、激励创新的投资环境、营商环境和创新空间,才能再次汇聚起全省打响打赢辽宁全面振兴的"辽沈战役"的强大力量。

"红色江山后继有人"的薪火传承。新中国成立后,辽宁人民承继解放战争时期的革命精神,继续在保家卫国、工业建设等方面做出突出贡献,先后铸就培育了抗美援朝精神、雷锋精神、劳模精神、工匠精神、劳动精神,在中国共产党带领人民巩固新生政权、探索社会主义建设高歌猛进的历史时空留下鲜明印记。辽宁人民群众持续传承红色基因,在新的历史时期接续做不可磨灭的突出贡献,离不开红色基因的传承和弘扬。如辽沈战役纪念馆保存了大量的历史遗存,程子华在解放战争时期使用的望远镜、萧劲光在长春围困战时期用的长春敌工事图、刘亚楼在解放战争时期用的望远镜等陈列其中,并通过多种手段再现历史场景。大型主题雕塑《决战决胜》、全景画馆《攻克锦州》,生动再现了"攻克锦州"的历史情景,所有这些都给人以强烈的视觉冲击和穿越时空的心灵震撼,教育启迪意义深刻。实践证明,红色基因的传承离不开物质载体的有效支撑,必须挖掘好、保护好、利用好红色资源,为实现"红色江山后继有人"的薪火传承提供可靠保障。

〔作者系中共辽宁省委党校(辽宁行政学院、辽宁省社会主义学院)党史教研部主任、教授〕

辽宁抗美援朝运动历史文化的开发和利用

马云飞

抗美援朝不仅是指抗美援朝战争，还包括抗美援朝运动。通常的表述为，抗美援朝运动是抗美援朝战争爆发后，在全国范围内开展的支援抗美援朝战争的群众性运动。抗美援朝战争和抗美援朝运动共同锻造了伟大的抗美援朝精神，具体体现为，爱国主义精神、集体主义精神和国家利益高于一切的大局意识。

1950 年 6 月 25 日，朝鲜内战爆发，美国立即武装干涉，同时派第七舰队侵入台湾海峡，并不顾中国政府严正警告，悍然越过三八线，把战火烧到我国东北边境，严重威胁我国国家安全。中共中央审时度势，英明决策，组成中国人民志愿军，抗美援朝，出国作战。历经两年九个月艰苦卓绝的浴血奋战，赢得了抗美援朝战争的伟大胜利。抗美援朝战争的胜利，是人民战争的胜利，也是辽宁人民抗美援朝运动的胜利。抗美援朝较历次革命战争更具胜利的优势和条件，因为这是新中国成立后第一场保家卫国战争，中国共产党在人民群众中具有极高的威望和极强的号召力。1951 年 2 月 16 日，全国政协发出电文，号召把抗美援朝运动"进一步地普及和深入到每一农村、每一机关、每一学校、每一工厂、每一商店、每一街道和每一民族聚居的区域"。3 月 14 日，抗美援朝总会发出通告，"努力普及深入抗美援朝的实际工作和宣传教育工作，务使全国每一处每一人都受到这个爱国教育，都能积极参加这个爱国行动"。每个人都是国家的主人，都是抗美援朝运动的一分子，如此广泛和深入人心的爱国行动，给我们留下了不可磨灭的光辉记忆。发扬其爱国主义精神，传承其红色历史文化，对于建设和发展新时代中国特色社会主义具有十分重要的时代价值和现实意义。

辽宁是抗美援朝战争大后方的前沿阵地，英雄的辽宁人民是抗美援朝运动的主力军。在轰轰烈烈的抗美援朝运动中，辽宁人民积极开展宣传教育、和平签名、示威游行、参军参战、订立爱国公约、爱国捐献、增产节约、拥军优属、爱国卫生和慰问志愿军等支前运动，为抗美援朝战争的胜利作出重要贡献。

抗美援朝运动一开始，辽宁人民就开展了轰轰烈烈的爱国宣传教育活动。通过游行、报告会、纪录片、展览、座谈会、文艺演出等多种形式，掀起了宣传教育活动的高潮。据统计，仅沈阳市在 1952 年第二批赴朝慰问团回国后，就作了 131 场报告、举办了 3 次全市广播会，直接听众达 14.7 万余人。鞍山市 1951 年秋至 1952 年底，组织志愿军归国代表团、朝鲜人民访华代表团和中国人民赴朝慰问团作了 100 多场报告，直接听众达 15 万余人。本溪市组织全市 172 名报告员，一个月内作了 567 场报告，听众达 40.6 万余人。1951 年 5 月 1 日，营口市举行了有 5 万多人参加的"抗美援朝，保家卫国"大游行。1952 年文献纪录片《抗美援朝》在鞍山市上映 8 天，观众达 14 万余人。通过各种形式的爱国主义宣传教育，提高了人民群众的民族自尊心和民族自信心，为赢得抗美援朝战争的最后胜利作出重要贡献。

社会各界群众举行抗美援朝爱国行动游行

辽宁与朝鲜隔江相

望。从朝鲜内战爆发开始，美军飞机就多次越过中朝边境入侵我国辽宁境内狂轰滥炸。到1951 年 3 月底，入侵辽宁中朝边境城市安东就多达 101 次，炸死炸伤平民，炸毁房屋和城市设施。中共辽东省委和安东市委组成东北人民控诉美军暴行代表团，

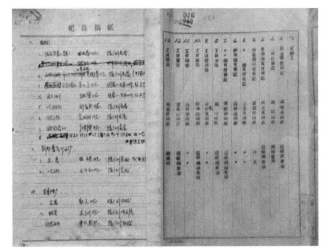

安东市迁移工厂、随厂迁走党团干部情况

赴京控诉美军暴行。1951 年 5 月 6 日，东北人民控诉美军暴行大会在北京市文化宫举行，同时设立了许多分会场。为保护国家有生力量，遵照上级指示，在安东迅速开展迁移疏散工作。仅 45 天时间，就迁移疏散了 32 家公营厂矿、745 家私人工商业、19 个机关及 6 所学校和 1267 户军烈属，共计 61834 人。

在党中央发出"抗美援朝，保家卫国"号召后，辽宁第一时间行动起来开展扩兵工作。沈阳市委、市政府及工、农、青、妇各有关部门组成动员新兵委员会，广泛开展宣传发动工作，社会各界群众积极报名参军，当年新兵入伍就达 1890 人，超额完成征兵任务。抗美援朝战争期间，辽东、辽西共有 5700 名青年妇女加入志愿军。安东先后有 8646 人参加了志愿军。全省共计 32.2 万人参军参战，有 1.3 万人光荣牺牲。

沈阳是全国最大的战略物资中转站，赴朝作战过往部队、战勤人员、战场物资等都要经这里完成转运，这就涉及食宿、军马草料供应等问题。"三军未动，粮草先行，兵精粮足，战无不胜。"沈阳市委决定在沈阳、苏家屯等地设立军用饮食供应站，同时还组织距沈阳站较近的街道居民，为兵站送开水和食品，保证兵站的需要，保证志愿军战士出国前吃上饱饭。沈阳市民政局设立战勤处，各区县民政科设战勤股，区政府设战勤助理员，村设战勤委员。从省 (市) 到县、区、村都增设了战勤机构，专门从事支援前线的工作。1950 年 12 月到 1951 年 4

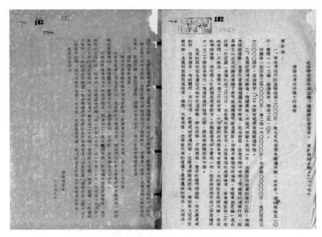

1950 年 12 月 10 日，沈阳市煮肉炒面工作报告

月，中朝边境城市安东，共接待过往志愿军 3775 人、朝鲜人民军 250 人、掉队军人 2800 人、担架队员 6350 人，还有其他勤杂人员 795 人，共计 13970 人。辽宁人民层层联动，竭诚奉献，所有力量都拧成一股绳，一切为了前线，一切为了胜利，体现出了战无不胜的集体主义精神。据统计，辽宁在抗美援朝期间共动员 246.2 万人（次）参加各种战勤工作。

1950 年 12 月，中共中央东北局在沈阳专门召开了"炒面煮肉会议"，对东北局机关、各系统、沈阳市、东北军区下达了当年 12 月 22 日开始到次年 1 月，完成制作 325 万公斤炒面的任务，并对炒面原材料配比提出要求。仅 1951 年 6 月，辽宁人民就加工炒面 33.13 万公斤，占全国支前炒面总数的 10% 以上。运往前线的炒面 3100 万公斤，占前线运送粮食总量的 16.7%。

抗美援朝战争期间，辽宁地区共有 15 万余人参加了担架队，他们有的随军作战，有的在后方工作，承担着转运伤员、运送粮食等物资的任务。其中本溪地区共派出赴朝民工 20504 人，各种车辆 619 台，并创造了补给线上"每两分钟装一汽车、每三十分钟卸一火车"的奇迹。

除了派往前线大批支前民工，辽宁还有大量医务人员也为志愿军提供战勤服务。1950 年 10 月，东北人民政府对各地发出建立医院的指示，沈阳市立即在全市设立了 9 处专门医院，与此同时，还建立救护所 89 处、街道救护班 111 个、家属救护站 18 处，安排专职医务人员 1782 名，调进各种救护车 30 辆，汽车司机 90 名，以配合抢救伤病员需要。参加护理队的妇女们都吃住在医院，由护士带着三班倒。到 1951 年年底，辽宁共派出战勤医院工作人员 9644 人，占东北地区战勤医院总人数的 50%。为了保证抢救伤病员急需用血，沈阳市委、市政府成立献血动员委员会，号召并组织广大人民群众进行义务献血活动。各工矿企业、机关、学校、医务工作者自发组成献血队。1950 年，沈阳市有数千人报名参加输血队，仅市第五中学就有 800 多名女学生参加了献血。安东金汤、元宝两区 1900 人和市直机关 200 多人，为志愿军献血 58 万多毫升，确保了抢救伤员的用血。1953 年 4 月，中央军委决定在沈阳建立中心血库，沈阳干部、群众积极为血库献血 87.875 万毫升。

为适应抗美援朝战争需要，全国共抢建了 57 个飞机场，多数在辽宁地区。沈阳为了保质保量修建于洪机场、北陵机场、东塔机场，动员民工 78.3 万余人次。安东仅用 40 天就抢修完成了浪头机场。辽阳机场仅用 17 天就完成了扩建任务。铁路运输在战争中发挥出巨大作用。为了加强统一指挥，中朝两国政府在沈阳成立了中朝联合铁道运输司令部。安东和宽甸地区与朝鲜接壤，是铁路跨境口岸，战争期间，从东北过轨入朝重车达 39203 辆，占全国过轨重车的 74.6%。为了建设"打不烂、炸不断"的钢铁运输线，铁路兵团广大指战员作出了巨大牺牲。全国有 1705 人为确保铁路运输线畅通牺牲，这其中辽宁籍英烈就有 250 人。苏家屯机务段首批入朝 37 人，其中 36 人立功。新六线是由朝鲜新义州市送往安东六道沟变电所的输电线路，全长约 4 公里。安东电业工人冒着敌机的轰炸和扫射，连续七天七夜进行抢修。安东市委动员全市 100 多辆搭车、40 多辆汽车和几百名民工配合电业工人，仅用 7 天时间就完成了从新义州到安东东坎子的 16.6 公里的义东线，开创了安东电业局架线史上的新纪录，体现了辽宁人民抗美援朝，保家卫国的坚强决心和不怕牺牲、无私奉献的爱国主义精神。

电力工人奋力抢修"新六线"

抗美援朝期间，沈阳第五机器厂马恒昌生产小组，学习运用先进的操作方法，在东北被誉为"先进生产小组的旗帜"

1950 年 10 月 23 日，全国政协一届三次会议向全国人民发出了"增加生产、厉行节约，支持中国人民志愿军"指示，一场以增产节约为主要内容的爱国主义劳动竞赛运动，在辽宁地区工农业等战线上热火朝天地开展起来。旅大（今大连）市的工人提出了"工厂就是战场，机器就是武器""多车一个螺丝钉就等于多绞死一个敌人"的口号。本溪市原煤公司 1951 年超额完成国家生产计划 119.4%，完成增产节约计划 105.18%；1952 年超额完成国家生产计划 115.3%，完成增产节约计划 171%。在农民中掀起了爱国丰产竞赛运动。辽东、辽西连年完成或超额完成国家粮食征购计划。据 29 个市县的统计，1951 年农民向国家交售余粮 40 万吨，超过原计划的 6.9%。1951 年和 1952 年沈阳市广大干部职工共为国家节约价值 720 万吨的粮食，同时完成了大量的军需任务。安东市企业与企业、厂矿与厂矿、车间与车间、班组与班组之间，开展了积极的挑应战，比质量，比效率，比贡献。1950 年 9 月至 1951 年 4 月，全市有 5 万多名职工投入劳动竞赛，涌现出新纪录创造者 2285 名，先进班组 57 个。工人、农民、机关干部和居民踊跃订立爱国公约，参加人数达 120 余万人。1952 年，辽宁全省工业总产值为 1949 年的 260%，全省职工人数增加 201.8%，钢产量增长 825.4%，棉布增长 1240.5%。1950 年 9 月至 1951 年 10 月，辽宁共生产军需食品 2877 万公斤。

为了改善志愿军的武器装备，1951 年 6 月，中国人民抗美援朝总会发出了《关于推行爱国公约、捐献飞机大炮和优待军烈属》的号召，在全国掀起了大规模的捐献武器运动。辽宁人民在捐献中表现出极大的爱国主义热情，工人、农民、学生等各界群众积极参与，有钱出钱，有力出力，涌现出许多先进典型和英雄模范。安东市人民提出了"要人给人，要物给物，要血给血，要什么给什么，要多少给多少"的口号。辽东原计划捐募 32 架飞机，结果捐募款额可购买飞机 72 架；沈阳市人民捐献飞机 57 架，超过原定计划 38 架。旅大市人民提出捐献 22 架战斗机组成"旅大机队"，其中，旅大市工商界决定捐献战斗机 9 架，到 1952 年 5 月末，旅大市共捐献 27 架战斗机。康平县是辽西下属的一个仅有 20 多万人口的小县，原计划捐献 1 架战斗机，结果完成了 2 架。1951 年，安东市社会各界在捐献飞机大炮运动中，共有 28 万人订立了爱国捐献公约。截至 1952 年 2 月，安东市（含 4 个县）捐献 198 亿元（旧币），可买战斗机 13 架。据不完全统计，在开展捐献飞机大炮运动中，从 1951 年 6 月至 1952 年末，全省捐款总数约为 3500 亿元（旧币），能购买 235 架战斗机。国家利益高于一切的大局意识，在辽宁人民爱国捐献中得到了最充分的体现。

为了解除志愿军参战官兵后顾之忧，沈阳市长年或临时接受补助的烈军属达 1.84 万户，总计 9.63 万人。抚顺市人民在拥军优属运动中，捐献慰问金 8.8 亿元（旧币）。本溪市将拥军优属运动形成一种群众性的运动。安东市仅 3 个区的统计就有 453 名青年参加了常年的拥军优属工作。辽宁的广大妇女也纷纷以实际行动支援前线，照顾伤员、加工军服、制作慰问袋、晒干菜等。全省动员 10 万余名家庭妇女，为前线加工 55 万套军服和棉被等军需用品。其中沈阳市有 1.3 万妇女在短时间内完成了 60 万套军装的絮缝任务，沈阳郊区有 1.5 万名妇女为志愿军腌制、装运咸菜。安东市妇联还把全市各区街中的青年妇女组织起来，成立"妇女拥军服务队""妇女拥军护理队"，共计为志愿军缝制 40 多万双军鞋、1 万件大衣和 3 万床被子。

为粉碎美军的细菌战，沈阳、安东、本溪、抚顺、锦州等 37 个重点区域，紧急成立了防疫委员会，组织专业防疫队伍，指导群众开展卫生防疫爱国卫生运动。爱国卫生运动以爱国为核心，以卫生为根本，以运动为方式，已成为我党历史上持续时间最长的群众性运动。

70 余年过去了，辽宁地位在抗美援朝战争时期得以空前提高，已成为全国抗美援朝运动历史文化最为丰富、最为集中的地方，成为全国各族人民和志愿军战士为保卫和平与侵略者殊死搏斗的历史镜像，成为发扬爱国主义精神，传

安东妇女日夜为志愿军缝制棉衣棉被

承优秀历史文化的红色教育基地。英雄的辽宁人民，在国家处于危难之时，挺身而出、一往无前，始终站在支援战争的最前线，它所体现出的爱国主义精神、集体主义精神和国家利益高于一切的大局意识，已融入辽宁人民的血脉，贯穿于辽宁的过去、现在和未来。我们今天提及开发和利用辽宁抗美援朝运动历史文化，不只是为了建设红色教育基地和发展红色旅游经济，更为重要的是为了构建辽宁人民对抗美援朝，保家卫国这段历史的集体记忆，发扬爱国主义精神，传承红色历史文化，彰显辽宁在我国近代史和中国共产党党史上的特殊地位、突出作用，以及辽宁抗美援朝运动不可替代的文化个性和辽宁人民的时代风貌、精神魅力，更重要的是为了让抗美援朝精神走进辽宁人民生活，真正成为辽宁人民共享的精神和文化资源。

（作者系中共丹东市委宣传部退休干部）

辽宁老工业基地建设发展综述

张洪军

新中国成立后，国家面临的形势十分严峻。如何恢复和发展国民经济，解决几亿人口的吃饭问题，并着手建立自己独立的国民经济体系，进而建设一个富强的社会主义国家，是摆在中国共产党和人民政府面前的一项十分艰巨的任务。

中国共产党领导中国革命取得了胜利，为生产力的发展创造了必要的前提，而国家的强盛、人民的富裕，则有赖于国家的工业化，因而，新中国一成立，我们党和政府就把集中力量尽快地使中国从落后的农业国变为先进的工业国确定为中心任务。在明确了国家工业化任务后，从我国的经济基础出发，党中央和毛泽东主席把工业化重点建设的战略目光投向东北特别是辽宁。经过国民经济恢复和发展第一、第二个五年计划时期的大规模建设，辽宁成为全国第一个建成的最大的重工业基地。

一、初战告捷

辽宁工矿城镇多，工业基础也比较雄厚。但是辽宁解放前，辽宁工业基本上是以"资源掠夺"为核心的殖民地工业。新中国成立前，日本垄断资本在辽宁开设了众多的工厂和矿山，对资源和财富进行疯狂掠夺，他们执行以重工业为主体的军事工业的"重点主义"产业政策，来满足其战争需要，从而造成了

大型设备安装施工现场

辽宁工业的畸形状态。在产业结构上，钢铁、有色金属、煤炭等重工业发展较快，而纺织造纸、日用化学、日用机械等轻工业则发展得很慢。他们不但采取极其落后的野蛮方式进行生产，而且排斥和压制中国民族工业的发展，造成了生产不平衡、布局不合理的状况。加之国民党政权统治时期的劫难和苏军的拆迁，1948 年 11 月，辽宁全境解放时，绝大部分工厂和矿山都处于停产或半停产状态。1949 年辽宁工业总产值为 11.9 亿元，只相当于日伪时期最高生产水平 1943 年的 40％。各主要行业产量与 1943 年的比例分别为：钢占 13.1％，生铁占 8.65％，原煤占 39.2％，发电量占 30.2％，水泥占 39.4％。整个地区的经济濒临崩溃破产的边缘。尽管如此，辽宁工业发展的历史还是造就了大量的产业工人，也使辽宁成为东北经济发达的中心地区。

1949—1952 年，在中共东北局和东北行政委员会的领导下，辽宁各地党组织和人民政府，依靠全省工人阶级和广大人民群众，开始进行恢复国民经济的艰苦奋斗。由于辽宁的工业城市多，工业在国民经济中比重大，因此，能否迅速恢复工厂、矿山的生产，对国民经济恢复的全局具有决定意义。摆脱了被奴役地位的辽宁广大工人阶级，把被压抑的积极性和创造性、被埋没的智慧和才能发挥出来，他们怀着巨大的生产热情，夜以继日地艰苦奋战，大搞劳动竞赛，发挥无限的创造力，通过大胆改进技术、改进操作方法、改进劳动组织和提高产品质量，大批伪满时期的生产纪录被打破，成倍成倍地提高了生产效率。以鞍钢为首的辽宁工业的一些项目还进行了改建扩建，辽宁的一个个工厂、一座座矿山开始从废墟和瘫痪中站立起来，继鞍钢恢复生产后，辽宁的矿山、煤炭、电力、冶金、机械等行业也相继恢复了生产，国民经济恢复工作取得了卓有成效的业绩。

经过 3 年的经济恢复，辽宁工业生产以及其他各项指标均大大超过新中国成立前的最高水平。1952 年工业总产值 45.3 亿元，比 1949 年增长 2.8 倍，比 1943 年增长 53.6％；钢产量为 94 万吨，比 1949 年增长 7.25 倍，比 1943 年增长 8.2 倍；水泥产量 112.8 万吨，比 1949 年增长 3.3 倍，比 1943 年增长 68.4％。国民经济恢复任务的胜利完成，为大规模经济建设的展开和对生产资料私有制进行社会主义改造奠定了坚实的基础，辽宁人民开始了向实现国家社会主义工业化的伟大目标进军。

二、"东方鲁尔"初显规模

1953 年 6 月，中共中央政治局正式讨论和制定了中国共产党在过渡时期的总路线，开始执行国家建设的第一个五年计划（以下简称"一五"计划）。"一五"计划确定的指导方针和基本任务是，集中主要力量发展重工业，以苏联帮助我国设计的 156 项重点工程为中心，由限额以上的 694 个单位组成的工业建设，形成国家工业化和国防现代化的初步基础。根据"一五"计划之规定，其"中心任务之一，是基本上完成以鞍山钢铁联合企业为中心的东北工业基地的新建、改建，其中包括抚顺、阜新的煤矿工业，本溪的钢铁工业和沈阳的机械工业"。因此、在"一五"计划时期，辽宁是全国大规模经济建设的重点地区，辽宁工人阶级担负着建设以重工业为主的工业基地的光荣、伟大任务。

为了迅速完成辽宁重工业基地的建设，国家在辽宁投入了巨额的资金。"一五"计划时期，辽宁的基本建设不仅规模大，而且在投资的分配和使用上，认真执行了大力改造原有经济基础和集中力量进行重工业建设的方针。5 年间，国家在辽宁共投资 65.1 亿元，占同期全国基本建设投资总额的 11.8%。其中：用于工业建设的投资为 46.4 亿元，占同期全国工业投资总额的 18.5%。在工业基本建设投资中，重工业投资为 43.6 亿元，占同期全国重工业投资总额的 20.5% 和全省工业总投资的 94%。重点发展冶金、机械、化工、建材以及煤、电、油等能源工业。基本建设投资绝大部分用于改建、扩建，也搞了部分新建。为了迅速完成鞍山钢铁工业基地的建设，在投资分配上，注重了沈阳、鞍山、抚顺、本溪中部城市群和阜新煤电基地的建设，这 5 个市的基本建设投资达 49.4 亿元，占全省总投资的 76%。

"一五"计划时期，全省施工的限额以上项目（即大中型项目）共有 175 个，其中工业建设项目 98 个，占同期全国工业大中型项目的 10.6%。在重工业建设项目中，属于苏联帮助中国设计的 156 项重点工程中有 24 项安排在辽宁建设，包括冶金 4 项，其中钢铁工业 2 项：鞍钢、本钢，有色金属工业 2 项：抚顺铝厂、杨家杖子钼矿；
机械 5 项：沈阳第一机
床厂、沈阳第二机床厂、
沈阳风动工具厂、沈阳
电缆厂、大连造船厂；
国防工业 3 项：112 厂（沈
阳飞机制造公司）、410
厂（沈阳黎明发动机制
造公司）、431 厂（渤
海造船厂）；煤炭工业 8
项：阜新新邱竖井、阜
新平安竖井、阜新海州
露天矿、抚顺东露天矿、
抚顺老虎台斜井、抚顺
西露天矿、抚顺胜利斜

钢铁厂一角

井、抚顺龙凤竖井；电力 3 项：抚顺发电厂、阜新发电厂、大连发电厂；石油
1 项：抚顺石油二厂。这 24 项重点工程被列为全省基本建设重点项目中的重点。
在重工业总投资中，这些重点工程的投资占 65% 以上。为了与这 24 项工程配
套，还在沈阳、大连、抚顺、本溪、锦州等地安排了省市重点工程项目 730 个。
其中包括改建和扩建抚顺钢厂、大连钢厂、沈阳冶炼厂、沈阳有色金属加工厂、
锦州铁合金厂、沈阳第三机床厂、沈阳化工厂、沈阳玻璃厂、大连玻璃厂等。
完成这些重点工程不但能使生产能力大为提高，而且可以使工业布局合理化。

1. 钢铁工业

改建和扩建鞍钢又是重中之重。钢铁工业是实现国家社会主义工业化的基
础，没有强大的钢铁工业，要建立起强大的社会主义工业是不可能的。在诸多
的重点项目中，改建和扩建鞍钢是重中之重。中共中央指出："要集中全国
力量首先恢复和改建鞍山钢铁公司""扩展鞍山钢铁联合企业的规模，尽可
能地改建和新建，基本上完成以鞍山钢铁联合企业为中心的东北工业基地建

设。""一五"计划时期，辽宁钢铁工业投资达 18.1 亿元，占全省工业总投资的 39.1%，占全国钢铁工业总投资的 48.2%。鞍山钢铁联合企业（简称鞍钢）的 48 项新建和改建工程，有 42 项开始动工兴建，其中新建的共有 26 项。

为了建设好鞍钢，国家提出了"全国支援鞍钢"的口号。当时从全国各地抽调 500 多名地委一级领导干部到鞍山，分配大批大学毕业生，集结了数以千计的生产、设计、施工的工程技术人员，组织了全国 57 个大中城市的 199 个企业，在人才、物资、技术方面支援鞍钢。在全国的大力支援下，从 1953 年到 1960 年，鞍钢完成了矿山、炼铁高炉、炼钢平炉、轧钢厂等 48 项主要工程。特别是中国第一座自动化的无缝钢管厂、大型轧钢厂和七号高炉"三大工程"的建设，仅用一年多时间就相继建成投产，赢得了钢铁工业大规模建设的首战胜利，成为社会主义工业化的奠基工程。"三大工程"分别在 1953 年 10—12 月生产出第一批合格产品并迅速向毛泽东主席报喜。12 月 26 日，鞍钢举行"三大工程"竣工典礼，中央重工业部部长王鹤寿宣读了毛主席于 25 日的复电："鞍山无缝钢管厂、鞍山大型轧钢厂和第 7 号炼铁炉的提前完成建设工程，并开始生产，是 1953 年我国重工业发展中的巨大事件……希望你们继续努力，学习苏联经验，发挥你们的智慧和力量，争取更大的成就。"周恩来总理为"三大工程"题词："大型轧钢厂、无缝钢管厂、7 号炼铁炉的开工生产是我国社会主义工业化建设中的重大胜利。"《人民日报》12 月 27 日发表社论，高度评价"三大工程"在我国经济建设中的重要作用和深远影响。

到 1957 年底，鞍钢竣工投产的工程有 40 项，其中新建的主要有大型钢管厂、第二炼钢厂、第二初轧厂、第二中板厂、第四和五号焦炉、鞍山浮选厂等；改建、扩建的主要有第三、五、六、七、八、九号 6 座自动化大型炼铁高炉，第一初轧厂、第二薄板厂、第一炼钢厂，第十一、十二、十三、十四号 4 座炼焦炉，大孤山铁矿等。本溪钢铁公司（简称本钢）有南芬露天矿，南芬选矿厂，三、四号两座大型自动化高炉，以及焦化厂一、二号焦炉等改建工程相继竣工投产。抚顺钢厂、大连钢厂等改建工程也都相继提前完成。

随着这些建设项目的竣工投产，辽宁拥有鞍钢、本钢、抚钢、大钢等县以上钢铁企业 20 家。生铁产量 419 万吨，占全国产量的 70.6%；钢产量已达到 338.2 万吨，占全国钢产量的 63.2%；钢材产量 238.5 万吨，占全国产量的 57.5%。辽宁的钢铁工业，已经用先进的自动化设备武装起来，成为中国重工业的基础工业。

2. 机械工业

机械工业是"一五"计划期间重点建设部门之一。"一五"计划规定，中国要建立起制造大型金属切削机床、发电设备、冶金设备和汽车、拖拉机，飞机的机器制造工业，并特别提出改建沈阳的机器制造业以完成围绕鞍钢为中心的东北工业基地的建设。5 年间，辽宁用于机械工业的投资为 6.2 亿元，占全省工业总投资的 13.3%，占全国机械工业总投资的 16.8%。兴建的机械工业大中型项目有 18 个，其中有 5 个是苏联援建的 156 项重点工程之内的。到 1957 年底，已有 15 个大中型项目全部或部分投入生产，这些企业，不仅新建的都是用苏联的最新技术装备起来的，改建的也对原有基础进行了彻底改造，使企业的面貌发生了巨大变化。"一五"计划结束后，全省金属切削机床生产能力已达到 2.4 万台，比 1952 年增长 7.6 倍，工业轴承生产能力已达到 151 万套，机车生产能力已达到 120 台，货车生产能力达到 3000 台。机械工业已成为为国民经济各部门进行建设和技术改造提供技术装备的重要部门。

3. 能源工业

能源工业是供给国民经济各部门所需动力的重要部门，是实现社会主义工业化的先行工业。"一五"计划时期，国家重点对辽宁的抚顺、阜新、本溪的煤矿工业进行了规模巨大的新建、改建，并改建了抚顺的石油企业，阜新、抚顺、大连等地的火力发电厂。5 年中，全省能源工业投资达 11.3 亿元，占全省工业总投资的 24.5%，占全国能源工业总投资的 15.8%。新建、改建的大中型煤矿井共 21 个，石油企业 6 个，电力工程 11 个。随着"一五"计划的完成，煤矿工业已有 14 个大中型矿井全部或部分竣工投产。石油工业方面，石油一、二、三、七厂等也改建完成，部分投入生产。电力工业方面，相继建成了抚顺、阜新、大连三个火力发电厂，使能源工业主要生产能力大为提高。煤矿采煤能力为 2586 万吨，发电设备能力为 86.9 万千瓦，原油生产能力为 68.2 万吨，分别比 1952 年增长 53%、73.5%和 1.3 倍。能源工业的建设与钢铁、机械等重工业部门的建设基本上同步进行，发挥了先行工业的作用。在集中力量进行重工业建设的同时，还新建和改建了一批化学、建材、轻工业等企业。

4. 重工业基地的初步形成

在"一五"计划结束后，辽宁初步形成了以冶金、机械、化工、石油、煤炭、电力、建材等工业为主体的重工业基地。在冶金工业方面，建立了以鞍山、本溪、抚顺、大连为中心的炼铁、炼钢、无缝钢管和大型钢材制造，高级合金钢的冶炼和炼铝、炼镁等工业；在机械工业方面，建立了以沈阳、大连为中心的新式机床制造、高效率蒸汽机车制造、冶金设备和矿山机器制造、电气设备和高压输电设备制造、船舶制造等工业；在化学工业方面，建立了以沈阳、大连、抚顺、锦西为中心的基本化学、人造石油、合成化学以及抗生素、人造纤维等制造工业；在煤炭工业方面，建立了以阜新、抚顺、本溪、北票等矿区为中心的煤炭基地；在电力工业方面，建立了以抚顺、阜新、大连等市为中心的火力发电厂。这些骨干重工业和黑龙江、吉林等兄弟省区的煤炭、机械、汽车制造等工业结合起来，共同使东北地区成为中国最先建成的重工业基地。

矿山采掘作业

以鞍钢为中心，以重工业为主体的工业基地的初步形成，使辽宁的工业部门结构和地区分布发生了深刻变化。基本形成了以大连为中心，包括安东（丹东）、营口、锦州等沿海工业城市地带和以沈阳为中心的包括鞍山、抚顺、本溪、辽阳等中部工业城市群体。以沿海工业城市地带为前沿，以中部工业城市群体为腹地，初步形成了整个辽东半岛和沿海地区矿产资源丰富、工业基础雄厚、交通四通八达、技术力量较强的经济相当发达的地区。这个地区是辽宁省的精华所在，堪称全国的一块瑰宝。以机械工业为中心的沈阳与著名的钢都鞍山、煤都抚顺、煤铁之城的本溪相配合，已经初步具有相当的规模，成为东北工业基地的核心，在全国享有盛名，被誉为"东方的鲁尔"（鲁尔是原西德中部的集机器制造、电、化学、石油冶炼、军火生产等多种工业在一起的最重要工业区）。

5. 积累资金支援国家建设

全省国营和地方国营工业企业通过上缴利润和缴纳税金共达 87.9 亿元，扣除同期国家对辽宁工业建设的投资，净提供的资金达 43.7 亿元。这些资金相当于当时建设 3 个鞍钢的投资。这表明在自身形成工业基地过程中，辽宁在为国家积累建设资金方面也发挥了重要作用。从此，辽宁以其工业原材料、装备制造、企业人才和技术支援着全国，成为国家财政的重要支柱，为国家经济建设，增强国家实力，巩固人民民主政权做出了巨大贡献，赢得了"共和国工业长子"和"新中国的装备部"的赞誉。

三、在挫折中成长

伴随着第一个五年计划的实现和社会主义改造的全面完成，辽宁人民同全国人民一道进入了全面建设社会主义的新阶段。1956 年 9 月，中共八大召开，提出了当前的主要任务是集中力量解决经济文化发展不能满足人民群众需要的矛盾，把国家尽快地从落后的农业国变为先进的工业国。在社会主义改造基本完成后，怎样根据省情进行社会主义建设，是摆在全省人民面前的一个大课题。省委、省政府根据八大精神和国家第二个五年计划的要求，明确了工作的中心任务仍然是工业建设，提出辽宁"二五"时期发展全省国民经济的具体方针：

充分加强和利用已有的工业基础，进行必要的填平补齐，大力挖掘企业潜力，以便在支援内地经济建设中发挥日益重要的作用，并逐步扭转国民经济中某些不协调的状况，更好地按比例发展。

社会主义工业化初步基础的建立，为我国的经济建设开辟了广阔的道路，展现了美好的前景，可惜，后来由于我们在经济工作的指导思想上出现了严重的偏差，辽宁工业基地的发展也几经周折。在经历了"一五"时期轰轰烈烈建设后，从1958年开始，由于社会主义建设经验不足，对经济发展规律和中国经济基本情况认识不清，急于求成，夸大了主观意志的作用，没有经过认真的调查研究和试点，中共中央就提出了"鼓足干劲，力争上游，多快好省地建设社会主义"的总路线。这虽然反映了部分领导干部和人民群众迫切要求改变国家经济文化落后状况的愿望，但它忽视了经济发展规律，促进了急于求成的"左"倾错误的急剧膨胀，其直接后果就是在总路线提出后，又轻率地发动了"大跃进"运动。这样辽宁确定的"二五"时期发展的战略思路就被打乱了。在"以钢为钢，全面跃进，加快建设速度"的思想指导下，1958年上半年辽宁工业战线发动了"大跃进"。2月11日，省委召开各市工业局长会议，会议确定1958年全省地方工业生产总值比1957年提高40％，根据"二五"计划，全省地方工业生产总值比1957年增长3倍，基本建设战线也提出了"跃进再跃进、力争最上游"的口号。比较典型的是全国掀起了"大炼钢铁"运动。辽宁作为全国重工业基地，钢铁工业实力相当雄厚，"一五"计划结束后，辽宁的生铁、钢、钢材产量分别占全国产量的70.6％、63.2％、57.5％。在全国提出为1070万吨钢而奋斗的翻番计划后，辽宁承担起44％的任务，即近470万吨。为此在鞍山及辽宁一些地方掀起了一场全民大炼钢的高潮，全省各地建立起几千座小高炉，全民大炼钢铁，1960年，辽宁的钢产量由1958年的338万吨增加到677.6万吨，3年翻了一番，矿产资源和生态环境遭到了严重破坏。基建投资增长过猛，总积累率高达60％，国民经济比例严重失调，给辽宁经济带来严重的消极影响。到"二五"计划结束时，辽宁工业从1961年到1962年累计每年递减36.6％，下降到1957年水平。其实在"一五"建设期间，辽宁在进行大规模经济建设中也出现过一些缺点。

如 1955 年底和 1956 年初，生产建设出现过要求过急、盲目冒进的偏向，造成基本建设投资规模失控；再如，这个时期轻重工业投资结构不协调，轻工业投资太少，重工业投资过多，两者占工业总投资的比重分别为 6% 和 94%。这种重工业太重、轻工业太轻的情况，给以后的经济发展和人民生活的改善，都带来了不利的影响。

从 1961 年开始，党中央及时纠正了经济工作指导思想上的偏差，决定开展以"调整、巩固、充实、提高"为核心的国民经济调整工作。根据党中央的部署，辽宁的国民经济调整，主要措施是对产品质量差、成本高、长期亏损的企业实现关停并转，3 年时间共裁并 2204 个工矿企业，精简职工 100 多万人；调整基本建设投资方向，提高能源工业、原材料工业、农业和非生产性建设投资的比重，积极发展轻工业，努力增加消费品生产，为解决全省人民吃、穿、用和促进农业生产起到了很好的作用。国民经济比例关系开始理顺，工业生产逐步恢复和发展。从 1963 年开始，国民经济进入全面调整时期，到 1965 年调整任务完成。经过调整，辽宁工业基地再展雄姿。1963—1965 年工业总产值年均递增 18.3%。轻工业增长 48%，每年递增 14%；重工业增长 73%，每年递增 20%。1965 年工业总产值 172 亿元，比 1962 年增加了 69 亿元。同时加强企业管理，制定和恢复了一些合理的规章制度，经济效益也逐步提高，1965 年企业每百元资金提供的利税比 1963 年提高了 1.2 倍。1965 年同 1957 年相比，钢和钢材产量增长 72%，生铁产量增长 40%，原煤产量增长 76%，发电量增长 1.6 倍，原油加工能力增长 3.6 倍。在此期间，辽宁的电子、纺织、新型化工等行业开始崛起，基本形成了比例适当、结构合理的工业经济新格局。

"二五"计划期间，辽宁累计完成基本建设投资 82.7 亿元，比"一五"时期增加 17.6 亿元，增长 27%，占全国投资的比重由"一五"时期的 11.8% 下降到 7%，降低 4.8%。建成大中型骨干工程 220 个。主要工业建设项目有：鞍钢冷轧薄板厂改造，抚顺钢厂 650 轧机，沈阳冶炼厂铜电解工程；铁法矿务局、本溪矿务局、杨家杖子矿务局的新建和改建；辽宁、阜新和大连一、二发电厂和水丰水电站的新建扩建；葫芦岛锌厂、中捷友谊厂、沈阳机车车辆厂、沈阳变压器厂、沈阳重型机器厂、瓦房店轴承厂、抚顺电机厂、抚顺化工厂、大连油脂化学厂、沈阳毛织厂、沈阳纺织厂等厂矿的改建、扩建。建立形成了石油化工、无线电、稀有金属、精密仪表及手表制造等新兴工业部门，生产出一大批科技含量较高的、填补空白的产品。值得一提的还有锦州新兴工业的兴起和发展，1958—1965年，锦州的新兴工业从无到有，从小到大，从低级到高级，迅速地发展。先后改建、扩建49个企业和厂点，形成了石英玻璃、真空设备、稀有金属、半导体、无线电、激射光、化工塑料、仪器仪表等8个方面的新兴工业，共生产和试制了213种产品。这些产品有的达到国内、国际先进水平，有的填补了中国工业史上的空白，有的在技术和工艺上有独特的风格和特点，在为国防建设和尖端科学技术服务、为满足社会和人民生活需要等方面，起到了积极的作用。锦州成为全国工业战线上的一面红旗。锦州发展新兴工业，改变了地方工业的落后面貌，1964年受到辽宁省委表扬。1965年11月，中共中央东北局在锦州召开新产品、新技术经验交流会，推广了锦州创办新兴工业的经验。1966年3月，在全国工交工作会议上，锦州被国务院命名为"大庆式锦州新兴工业地区"，《人民日报》为此发表题为《全国都能有大庆》的社论。

在"二五"计划及国民经济调整时期，由于全省职工群众在省委、省政府领导下，同心同德、克服种种困难，坚决贯彻执行各项调整政策，排除"左"的干扰，使经济建设逐步呈现出欣欣向荣的良好局面，为继续发展和发挥辽宁重工业基地的作用，进一步支援全国创造了条件。

四、期望和意义

党和国家领导人十分关注辽宁重点工程建设。在国民经济恢复和实施"一五"、"二五"计划期间，党和国家领导人多次批示、复电、题词，并来辽宁视察，表现了对国家重工业基地建设的极大关注。1951年12月13日，李富春副总理报告周恩来总理和毛泽东主席，请求动员全国有关方面的力量帮助鞍钢建设"三大工程"。17日，毛主席批示："完全同意，应大力组织实行。"1952年9月17日，阜新发电厂提前发电；1953年12月25日，鞍钢"三大工程"竣工。收到职工们的报捷喜讯后，毛主席复电表示由衷的祝贺。1958年2月，

"一五"计划刚完成，毛主席来辽宁，视察了24项重点工程中的沈阳410厂、112厂、抚顺西露天矿和抚顺铝厂。1953—1956年，周总理3次视察辽宁鞍钢，并为"三大工程"竣工题词。刘少奇、朱德、陈云、邓小平、彭德怀、贺龙、宋庆龄、董必武、叶剑英、薄一波、罗瑞卿等先后视察辽宁，给辽宁广大干部、职工群众以极大的鼓舞和鞭策。

维修中的飞机

　　榜样的力量是无穷的。在辽宁国民经济恢复、"一五"、"二五"建设期间，党和政府充分相信职工群众，依靠职工群众，尊重职工群众的首创精神，确立了工人阶级的主人地位。在中共辽宁省委、省政府及各级党政部门领导下，广大职工群众发扬无私奉献的精神，为社会主义建设刻苦钻研、贡献聪明才智，积极开展技术革新，攻克了一个个生产和技术难关，在他们当中涌现出一大批有广泛影响的、为国家经济建设做出突出贡献的英雄模范人物，如孟泰、赵国有、马恒昌、王崇伦、李熏、王凤恩、娄尔康、尉凤英、金福长、吴大有、高方启、虞光裕、马世英、马德有、阎德义、李宝书、刘金良、高文德、王克敬、黄光夏、王文山、徐连贵、曹太宝等，真是数不胜数。像他们一样兢兢业业、忘我劳动的人还有许许多多。他们在平凡的岗位上，做出了不平凡的业绩，在自己的工作岗位上默默奉献着智慧、才能和青春。

　　众多令人瞩目的"中国第一"。经过从国民经济恢复时期到"一五"、"二五"建设时期，辽宁地区的企业试制和生产出上万种类的新产品，提高了辽宁在全国的经济比重和支援国家建设的能力。中国过去所没有的一些工业部门，包括飞机、机车和船舶制造业，重型和精密机器制造业，冶金和矿山设备制造业，巨型输变电制造业以及高级合金钢和有色金属冶炼业等，都从无到有地建立起来，并形成了比较完整的重工业体系。辽宁基本成为向全国提供以原材料和机电设备为主的重工业基地。研制生产出一些技术含量非常高的产品填补了国内空白，创造出多个"中国第一"，如：第一台万能铣床、第一台 5 吨吊钩桥式起重机、第一个万伏级高压线圈、第一炉 CR13 不锈钢、第一台透平发电机、第一条航空轮胎、第一块钢化玻璃、第一台 1000 米钻机、第一台 2 吨桥式锻造锤、第一架新型喷气式战斗机、第一根无缝钢管、第一台 40500 千伏安巨型变压器、第一台 11 万伏大型电流互感器、第一台 7000 瓦水轮机、第一台轮式拖拉机、第一台摇臂钻床、第一台 250 吨塔式起重机、第一块有机玻璃、第一台新型蒸汽机车、第一台 2000 吨油压机、第一台 800 马力空气压缩机、第一块高温合金、第一台卧式镗床、第一台选矿机、第一座 2.8 万立方米的煤气储仓罐、第一架高级滑翔机、第一台四轴自动车床、第一台精密丝杠车床、第一架超音速喷气式歼击机、第一枚地空导弹、第一台透平压缩机、第一台 2500 吨锻造水压机、第一辆 4000 马力货运电力传动内燃机车、第一台立式大水泵、第一艘万吨级远洋货轮、第一套核工业轴承……这一个个的"第一"，既是辽宁的辉煌，更是共和国的辉煌！证实了辽宁成为"共和国工业长子"和"新中国的装备部"的成长历程。

在我国实施"一五"计划期间，以苏联为首的社会主义国家给了我们巨大的援助。邓小平曾经说过："我们从来没有忘记在中国第一个五年计划时期苏联帮助我们搞了一个工业基地。"这段话，反映了中国人民对苏联政府援助的感谢之情。就辽宁 24 项重点工程来说，情况的确如此。当时社会主义苏联对中国的援助是真诚的，给予我们优惠的贷款，帮助我们设计，提供先进的技术、设备和管理经验，选派大批优秀专家。以辽宁为中心的东北工业基地的建成与当时苏联政府的援助是密不可分的。当然因为政治原因，我们对苏联专家的建议基本是无条件服从，在实践中也带有一定的盲从性，完全照搬苏联的经验，对其他国家的先进技术和管理一律不能学、不敢学，所以苏联专家撤走后，给我们的工程建设带来了不小损失。

大规模经济建设的完成，增强了辽宁的经济实力，提高了辽宁在全国的经济地位。"一五"计划时期，通过大规模的基本建设和技术改造，改建和新建了一大批国民经济骨干企业，新增加固定资产 56.5 亿元，在辽宁基本形成了一个以向全国提供原材料和机电设备为主的重工业基地。1957 年，全省工业总产值达 102 亿元，比 1952 年增长 1.6 倍，平均每年增长 20.9%，占全国工业总产值的比重由 13.2% 提高到 14.9%，仅次于上海（占 16.5%），居全国第二位。重工业产值达 72.4 亿元，比 1952 年增长 2.3 倍，占全国重工业总产值的 22.7%，居全国第一位。在主要产品中，钢、生铁、钢材、纯碱、烧碱、变压器的产量占全国产量一半以上，原油、发电量、水泥、平板玻璃、合成氨、金属切削机床产量占全国三分之一左右。此外，飞机、军舰、弹药等军事工业也占有较大比重。全国支援了辽宁，辽宁也支援了全国的经济建设。在物资方面：全省共调出生铁 490 万吨，钢材 438 万吨，水泥 575 万吨，化肥 81 万吨。这些物资中钢材、有色金属、水泥、石油炼成品和化肥等都占全省同期总产量的 54.6%—73.3%。鞍山钢铁公司调出的钢材在支援武汉长江大桥、第一汽车制造厂、玉门油田、三门峡水电站和包头钢铁公司等重点工程建设中，都起到重要作用。在机电设备支援方面：全省支援各省区的机电设备总数量达 1810 万吨，占全省同期总产量的 63.5%。主要设备有动力设备 8 万台，变压器 675.2 万千伏安，轴承 271 万套。还为省外制造了大批新型机床、冶金和矿山设备、轧钢设备、化工设备和发电设备等。在技术干部、工人和管理干部支援方面：全省共向兄弟省支援输送 80321 人，其中，工程技术人员 7445 人，熟练技术工人 56479 人，管理干部 16397 人。

在国民经济恢复和大规模经济建设时期，辽宁省不仅在物资、人才方面支援全国，而且还为全国输出了经验和应该吸取的教训。当时的主要经验有：正确的决策是工程建设的首要条件；立足国外，又立足国内，全国一盘棋，确保重点工程建设；加强领导，大搞团结会战，是实施高速建设的保证；积极消化引进技术，搞好职工培训，培养自己的生产建设人才；生产和基建两不误；等等。主要教训是：进行工业建设，必须认真掌握并遵循其发展的基本规律和特点，坚持"两点论";必须加强设计方案的制定和审定,确保设计方案准确、可靠,防止因出现失误造成损失和浪费;必须加强基本建设实施过程中的协调配合,设计赶在施工之前,设计严密且质量要高,材料供应要及时,保证建设的顺利进行;等等。总之,经过"一五"、"二五"时期,特别是"一五"时期的建设,辽宁广大工人群众以无私忘我的劳动热情和刻苦打拼的科学态度,一个个技术难关被攻克,一项项纪录被刷新,一批在共和国工业史上起着重要作用的大中型企业矗立起来,不胜枚举的工业奇迹在这里诞生。这个时期辽宁工业经济建设的业绩是辉煌的。虽然这些业绩已成为历史,但是辽宁广大职工群众所展现出来的敢为人先、艰苦创业、兢兢业业、勤俭建国、无私奉献、勇往直前、不怕牺牲的精神,仍是我们不断进取、不断创造辉煌的宝贵资源。

（作者系辽宁社会科学院当代辽宁研究所原所长、研究员）

让雷锋精神在新时代绽放更加璀璨的光芒

张弘　张凤羽

2023 年是毛泽东等老一辈革命家为雷锋同志题词 60 周年。60 多年前，雷锋，一个只有 22 年短暂生命的解放军战士，以无数感人的先进事迹和高尚的思想品德，为世人留下一个闪光的名字和一种不朽的精神——雷锋精神。60 年来，一个由亿万人民群众自觉参加的学雷锋活动在中华大地上蓬勃开展，持续深入。特别是党的十八大以来，习近平总书记多次就学习雷锋弘扬雷锋精神作出重要指示，指导推动新时代学雷锋活动进一步深入发展，不断创新。一批又一批雷锋式先进集体和模范人物不断涌现，群众性的学雷锋活动不断丰富新内容，增添新活力。今天，雷锋名字家喻户晓，雷锋事迹深入人心，雷锋精神广为弘扬。雷锋精神感动了一个民族，影响了整个社会风尚，激励了几代人健康成长。雷锋精神的价值和意义更加彰显。

雷锋精神从辽宁发祥

1958 年 11 月，青春洋溢、朝气蓬勃的 18 岁的雷锋离开家乡湖南望城，

雷锋（毛主席题词）

雷锋

北上辽宁，到鞍钢投身祖国钢铁工业建设，成为一名推土机驾驶员。1960年1月，雷锋从鞍钢参军入伍走进部队，成为运输连的一名驾驶员。1962年8月15日，雷锋不幸因公牺牲，年仅22岁。

雷锋在辽宁工作生活共3年零9个月。在这短暂的时间里，他以坚实的步伐一步步完成了从公务员到工人、从士兵到伟大的共产主义战士的转变。在鞍钢，大规模的社会主义建设开阔了雷锋的视野，激发了他建设社会主义的热情，坚定了对社会主义的热爱和信念。在鞍钢工人登记表上，他将原名"雷正兴"改为"雷锋"，寓意为在国家钢铁工业建设上"打冲锋、当先锋"。雷锋在鞍钢找到了挥洒青春、报效祖国的宽广舞台。他3次被评为先进生产者，5次被评为标兵，18次被评为红旗手，还荣获了鞍山市"青年社会主义建设积极分子"称号。在鞍钢，雷锋不仅是生产劳动的标兵，而且是关心同志、助人为乐的模范，在鞍钢这个大熔炉里实现人生蜕变、精神丰富。

在人民军队这所大熔炉中，雷锋进一步锻造自己的优秀品质，升华自己的精神世界。雷锋在部队工作学习时时处处走在前列，表现优秀，多次立功受奖，获得各种荣誉称号，参军不到一年，就加入了中国共产党，入伍一年多，就被任命为班长。他被选为抚顺市第四届人民代表大会代表，出席了沈阳军区首届中国共产主义青年团代表会议并被选为主席团成员。他爱党、爱人民、爱祖国、爱社会主义。把个人的命运同党和人民的事业紧紧联系在一起，把有限的生命，投入到无限的为人民服务之中。无数生动感人的先进事迹表明雷锋是全心全意为人民服务的光辉典范，是爱岗敬业、刻苦钻研的时代楷模，是锐意进取、自强不息的模范标兵，是艰苦奋斗、勤俭节约的榜样。他用自己光辉的一生回答了人生的意义，为我们树立了"人为什么活着""人应该怎样活着"的榜样。

辽宁是雷锋精神的发祥地。雷锋从来辽宁工作到因公牺牲殉职。这是他世界观人生观价值观形成的最关键时期，是他青春年华最光辉灿烂的时期，是他各种感人事迹突出体现的时期，是他思想道德境界得到新的淬炼升华、形成雷锋精神的时期。雷锋将自己生命中最闪亮的时光展现在辽宁。雷锋精神在辽沈大地生根发芽，淬炼升华，弘扬全国，影响世界。社会主义建设的火热实践、马列主义毛泽东思想的哺育、党的优良传统作风和中华优秀传统文化的教育影响，各级党政组织和人民群众的关心帮助，使他不断进步，积极向上，茁壮成长，以自己的先进思想道德和一系列生动感人的先进事迹铸造了雷锋精神，形成了热爱党、热爱祖国、热爱社会主义的崇高理想和坚定信念，服务人民、助人为乐的奉献精神，干一行爱一行、专一行精一行的敬业精神，锐意进取、自强不息的创新精神，艰苦奋斗、勤俭节约的创业精神。习近平总书记强调雷锋精神的核心是信念的力量、大爱的胸怀、忘我的精神、进取的锐气，这正是雷锋精神的最好写照。

雷锋在生前就已成为道德楷模和青年学习榜样。雷锋生前因其先进事迹突出，1960年9月，雷锋所在团就树立他为"节约标兵"。11月26日，沈阳军区《前进报》用两个整版的篇幅发表了《毛主席的好战士》，详细地记述了雷锋的模范事迹。几天后，《前进报》又发表了《雷锋同志日记摘抄》。之后，省内一些媒体相继报道雷锋事迹。雷锋也应邀到省内各市作报告数十场，雷锋事迹很快在沈阳军区、辽宁省乃至全国广泛传播。雷锋因公殉职后，辽宁省军区、共青团辽宁省委相继号召并组织全省民兵和青少年学习雷锋的先进事迹。1963

雷锋

年1月，《辽宁日报》用9个版面刊登了雷锋事迹、日记、社论、消息等。2月5日，《中国青年报》发表了辽宁省广泛开展学习宣传雷锋活动的消息，并配发了《像雷锋那样战斗和生活》的社论。2月8日，《人民日报》刊登了辽宁省广大青年热烈开展学雷锋活动的消息和《毛主席的好战士——雷锋》长篇通讯，并配发了题为《伟大的普通一兵》的评论员文章，还刊登了雷锋的部分日记及雷锋生平的照片。

2月15日，共青团中央发出《关于在全国青少年中广泛开展"学习雷锋"的教育活动的通知》，号召广大青年和共青团员"以雷锋为榜样，做又红又专的革命接班人"。1963年3月5日，《人民日报》发表毛泽东同志"向雷锋同志学习"的题词。之后，刘少奇、周恩来、朱德、邓小平、陈云等老一辈无产阶级革命家相继为雷锋题词。在毛主席、党中央的号召下，一个全民性的学习宣传雷锋的活动在中华大地上轰轰烈烈地开展起来。

雷锋牺牲后，他生前曾留下工作生活足迹和生动感人的先进事迹的沈阳、鞍山、抚顺、营口、辽阳、铁岭等市都建立了雷锋事迹纪念馆。雷锋生前所在部队运输连四班被国防部批准命名为"雷锋班"。在辽宁建立了全国第一个学雷锋小组、全国第一座雷锋纪念馆、全国第一所以雷锋名字命名的学校……学雷锋活动在辽宁蓬勃开展，并从辽宁走向全国。

党的十八大以来，习近平总书记多次就学习雷锋作出重要指示，强调雷锋是时代的楷模，雷锋精神是永恒的。实现中华民族伟大复兴，需要更多时代楷模。号召把雷锋精神代代传承下去。总书记的指示为新时代更好弘扬雷锋精神提供了根本遵循，指明了方向。辽宁省委深入学习贯彻习近平总书记关于学习雷锋的一系列重要指示精神，提出《中共辽宁省委关于深入开展新时代学雷锋活动的意见》，陆续印发多个学雷锋活动工作方案，不断拓展学雷锋活动的深度和广度。

在辽宁，雷锋精神薪火相传。多年来，雷锋式的英雄模范、爱心团队层出不穷。如被人民群众誉为"雷锋传人"的郭明义，用生命践行航空报国梦想的罗阳，履职尽责、许党报国的中船重工抗灾抢险英雄群体……更有无数普通人在做学雷锋的志愿者。他们坚守岗位，默默奉献，发光发热，以不同的方式续写着雷锋的故事，在平凡的人生中践行着雷锋精神。今天，新时代践行雷锋精神在辽宁蔚然成风。雷锋精神代代传承，并持续发扬光大，已深深融入辽宁振兴发展的历史进程。

雷锋精神是中华民族精神的最好写照

习近平总书记指出：雷锋精神"是五千年优秀中华文化和红色革命文化的结合""是我们民族精神的最好写照"。几千年来，生生不息的中华儿女用自己的思想和行为熔铸出优秀的中华文化，构筑了一道绵延不绝的思想文化长城。雷锋精神是在几千年优秀中华文化、特别是党和人民伟大斗争中孕育的革命文化和社会主义先进文化的哺育和滋养下形成的。雷锋精神凝聚着优秀中华文化的精华，积淀着中华民族崇高精神的追求，是中华民族精神的生动体现。雷锋积极向上、崇德向善、乐于助人、乐于奉献、为人民服务的思想和行为与中华优秀思想文化在遥远的历史两端相互呼应。从雷锋无数感人事迹和他朴实而又富有哲理的日记及其他文字材料中，从雷锋对古往今来不断探索的"生与死""苦与乐""个人与集体""奉献与索取""利己与利人"等许多人生哲学命题的正确回答中，可以深切感受到在雷锋的思想品德中浸透着优秀中华文化特别是红色革命文化，他深刻把握住了优秀中华文化的精髓并努力践行。雷锋精神充分体现了优秀中华文化与红色革命文化、社会主义先进文化的完美结合，是中华民族精神的最好写照。

雷锋精神是社会主义核心价值观的生动体现

社会主义核心价值观是社会主义意识形态的集中反映和本质体现。雷锋精神中蕴含着远大理想、高尚道德，忠于祖国、忠于人民，刻苦学习、钻研理论，爱岗敬业、勤奋工作，诚信友善、乐于助人，服务人民、无私奉献，勤俭节约、

雷锋

艰苦奋斗等优秀品质和精神，这些品质和精神正是社会主义核心价值观的本质要求。

雷锋一生没有轰轰烈烈和惊天动地的壮举，所做的好事都是日常生活中平凡的小事，如主动帮助外出老人，把迷路的孩子送回家，为丢失火车票的大嫂补票，在大雨滂沱之夜将抱孩子的妇女送回家，把省吃俭用攒下的生活津贴送给灾区群众，利用闲暇时间担任校外辅导员，牺牲休息时间积极参加义务劳动，等等。这些好事虽小，但每一件都急人所需，救人所难，温暖人心。细微之处见精神。这些小事背后所显示的是雷锋的崇高精神境界，即"自己活着，就是为了使别人活得更美好"，"永远愉快地多给别人，少从别人那里拿取"，"把有限的生命，投入到无限的为人民服务之中去"。毛主席曾说过，"一个人做点好事并不难，难的是一辈子做好事，不做坏事，一贯地有益于广大群众"。雷锋用他的全部生命践行了一辈子为人民做好事。"合抱之木，生于毫末；九层之台，起于累土；千里之行，始于足下。"雷锋正是以一点一滴的好事积累矗立起一座彰显崇高精神的丰碑。他把崇高理想境界和高尚道德情操化为一点一滴的具体行动，时时关心人，处处助人为乐，走到哪里就把温暖带到哪里，把美好欢乐带到哪里。自觉把个人追求融入到党和人民的事业中去，为党和人民的事业鞠躬尽瘁，用无私奉献弘扬了短暂生命的意义。雷锋精神是社会主义核心价值观的生动体现。

雷锋精神是人类文明共同追求的精神

60 多年来，雷锋精神已经走出中国，走向世界，影响日益广泛深远。今天，世界上已有许多人认识到，雷锋不仅是中国人民的好榜样，也是世界所有向往真善美，追求美好生活、高尚品德的人的典范。雷锋那种充满爱心、关心他人、助人为乐、志愿服务、敬业奉献的精神凝聚着人类共同优秀文明成果，体现着人类共同价值观念，体现着人类的共同美德，是人类文明共有的精神财富。一位美国青年女教师在雷锋纪念馆用中文在留言簿上写下"雷锋属于世界"。2004年4月出版的美国《时代》周刊评论："雷锋品牌是中国人民也是全人类共同的精神财富。"

今天，雷锋精神已为许多不同肤色、不同种族、不同国别的人们所景仰和学习。如在德国，许多学生和旅行社导游员都买有《雷锋日记》和《雷锋故事》图书；在瑞典首都斯德哥尔摩街头，一些穿着印有雷锋头像的T恤的青年，热情地帮助别人做好事；泰国政府曾经专门印发《雷锋》小册子，号召国民学习雷锋精神，为国家为社会多做有益的事；日本原田工业株式会社连续十年来号召员工发扬雷锋精神，建立了一套完整的学雷锋制度，把学雷锋与人事考核结合到一起，取得了很好的成效。各种事实从不同侧面反映了雷锋精神的生命力、感染力、影响力，表明雷锋精神是人类文明发展共同追求的精神。

雷锋精神是历经实践和人民检验的精神

一种思想或精神要做到广为人们认同和接受，绝非靠简单宣传或强硬灌输，它需要经过历史发展、时代进步、社会实践、人民群众的检验。

60多年来，在中国大地亿万群众始终倾情呼唤和期盼雷锋精神，其根本原因是雷锋精神是经过实践检验，为亿万人民群众所需要的高尚精神。雷锋精神凝聚着中华民族的优秀传统、中国共产党人的优良作风、人民群众的优秀品质、人类文明的优秀成果，反映着历史、时代、实践和人民的要求。60多年来，尽管存在一些怀疑甚至否定雷锋精神的思想言论，但是，雷锋精神始终为最广大人民群众所认同。学雷锋活动的蓬勃发展和雷锋精神的弘扬有力促进了整个社会道德风尚的提高。雷锋精神所体现的那种对他人的友善帮助、对社会的责任与奉献、对美好情操的追求，始终为社会发展和人民群众所需要。

无论社会如何发展、时代如何进步、环境如何变化，社会总是需要真善美，需要相互尊重、互相关心、互相爱护、互相帮助。雷锋那种服务人民、助人为乐的奉献精神，那种干一行爱一行、专一行精一行的敬业精神，那种锐意进取、自强不息的创新精神，那种艰苦奋斗、勤俭节约的创业精神，始终为时代发展所需要，为人民所呼唤，为社会所倡导。

雷锋这个光辉的名字和他崇高的精神品格，在历史发展中始终焕发着光彩。雷锋精神早已成为我们整个国家、整个民族、整个社会、整个时代的精神财富。正如习近平总书记所指出："雷锋是时代的楷模，雷锋精神是永恒的。"今天，尽管人们思想活动的独立性、选择性、多样性、差异性日益增强，但历史、实践和人民对真、善、美的追求决定了雷锋精神永恒，必须把雷锋精神世世代代传承下去。

雷锋精神是以科学理论武装的精神

雷锋绝不仅仅是一个做好事的典型，其思想行为有着明确的科学理论指导。雷锋之所以成长为一名伟大的共产主义战士，一个根本原因，就在于他一直注重用先进的理论武装自己，指导自己，提高自己，把自己朴素的思想感情转化为思想理论自觉。

雷锋是在毛泽东思想哺育下成长起来的。坚持学习科学理论贯穿雷锋成长全过程。他以顽强的"钉子"精神，长期刻苦学习、潜心研读毛泽东著作，从中吸取思想营养，努力掌握马克思主义的立场、观点和方法，努力提高思想理论修养和人生境界，逐步树立起全心全意为人民服务的世界观、人生观和价值观。他在日记中写道："学习《毛泽东选集》一、二、三、四卷，感受最深的是，我懂得了怎样做人，为谁活着。"长期坚持不懈地坚持理论学习使他思想升华、胸襟开阔、立场坚定、理想远大。翻开雷锋那一篇篇文字优美、哲理深刻、情操高尚的日记，透过雷锋那一串串闪光的先进事迹，我们看到一个不断探索人生真谛、持续加强理论武装，毕生追求全心全意为人民服务的伟大共产主义战士。

雷锋学习科学理论最大的特色和最可贵之处是紧密联系实际、学以致用，用理论指导自己的工作、学习和生活。他在日记中提醒自己要"始终坚持用学习到的理论、观点对照联系自己的思想、劳动和周围的一切实际事情"。他在联系实际中加深对理论的理解，使理论更好地落实在具体实际行动中。科学理论的蕴涵使雷锋精神更具有长久的生命力。

今天，正在全面建设社会主义现代化国家、全面推进中华民族伟大复兴事业的中国共产党人和全国各族人民，比以往任何时候都更需要用科学理论特别是习近平新时代中国特色社会主义思想武装头脑、指导实践。需要像雷锋那样发扬"钉子"精神，刻苦学习，不断提高理论水平，树立正确的世界观人生观价值观，不断提高以理论为指导解决实际问题的能力，为全面建设社会主义现代化国家、全面推进中华民族伟大复兴贡献更多智慧和力量。

雷锋精神是推进强国建设、民族复兴伟业的精神动力

伟大的事业需要伟大的精神。全面建设社会主义现代化国家、全面推进中华民族伟大复兴事业需要有崇高的理想信念和脚踏实地、艰苦奋斗、积极奉献的精神。雷锋精神就是这样一种精神。雷锋以社会主义、共产主义的崇高理想为人生追求，同时把远大理想同自己一点一滴的工作和生活自觉地统一起来，忘我地工作，努力为党、为国家、为人民、为社会主义事业多做贡献。雷锋思想上的每一个进步、行动上的每一处闪光，都鲜明地体现着党和人民事业的要求。今天，全面推进中华民族伟大复兴的宏伟事业需要更多的雷锋式的英雄模范和雷锋精神。

榜样的力量是无穷的。一个民族、一个国家、一个社会，需要有一批批英雄模范人物来彰显它的形象和风貌，需要一种高尚的精神引领时代风尚。雷锋生前就一直以英雄模范人物为自己的榜样，在他的日记里记载着许多英雄的名字、事迹和他所表达的向英雄模范人物学习的态度决心。雷锋的成长进步离不开无数榜样力量的影响带动。60年来，雷锋又以他的先进事迹和崇高精神为亿万人民群众树立起一个光辉的学习榜样。

雷锋是每个人身边的榜样力量，雷锋精神可亲可敬可学。习近平总书记指出："雷锋精神，人人可学；奉献爱心，处处可为。"雷锋的魅力在于日常之中见模范，细微之处见精神，平凡之中见伟大。因为平凡，才能够使人们在日常生活中真切地感受到他的美好，对人们产生很强的吸引力、影响力和感染力，并且可学可做；因为伟大，又能引导人们的精神不断提升和超越，追求一种更有意义的生活。学雷锋要把学习雷锋精神和学习雷锋的做法结合起来、统一起来，把崇高理想信念和优秀道德品质追求转化为具体行动，体现在平凡的工作生活中。

雷锋精神作为真善美崇高精神的体现，对全社会都具有重要示范作用；学习弘扬雷锋精神，具有普遍的社会意义。雷锋精神始终在感动中国，为社会所需要，为人民所呼唤，始终是我们历史和时代主旋律中的一个嘹亮音符。习近平总书记指出："雷锋是时代的楷模，雷锋精神是永恒的。实现中华民族伟大复兴，需要更多时代楷模。" 我们要大力弘扬雷锋精神，充分发挥各方面英模人物的榜样作用，大力激发社会正能量，为实现中华民族伟大复兴的中国梦提供强大精神动力。

书写新时代的雷锋故事

在一个日新月异的时代，任何一种优秀思想文化传统和优秀精神都要被赋予新的时代内涵、增添新的活力。60 多年来，在历史发展中，雷锋精神与时俱进，处于社会前沿，体现时代要求，彰显生机活力。

党的十八大以来，新时代学雷锋活动不断拓展内容、创新形式、丰富载体。一批又一批雷锋式先进集体和模范人物不断涌现，持续丰富着雷锋精神的内容。许多新的文明建设和道德实践形式也在不断丰富发展雷锋精神的时代内涵，体现着鲜明的时代特征。如理想信念教育、公民道德建设、自愿服务活动、文明创建活动、道德模范宣传、思想政治教育、扶贫济困、奉献爱心活动，等等。广大志愿者、志愿服务组织、志愿服务工作者走进社区、走进乡村、走进基层，为他人送温暖、为社会做贡献，弘扬奉献、友爱、互助、进步的志愿精神，充分彰显了理想信念、爱心善意、责任担当，以实际行动书写新时代的雷锋故事。雷锋精神赓续传承，历久弥新，不断彰显它的时代意义。

习近平总书记强调："新征程上，要深刻把握雷锋精神的时代内涵，更好发挥党员、干部模范带头作用，加强志愿服务保障和支持，不断发展壮大学雷锋志愿服务队伍，让学雷锋在人民群众特别是青少年中蔚然成风，让学雷锋活动融入日常、化作经常，让雷锋精神在新时代绽放更加璀璨的光芒。"我们要深入学习贯彻习近平总书记的要求，与时俱进地弘扬雷锋精神，继续以实际行动书写新时代的雷锋故事。让学雷锋活动融入日常、化作经常，赓续传承；让雷锋精神在新时代绽放更加璀璨的光芒，为全面建设社会主义现代化国家、全面推进中华民族伟大复兴凝聚强大力量。

（作者张弘系解放军 32679 部队工程师，张凤羽系辽宁省政协文化和文史资料委员会原主任）

用"红医精神"培养白衣天使

赵群

　　中国医科大学是国家卫健委、教育部与辽宁省人民政府三方共建高校，是辽宁省一流大学和国内高水平大学重点建设高校。学校先后入选国家卓越医生教育培养计划、国家拔尖创新人才培养项目、国家建设高水平大学公派研究生项目、国家特色重点学科项目、国家级人才培养模式创新实验区和中国政府奖学金来华留学生接收校。

　　学校现有沈北、和平2个校区，3所附属综合性医院，2所专科性医院，开放床位近1.3万张，教职员工近1.8万名，有18个学院、3个研究院、2个教研部，在校的本硕博及外国留学生总数近1.9万名。有博士学位授权学科72个，硕士学位授权学科78个，博士后流动站与工作站10个，本科专业26个。学校建校至今，共培养了30多万名高级医学专门人才，毕业生遍布省内外及世界许多国家，培养和造就了一大批国家卫生管理领导干部和医学界的著名专家学者，其中国家卫生部正副部长10位，省军级以上领导干部100余位，将军40余位，"七一勋章"获得者2位，中国科学院和中国工程院院士 19 位。

一、中国医科大学的红色历史

中国医科大学是中国共产党最早创建的医学院校，学校前身为 1931 年诞生于江西瑞金的中国工农红军军医学校，1932 年，学校更名为中国工农红军卫生学校，并在江西于都举行开学典礼，毛泽东同志为学校制定了"政治坚定、技术优良"的办学方针，时任红军总司令朱德、总参谋长叶剑英等出席了开学典礼。中国工农红军军医学校的成立，标志着中国共产党领导下的规范化院校制培养医务人员的工作正式开始。

1934 年，学校随中国工农红军进行了举世瞩目的二万五千里长征，学员们爬雪山过草地，强渡大渡河，边学习边救护，被称为"马上学校"。在枪林弹雨中，学员们排除万难，去争取胜利，很多学员献出了宝贵生命。1935 年，在长征途中，周恩来同志高烧昏迷，被确诊为"阿米巴痢疾合并肝脓肿"，在当时根本没有做穿刺和开刀手术的条件，学员们采取各种办法救治，最终使周恩来同志转危为安。

延安办学期间中国医科大学礼堂

延安办学期间学校教室

1936 年，学校随中央军委抵达陕北。1940 年，学校牵至陕西延安。在延安，毛泽东同志提议，将中国工农红军卫生学校更名为中国医科大学。1945 年，中国共产党第七次全国代表大会在延安召开，学校向大会敬献了"誓为千百万革命战士的健康而奋斗"的锦旗，这锦旗是红医人郑重的承诺和誓言，至今悬挂在延安中央大礼堂内。随着中国医科大学办学规模的不断扩大，一批又一批学员从学校毕业，奔赴祖国抗日前线，为夺取抗日战争的全面胜利贡献力量。1948 年，东北全境解放，中国医科大学奉命进驻辽宁沈阳。1950 年，朝鲜战争爆发，中国医科大学承担着中国人民志愿军抗美援朝伤员的救护任务。

中国医科大学在硝烟战火中赓续文化命脉，传播医学火种，成为全国唯一一所在长征中坚持办学并且走完全程的院校，被誉为"红色医生的摇篮""新中国的救护先锋"。白衣天使们艰苦奋斗、无私奉献，开创了中国共产党领导下人民卫生事业的先河，铸就了伟大的"红医精神"。

二、备受党和国家领导人关怀

毛泽东同志先后 7 次到中国医科大学，3 次作报告，2 次题词，其中广为人知的"救死扶伤，实行革命的人道主义"就是毛泽东同志在 1941 年为学校第十四期毕业生也就是更名为中国医科大学后的第一期毕业生题词。学校将毛泽东同志的题词印在第十四期毕业证书上，学员们无比兴奋。这题词不仅印在十四期同学的毕业证书上，更深深印在中国医大人的心坎上，成为一代又一代中国医大人的行动指南，成为全国医务工作者座右铭和行动指南。

1991 年，中国医科大学建校 60 周年，邓小平同志亲笔题写《中国医科大学校史》书名，江泽民同志为中国医科大学题词"发扬红军卫校传统，办好社会主义医科大学"，杨尚昆、陈云、李先念、彭真、邓颖超等老一辈无产阶级革命家分别为中国医科大学题词。几代党和国家领导人对中国医科大学的关怀，一直鼓舞激励着广大师生员工勇于奉献担当。

2021 年，中国医科大学建校 90 周年，习近平总书记致信祝贺中国医科大学，向全体师生员工致以热烈的祝贺和诚挚的问候。习近平总书记在贺信中指出：

"90 年来，在党的领导下，中国医科大学坚持正确办学方向，培养造就了一大批医学专门人才，为国家医学教育事业和人民卫生健康事业做出了积极贡献。希望中国医科大学赓续红色基因，不负时代使命，为党和人民培养更多情系人民、服务人民、医德高尚、医术精湛的仁心医者，为全面建设社会主义现代化国家、实现中华民族伟大复兴的中国梦做出新的更大贡献。"总书记的重要贺信充分表达了以习近平同志为核心的党中央对中国医科大学广大师生员工的无比关心，对学校事业发展的高度重视，为学校赓续红色基因、不负时代使命、开启全新征程指明了前进方向。全校师生倍受鼓舞，将总书记的亲切关怀转化为感恩奋进的澎湃动力。

三、用"红医精神"引领师生员工

中国医科大学坚持用习近平新时代中国特色社会主义思想铸魂育人，秉承"政治坚定、技术优良"的校训，不断强化"埋头苦干求实创新"的校风、"爱教善教　守正创新"的教风、"勤学乐学求是创新"的学风建设，赓续红色基因，不负时代使命，用红医精神培养白衣天使。

学校高度重视红医精神的传承，将临床"5+3"八年制学生班誉为"红医班"，在师生员工中开设"红医精神"专课。为了纪念革命历史，中国医科大学校内有一条以"长征"命名的路，这条路环绕整个校园，每天都有无数师生员工从这里走过。分别组建了纪念红军长征胜利"重走长征路"和"红医理论"宣讲团，让红医精神深入人心。为深入挖掘红医精神内涵，组织召开"红医联盟成立大会暨红医精神研讨会"，来自红军长征沿线的井冈山大学、赣南医科大学、延安大学等国内 30 余所高校师生员工齐聚中国医科大学，就不断创新红医精神内涵进行深入研讨与交流。组建后的红医联盟分别以"赓续红色基因，传承红医精神""延安精神放光芒，红医精神代代传""井冈山大学与红医精神铸魂育人"等为题，先后到红军长征沿线大学为师生员工演讲。学校还深入开展"逐梦新时代、奋进新征程""继承红医传统，争做新时代开拓者""讲好新时代红医故事""红医青年讲述红医梦想""红医之旅社会实践"等系列

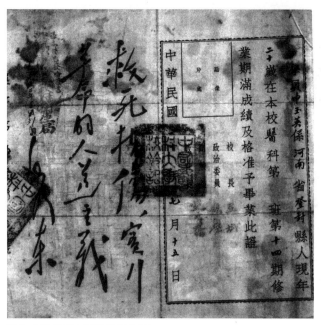
印有毛泽东同志题词的毕业证

主题教育，传承光大红医精神。中国医科大学"赓续红色基因，培育仁心医者"的故事在中央电视台大型医学人文节目《医心向党》播出。学校还深入开展各级"劳动模范""五一奖章""巾帼标兵""劳模创新工作室"等评选与推荐工作，并将新中国成立以来历年荣获各级劳动模范的教职员工事迹做成短视频，进行大力宣传，充分发挥榜样示范引领作用，为弘扬劳模精神、劳动精神、红医精神营造良好文化氛围。

为纪念红军长征胜利80周年，中国医科大学召开庆祝大会，回顾红色历史、展望未来发展，全校几百名师生员工参与了《铭记初心》《砥砺前行》《梦想起航》三个篇章大型文艺汇演，逼真壮观的演出场景让人感动、催人奋进。在中国医科大学建校90周年之际，学校组建了90支医疗队前往红军长征出发地江西于都，在举行纪念大会的同时，在红军长征及学校办学迁徙路径沿线的100个县，为当地人民群众进行医疗咨询、手术义诊、健康讲座，惠及百姓数万人。为挖掘红色资源、讲好红医故事，中国医科大学还创排了话剧《红医摇篮》，广大师生员工倾情演绎红医精神，用5个时间节点贯穿全剧，多角度地呈现了中国医科大学90年来服务人民的红医精神，学习强国等各大媒体给予报道。学校还建设了建筑面积达2000余平方米的校史馆，充分展现中国医科大学的红色历史与办学成就，邓小平同志亲笔题写的"中国医科大学校史"八个金光闪闪的大字镶嵌在校史馆前。校史馆已经成为广大师生员工思想教育基地，更成为中国医科大学新职工入职、新生入学的必修课基地。

2011 年，学校在革命圣地延安，修缮了中国医科大学延安旧址，建设了旧址陈列馆，该陈列馆设手术室、教室、实验室、礼堂等多个展厅，通过诸多珍贵的历史资料和实物，介绍了中国医科大学红色历史，展现了中国医科大学今天的成就。修缮完成后，在中国医科大学延安旧址举行了隆重的揭牌仪式，国家卫生健康委、延安市委市政府、延安革命纪念地管理局、延安市文物局等单位共同参与了此项工作。中国医科大学延安旧址已经成为毛泽东同志"救死扶伤、实行革命的人道主义"题词发祥地，已经成为陕西省爱国主义教育基地、陕西省重点文物保护单位，更成为中国延安干部学院现场教学基地。这将中国医科大学旧址与中国革命传统教育结合起来，能够使更多学员们了解中国医学教育和中国卫生事业的发展，为培育和践行社会主义核心价值观、弘扬主旋律中发挥着重要作用。

四、白衣天使们勇于奉献担当

习近平总书记强调，要把思想政治工作贯穿教育教学全过程，实现全程育人、全方位育人，努力开创我国高等教育事业发展新局面。中国医科大学牢记总书记的嘱托，用"红医精神"培养白衣天使，焕发广大教职工岗位争先、奋发有为、勇于奉献的责任担当，促进了全校各项事业高质量发展，更促进了辽沈地区乃至我国医疗卫生事业的蓬勃发展。

为培养技术过硬的白衣天使，增强服务本领，学校在广大教职工中深入开展教学基本功大赛、医疗护理技能大赛、急诊急救大赛等。选派技术优秀员工参加省市乃至全国各种技能大赛，多人次荣获省市乃至全国大赛各类奖项，多人次荣获省市乃至全国"劳动模范""五一奖章""技术状元""教学标兵""岗位能手"等殊荣。作为中国医科大学的 3 所附属公立性大医院和 2 所专科性医院，广大白衣天使们时刻牢记全心全意为人民服务的宗旨，牢记总书记的重托，做全心全意"值得托付生命的人"。在医院门诊量、住院量、手术量每年持续攀升的情况下，为解除人民群众疾病痛苦，他们加班加点、忘我工作，"白＋黑""5+2"是他们的工作常态，他们奋战在救死扶伤的第一线，用精湛医术、高尚医德，尽心竭力为患者服务，为百姓健康护航，赢得了社会广泛赞誉。百姓有急难险重病情时，第一时间想到"中国医大"、第一时间赶往"中国医大"，"中国医大"名字在辽沈大地乃至在国内外享誉盛名。

中国医科大学积极响应省委省政府的号召，始终追求公立大医院的社会担当，在优质医疗资源更多地惠及辽沈地区百姓的同时，努力在社会上发挥更大作用。在举世瞩目的奥运会、全运会医疗保障中，中国医大是医疗救援定点单位，广大白衣天使们不负重托、精准医疗，高超的医术和周到的服务赢得世界各国运动员的好评。在汶川、绵阳、玉树地震中，白衣天使们积极请缨参战，出生入死救护当地百姓。在也门、冈比亚等国外医疗援助中，他们更是远离亲人，远渡重洋，不辱使命、不负重托，展现出救死扶伤、大爱无疆的高尚品德，树立了良好的中国医生形象。

在对革命老区延安、新疆塔城、西藏那曲、青海等地医疗帮扶中，他们怀着对老区和边疆人民深厚情谊，奔赴祖国最需要、最艰苦的地方，舍小家顾大家，带着中国医科大学先进的管理理念和精湛的医疗技术，为当地人民群众提供了更加优质高效的医疗服务，并带出一支永远不走的医疗队，让老区和边疆人民在家门口就能享受到最优质的医疗资源，感受到党和祖国的关怀与温暖。为帮扶医院不断探索符合医院发展的新模式，助推当地医院技术水平再上新台阶，中国医科大学连续多年分批次对延安市人民医院和新疆塔城地区人民医院进行精准医疗帮扶，使得这两所医院分别迈入国家"三级甲等"医院行列，目前医疗帮扶仍在持续中。学校还在西藏那曲地区建立了"中国医科大学高原研究中心"，带动了当地医疗卫生事业的发展。

在新冠疫情防治中，中国医大的白衣天使们更是积极应对，勇于奉献担当。在首先做好本医院门诊、住院患者医疗服务外，作为辽宁省新冠医疗救治专家组长单位和辽宁省新冠重症患者救治总队长单位，他们先后奔赴省内多地区开展医疗救治与指导工作，为我省人民群众的生命健康安全提供了坚实的保障。此外，作为我省驰援湖北武汉、襄阳新冠救治的医疗队长单位，多批次、大规模选派业务骨干前往疫情严重地区，白衣天使们临危受命、毫不迟疑、全力以赴，高水平、高效率的救治受到高度评价。他们以实际行动践行了为人民健康服务的初心使命，以新时代医疗卫生工作者的精神风貌、意志品质、技术水平和应急能力，续写了仁心医者。

中国医科大学用实际行动践行了伟大的红医精神，使"救死扶伤，实行革命的人道主义"的医者精神在省内外、国内外得到了更广泛的传播。中国医科大学将在习近平新时代中国特色社会主义思想指引下，在总书记贺信精神的感召下，在辽宁省委省政府的领导下，继续在赓续红色基因上展现新作为，在培养新时代白衣天使上取得新成效，在办好人民满意的医学教育上实现新突破，在服务人民生命健康上作出新贡献，为我国医学教育事业的发展，为人类健康共同体贡献中国力量。

（作者系中国医科大学原党委书记、原校长）

鲁艺与中国大学精神塑造

白玮

在民族、国家、社会的总体结构中，大学是一个文化精神的象征，是坚守文化精神的堡垒。同时，大学还不断地对社会发展的既定形态，对已有的文化、知识体系，以至人类自身进行反省、质疑与批判，并进行思想文化学术领域的新的创造，形成一定的大学精神，为民族、国家、人类社会和自身的发展与变革，为思想、文化、学术的发展与变革，提供新的精神资源与智力支持。鲁迅艺术学院(以下简称"鲁艺")是抗日战争时期中国共产党在延安创立的第一所培养艺术人才、艺术管理干部的院校，由此在中国艺术教育史上开创了一个崭新的时代。鲁艺的教育实践不但为抗日战争、解放战争的胜利提供了强大的精神力量，而且为新中国艺术教育的发展和建设提供了宝贵的历史经验和文化积淀，由此引发了笔者关于鲁艺与中国大学精神塑造的探索。

一、大学精神

大学精神代表着一所大学存在于社会的内在品质与外在形象，在某种程度上是学校实施可持续发展的关键因素。大学精神是一种凝聚力，它的源泉是无形的思考、探索、对话、交流、合作、创新的学术氛围，在多元文化背景下，形成自由、宽容、大气、进取、严谨、朴实的文化风尚。

1. 大学精神与"文化积淀"

谈到大学精神，"文化积淀"是不得不提的。因为没有哪一所学校的大学精神能逃离对其文化积淀的彰显，一所大学的精神正是长期积淀的一种文化。没有文化的积淀，就没有人类精神的形成，文化积淀是大学精神生成必不可少的前提。正是这其中的积淀，为新的精神创造储备了源头活水，源头越丰，获利越足。精神是一个抽象的词汇，精神传承需要人们在意识形态领域中不断潜移默化地吸纳、认同。通过吸纳与认同，将其要义传递。大学精神的传承同样需要吸纳与认同。这种吸纳与认同是不同历史时期大学精神相互关联的内在扭结，是大学精神传承和发展的线索与依据。所以，大学精神的产生与发展都具有一定程度的超越时空性，文化吸纳与认同是大学精神产生的根基。

大学精神认同的具体方式常常是特定时代的人通过文本及其他线索与此前产生的原初的智慧与哲学进行对话，文艺复兴及欧洲近现代大学与古希腊文明的关系建立如此，孔子"从周"也是如此。范仲淹一句"先天下之忧而忧，后天下之乐而乐"被同时代的以及后世士人反复认同，并不断生成新的士文化精神。在这种对话中，后来者会对原初的价值进行"损益"，如中国古代的礼乐具有宗教性（"天道"）的成分，郑国子产提出"天道远，人道迩"，孔子更是将其方向转入了"人道"领域，以至春秋以来，中国文化已日益明显地有从天道转向人道的倾向。总体来看，大学精神形成、传承的机理即是积淀与认同，积淀是前提，是基础；认同是后人对积淀的再选择。无积淀则此精神无从产生，没有认同则此精神失去传承的机会。

2. 大学精神的本质

从本质上说，大学教育是培养人的社会文化活动。作为传递、应用、融合和具有创新精神的大学，必须注重学术，必须拥有一批有思想的自然科学家、社会科学家、人文学者，一批具有独立思想、人格与自由意志的现代知识分子。

进一步来讲，大学精神最本质的特征在于生生不息的大学人与大学一同成长过程中凝结的相对来讲较为传统稳定的学术风范和卓尔不群的教育传统。大学是由活生生的人构成的，那么大学精神从本质上来说就应是非常内在、本质的人文精神或者说是人本精神。因此，构建大学精神，要突现"以人为本"。大学教育的主体是人，大学的根本任务是培养人、塑造人。"以人为本"是彰显民族精神、塑造健全人格的根本。大学在传授知识与技术的同时，要唤醒学生内在的精神力量，树立坚定的信念和信仰，培养一种与时俱进的人文精神，营造一种有利于个性与人格完善的氛围，在广泛意义上，塑造全面发展的人。可以说，大学教育是人格教育、通识教育、终身教育的基础。大学的重任不仅在于知识的传承与创造，还在于精神的传承与彰显，大学精神可以说是充满人性的文化精神的象征。

二、中国大学精神之源

关于中国大学精神的源生、由来，学者们各持己见。特别是关于中国大学精神之源的说法，学者们更是分成西方源流说和中国说。

1. 中国古代的大学理念

应当说，早在中国古代，先人们便有了大学理念，从孔子的"有教无类"，到《大学》的"大学之道，在明明德，在亲民，在止于至善"，再到韩愈的《师说》，等等。

大学是在文化基础上生成的，同时作为文明体系的丰富的文化需要大学来传承。中国是四大文明古国之一，有着绵延数千年的文明，其中若无大学，何以为继？蔡元培说过："我

鲁艺师生参加的大合唱

国历史上本有一种大学，通称太学；最早谓之上庠，谓之辟雍，最后谓之国子监。其用意与今之大学相类……然最近时期，所谓国子监者，早已有名无实，吾国今日之大学，乃直取欧洲大学之制而模仿之，并不自古代太学演化而成也。"这里他承认了中国古代大学的存在事实，否定了中国古代大学与中国现代大学体制上的传承关系。但同时，他却指出"在古代中国，文明植根一直没有停止过它的生长"，这说明他认同的是文明之根在中国接续传承的事实。还可以在许多大学精神表述中，明确看到中国大学发展之历史。如北京大学的"思想自由，兼容并包"源自《史记》和《中庸》；清华大学的"自强不息，厚德载物"源自《周易大传》；西南联大的"刚毅坚卓"源自阴阳家学说；中央民族大学的"诚朴雄伟"中的"诚"出自《中庸》；等等。

由此可见，中国大学精神脱离不开孕育它的文明古国，它在同国家民族的共同成长中，积淀着自己的精神内涵。

2. 中国大学精神

究竟何为中国大学精神？应当说，当我们提及大学精神，几乎每一所大学都能非常明确地说出它的办学理念、特色和成绩，但并不是每所大学都能够说出自己的"精神"，这说明对于大学精神的描述是难以言说的，然而它又是真实存在的。"大学精神"不是人为设定的，也不是校长或大师头脑中自生的，它的形成是多重复杂因素长期相互撞击和融合的结果。

大学精神传达出的是积淀于其间的文化精神，它同这所大学独特的历史、地理、文化环境有密切关联。因此，中国的大学精神必然体现中华之文化、民族之气节、国人之胸襟，并在此基础上，彰显自身的独特精神魅力。清华大学建校之初，梁启超先生用"自强不息，厚德载物"来激励清华学生，铸就了清华人一种博大的胸怀。北京大学在建校之初，蔡元培先生提出"抱定宗旨""砥砺德行"和"敬爱师友"，奠定了北京大学兼容并包、思想自由的精神，也确立了中国大学的基本准则和文化精神。西南联大的"刚毅坚卓"、武汉大学的"自强弘毅、求实拓新"、复旦大学的"博学而志笃，切问而近思"、北京师范大学的"学为人师，行为世范"，纵观这些大学所倡导的大学精神，无不昭示出中华英才们志存高远、拼搏进取、自强不息的精神品质。这是中国大学精神对几千年中华文明的传承与发扬，是中国大学精神的重要内涵，堪称中华士学精神的共性特征。

拥有自己独特的"精神"可以说是每一所大学一直追寻的目标。

北京大学的"思想自由，兼容并包"是中国大学的文化精神的凝练的典型概括。在北京大学的成长历程中，经历了蔡元培的改革、新文化运动、五四运动，这三件事互相联系、互相影响，共同造就了北京大学的新形象和新精神。

"庚子赔款"的民族屈辱与振兴中华的强烈愿望交织在一起，鞭策着清华学子发愤图强，追求真理，"明耻"是清华精神的重要表征：耻中国科技与文明不如西方发达国家，耻清华不如西方的一流大学，清华人的耻辱感和忧患意识是民族耻辱感与个人耻辱感的总和，不同于西方教义的负罪感和原罪说，它显得更博大、更充实、更深刻。中国的大学在打造自己教育品牌的过程中，在我国相对还较为短暂的现代大学教育中，正以鲜明的形象和风貌展示着独特的大学精神，逐步形成中国大学精神的个性特征。

3. 延安"鲁艺"精神

延安"鲁艺"精神是中华民族几千年来尤其是近代以来民族精神的积淀和升华。延安精神的民族性突出地表现在延安时期培育起来的大批民族英雄的伟大人格和内在灵魂之中，表现在中华民族在历史的进程中面对挑战，自强不息的智慧和创新的精神之中。往事如烟，再回首那一段激情澎湃的岁月时，延安"鲁艺"精神作为中华民族挥之不去的民族气节而深深积淀于胸。

鲁艺诞生在烽火硝烟的战争年代(1938年)，成立伊始就在其《成立宣言》中庄严宣告：鲁艺的成立"不仅为了服务于当前的抗战工作，更进一步还要为抗战胜利以后建立独立、自由、幸福的新中国而工作。要在这些工作中创造新中国的艺术，要接受各时代中国的和外国的艺术遗产，使新的中华民族的艺术更迅速地成长"。众所周知，鲁艺以伟大的无产阶级革命战士鲁迅的名字命名，鲁艺建立伊始，便提出了明确的教育方针——"以马列主义的理论与立场，在中国新文艺运动的历史基础上，建设中华民族新时代的文艺理论与实际……使鲁艺成为实现中共文艺政策的堡垒与核心"。这些都充分昭示出鲁艺的前进方向，昭示出"鲁艺"精神的真谛！

鲁艺师生参加艺术交流活动

翻开鲁艺的历史，可以明晰地看到，鲁艺在成立之时，就以其博大的胸襟和高远的志向，植根民族土壤、博采众长，这不断积淀出的传统一直被鲁艺的后人薪火相传、发扬光大。或许鲁艺的兴起仅仅是历史的选择，但在经历那场腥风血雨、硝烟弥漫的战争之后的今天，在缅怀英烈的同时，却永远无法忘怀鲁艺曾带给人们心灵的震撼。中国共产党在领导人民用枪杆子进行抗日战争的同时，也在用另一种不可忽视的武器进行着另一种方式的战斗，鲁艺就是这样一种武器。通过它来唤起民众、组织民众、武装民众的头脑，为抗日战争做出切实的精神援助。同时，作为一所艺术院校，它也在抗日战争中接受考验，在艰苦与特殊的历史阶段创造新中国的艺术，为抗日战争胜利以后建立独立、自由、幸福的新中国做出切实的努力。

回顾鲁艺一路走来的风风雨雨，我们欣慰地看到，"鲁艺"精神已然被后来人传承发扬，并不断地赋予新的时代内涵。从 20 世纪 30 年代的"延安鲁艺"到 50 年代的"东北鲁艺""东北音专"，到进入 21 世纪的"沈音"，鲁艺植根民族、融入时代的优良传统，犹如一条红线，绵延不断，贯穿始终。延安鲁艺时期以冼星海的《黄河大合唱》、安波的《兄妹开荒》、马可的《南泥湾》、郑律成的《延安颂》等一大批具有划时代意义的不朽之作，开创了我国音乐创作历史的新纪元。20 世纪五六十年代的"东北音专"以李劫夫为代表，创作了《歌唱二小放牛郎》《革命人永远是年轻》等一大批优秀歌曲。这些作品以其鲜明的时代特点、浓郁的民族神韵、丰厚的生活气息，对中国歌曲创作产生了深远的影响。"沈音"人沿着鲁艺开创的正确道路，继往开来，又培育出了大批富有时代精神的艺术精品。《我们走在大路上》《我和我的祖国》《苍原》等作品，以鲜活的时代语言、生动的时代旋律，流淌出具有时代精神的华彩乐章。

4. 鲁艺的主要作品

作为高等艺术学府、生存于硝烟战火的年代，鲁艺更深深知道时代赋予的重任。鲁艺师生们创作的一大批优秀的声乐作品不要说在那个年代是如何震撼人心，就是在今天，许多人听到那些催人奋进的旋律，也依然会被深深地感动。鲁艺正是用不断孕育出的艺术精品将其自身的精神彰显传达出来。如冼星海的《黄河大合唱》《生产运动大合唱》《抗战剧团团歌》《抗战教育》等，郑律成的《延安颂》《延水谣》《北方行》等，还有像《生产与抗战》《老百姓总动员》《八路军之歌》《红缨枪》《生产运动歌》《青山青》《军民曲》《我们冲过封锁线》《游击队》《开荒》《快乐的八路军》《打到东北去》《抗日的弟兄杀敌忙》《陕北好地方》《黎明进行曲》《红旗的歌》；等等。特别是冼星海、吕骥、李焕之、安波、马可、郑律成等人，他们一面授课，培养新一代的革命音乐工作者，一面积极地投入到抗日救亡第一线，创作出一大批优秀的文艺作品，发出了时代的最强音。如吕骥的《大丹河之歌》、安波的《游击队》、马可的《老百姓总动员》等。还有解放战争时期创作的《翻身道情》《欢庆胜利》《八路军的铁骑兵》等。鲁艺师生创作的这些作品的目的完全不是高雅艺术殿堂中单纯的音乐欣赏，绝不是"象牙塔中的音乐"。这些作品从大学走向社会，与社会的需求、人民的呼声紧密结合起来。在伟大的中国人民进行抗日战争、解放战争的日子里，这些作品从各个侧面和角度展现了中国人民抗日的坚强意志和必胜信念，紧紧地跟随着革命斗争形式的发展，密切配合革命斗争形势的需要，反映了广大人民群众拯救民族危亡的要求和愿望。这些歌曲伴随着我们赶走了日本侵略者，争取到民族独立与解放，具有鲜明的民族风格和群众喜闻乐见的艺术形式，极大地鼓舞了中国人民的革命斗志。

5. "鲁艺"精神在战争年代的体现

鲁艺诞生在一个特殊的历史时期，或者说鲁艺是因为一段特殊的历史而诞生也许更为确切。"为了民族的生存和解放，为了抵抗日本帝国主义强盗的侵略，把它从中国赶出去……和日寇作浴血奋战的干部中，在后方动员工作中，都需要军事、政治、经济、文化各方面的成千成万的有力干部，这是毫无疑义的。""越当敌人加紧进攻的时候，我们越感到成立这个学院的迫切需要……本学院的成立，一方面要培养大批的艺术干部，到抗日战争的各个部门、军队中、后方农村中、都市里一直敌人占领的区域里去工作。另一方面，我们追随和号召全国的艺术家，为寻求最有利于抗战的艺术道路而努力。"在鲁艺师生的心中，充满着对抗日救亡、将日本帝国主义逐出中国的坚定信念，这信念使他们万众一心、众志成城，坚贞不屈地用歌声、用艺术作品表达出中国人民的反抗与革命。特别是鲁艺人以文艺为武器所进行的这种革命与反抗以及所取得的光辉成绩，在近代中国民族史册上，写下了辉煌的一笔，在某种意义上说，它的地位是不可取代的。作为一所革命艺术学院，鲁艺用自己的实际行动为中国大学注入了革命的精神。

鲁艺的成立，使很多热血国人找到了属于自己的情感表达方式。他们心中蕴积着深重的对于民族耻辱的痛感，并用音乐强烈地表达出为民族雪耻的激情。同时，从鲁艺的音乐声中，也强烈地体会到这些热血师生的殷殷爱国之情、拳拳赤子之心。

可以说，这种民族性就是一种强烈的爱国主义精神的写照。植根于中华大地的爱国主义精神，在抗日战争中得到了高度的发扬，在鲁艺身上彰显出最大限度的光芒。从鲁艺师生的身上，强烈地体会到中华民族有同自己的敌人血战到底的气概，有在自力更生的基础上光复旧物的决心，有自立于世界民族之林的能力。这不仅是鲁艺人，更是中国人民不畏强暴、不挠顽强斗争的精神。面对强大的敌人，中国人民进行了顽强的抵抗，英勇地打击了敌人，谱写出一曲曲可歌可泣的英雄乐章。

中国抗日战争、民族解放战争时期，条件虽然极端艰苦，但鲁艺人同中国共产党及全国人民一样，始终怀着一种对祖国最深厚的民族感情和必胜的信念。我们在鲁艺身上，看到了强烈的民族"忧患意识"与坚定的必胜信念的统一。在中国抗日战争史上，随着日本对华侵略的扩张和国民党政府的妥协退让，中国的屈辱和危难不断加深，鲁艺音乐工作者忧患意识迅速增强，并且在艰难的环境中斗争着。在战斗的过程中，毛泽东同志发表了《论持久战》，集中体现了中华民族对抗日前途的必胜信念。这种忧患意识同炽烈的必胜信念紧密地交融在一起，成为中华民族爱国主义精神的一个不可或缺的支点。如《无敌的八路军》《我们是铁中钢》《打到东北去》《我们冲过封锁线》等歌曲，都深切地表现了音乐家们坚信战争必胜的信念。鲁艺人的这种民族精神，在今天也同样应深深感染当代的中国大学生，它所传达出的深厚的民族责任感，尤其为中国大学精神的内涵注入了深沉的血液。

6. 我国当代的大学精神

大学是人类理想的殿堂，是金色的象牙塔。大学之所以给人无尽的梦想与向往，是因为他有着学术探索的创新精神，有着学术争鸣的自由精神，有着文化兼容并蓄的包容精神以及团结和谐的合作精神。宽容、民主、创造、开放的文化精神正是大学精神所弘扬并追求的。今天的时代绝对是当之无愧的多元时代，人们的思想自由、学术争鸣，各种文化观念的撞击，使得今天发展中的中国大学校园较以往任何时候都更加充满机遇。林林总总的大学以开放的姿态迎接着不同思想、不同文化的进入。面对经济日益发展、科技突飞猛进的时代，我们在坚持"风物长宜放眼量"的思想，以开放的精神、世界的眼光办好中国大学的同时，同样应当重视大学精神的塑造。作为中国的大学，其精神内涵是颇丰的。既传承祖先留下的中华文明，又镌刻下历经岁月洗涤中民族的兴衰荣辱这种不同于国外大学之处，鲜明地彰显出我国大学精神的独特内涵。

大学的主体是人，

鲁艺师生参演节目

构建大学精神，"以人为本"是不可忽视的，我们今天的教育理念已经从韩愈时代的"传道受业解惑"转而更鲜明地突出要培养人、塑造人。而中国之大学，首先要培养的就是中国人，是彰显民族精神、继承民族优秀品格与财富的中国人，因此，对大学生民族品质的培养与铸炼，是当代大学之重任，是彰显大学精神之要义。如果说开放为我们带来了视野的

鲁艺师生拍摄东北解放战争时期部队行军

拓宽、思维的灵辩，那么唤醒学生内在的精神力量，树立坚定的民族信念和信仰，实现中华精神的传承，则是中国大学之精神在新时代的要义。"鲁艺"精神所彰显的正是一种鲜明的中华民族精神、强烈的民族气节。在鲁艺身上，我们看到中国青年的满腔热血、看到中华儿女的英气勃发，鲁艺人身上所体现出的豪情壮志与爱国激情，在今天的中国大学精神中，如一面鲜红耀眼的旗帜，为中国大学精神注入了新时代下最光辉的一笔。

弘扬鲁艺强烈的爱国主义精神与民族使命感；弘扬鲁艺不畏困难，勇于奋斗的革命乐观主义情怀；弘扬鲁艺团结一心、众志成城的集体主义精神，这不仅为当代中国大学之精神注入浓墨重彩的一笔，更是我国大学精神之根基。

7. 鲁艺的创新性与实践性

鲁迅艺术学院是抗日战争时期中国共产党在延安成立的第一所培养艺术人才、艺术管理干部的院校。它在我国艺术教育上，尤其在音乐教育上独自开创了一个崭新的体系，为培养艺术人才探索出了新路。它的发展和创新不但为抗日战争、解放战争的胜利提供了强大的精神力量，而且为新中国艺术教育的发展提供了宝贵的历史经验。

从鲁艺的创新性上看，创建新的音乐教育体系。鲁艺筹建之初，认真分析了当时的形势和面临的实际问题。一方面深刻领会党中央对鲁艺的要求，另一方面研究了当时一般青年的思想状况，并得出结论：一般青年具有很高的抗战热情，但缺乏基本的马克思主义理论修养甚至缺乏明确而坚定的革命理想；爱好音乐的青年，也缺乏音乐的理论修养和现代音乐发展的知识，缺乏音乐工作的能力。而党中央要求鲁艺培养抗战所需要的干部，这些干部必须根据需要，

派到敌后和大后方去工作。抗日战争所需要的音乐干部,必须具备多方面的能力,他们不仅要负责开展歌咏活动,还必须根据客观形势需要,创作各种题材的歌曲,以鼓舞群众的抗战热情,坚定部队的战斗意志,克服困难,树立艰苦奋斗的决心。要培养这样的专业人才,就必须从思想上破除传统的教育模式,采取非常规的教育方式,确立全新的教育理念,创建富有中国特色的新音乐教育体系。新音乐教育体系的核心就是全面服务并服从于抗日战争的需要,造就适应现实需要的音乐人才和艺术管理人才,进而全方位地推进抗日战争的胜利,为中国艺术教育的历史谱写新的篇章。新音乐教育体系的教育目的就是要使学员们理解音乐也是挽救民族危亡、团结人民、鼓舞人民对敌进行斗争的锐利武器,并利用这一武器为抗日战争服务。同时,引导学员们牢固树立正确的艺术观和具有强烈的使命感。

根据这一原则,鲁艺在课程的设置上,首先安排了一系列过去音乐学校所没有的马列主义思想政治理论课,同时,还开设了马列主义艺术理论课。如"艺术论""中国文艺运动史"等。因为学习时间短,根据当时提出的"三三制"(学习3个月、实习3个月、再学习3个月),安排音乐专业课,其科目安排十分精练。在专业课的教材选取方面,也与过去的音乐院校不同,增加了民间音乐的内容,并将其作为教材的一个重要方面,还有苏联音乐和外国革命音乐教材。这些内容在过去的音乐学校的教学中,是不可能设计的,而鲁艺却将他们作为音乐教材的一个重要组成部分,与鲁艺选取进步的、爱国的、民主的以及外国古典的音乐教材并列,使学员们能够从古今中外各种优秀的音乐文化中汲取营养,扩大自己的视野,充实自己的知识,提高自己的工作能力。比如,"艺术论""中国文艺运动史"和"新音乐运动史"就是试图从理论和实践经验方面来说明"音乐天才论"是让音乐成为少数人所垄断的、脱离现实生活并为少数人服务的理论误导。鲁艺用新的教学理论教育、武装了教师和学员们,并在后来的创作实践中,获得了巨大的成功。以新式的音乐教育为指导的音乐,其实是从聂耳时代开始探索,经过救亡运动,进入抗日战争初期,最终在鲁艺时期形成了一个完整的、新的艺术思想体系。这个体系不仅使抗日根据地形成了一种具有强大活力的思潮,就是大后方的一些进步的音乐工作者，也受到了极大的影响。

其次，开创具有中国特色的新音乐风格。鲁艺音乐系从 1938 年创建到 1945 年进入东北新解放区之前，主要进行了两个方面的探索，以文艺整风运动为分水岭，前段主要探索在音乐教育方面，如何建立新的教育体系，其成果显著。培养了一大批有实际工作能力的音乐艺术干部和一批专业创作人员，后来大多数人成为各地区音乐工作的领导骨干和音乐创作的主要力量。整风运动后，在毛主席《在延安文艺座谈会上的讲话》精神的指引下，鲁艺音乐系就如何运用民间艺术形式，如何加以改造，如何创造新的人民艺术，以适应广大农村群众、干部、战士的欣赏要求等方面，进行了探索。这里主要指的是音乐与戏剧、舞蹈融成一体，有悠久历史的综合艺术形式——秧歌剧，如在我国歌剧的基础上，借鉴戏曲和欧洲歌剧而创作的《白毛女》，就是音乐和戏剧两个部门的师生共同进行的。

在音乐创作上，鲁艺音乐系主张创作要根据自己的审美要求去完成，而不是模仿。因此，1940 年前后，就音调创作上是否可以模仿苏联革命群众歌曲的问题，音乐系动员师生展开讨论。经过深入的思考和辩论，师生们统一了认识，大家一致认为：苏联群众歌曲是革命歌曲，是建立在苏联人民的生活及其民间音乐基础上创作的，所以才具有强大的生命力，才在世界范围内具有独特地位。我们不应该邯郸学步，应该根据中国人民生活的现实，创作出具有中国民族特色、民族风格浓郁的歌曲。当然，鲁艺主张从世界优秀音乐文化中汲取营养，主张在音乐创作上有自己的题材、有自己的个性、有自己的风格。考察鲁艺，音乐系各期学员的工作历史，我们看到，从第一期员郑律成、安波开始，他们在音乐风格上就完全不同；以后各期的学员以及鲁艺音乐工作团从事创作的人员，也完全沿着不同于他人的风格进行创作，各自都有不同的审美情趣。创作过程中，鲁艺的创作人员依据党和时代的要求，将如何深入群众生活，如何创作出深受广大人民群众欢迎的作品作为首要问题，由此创作出来的音乐作品类型不同、格调不同、声调不同、色彩不同，极富新鲜感。延安文艺整风运动以后，鲁艺音乐系的创作进入了一个崭新的阶段。特别是学员们深入陕甘宁边区各分区基层单位的群众中去以后，以秧歌剧为代表的音乐创作得到了进一步的发展，真正形成了新的音乐风格，从而备受广大群众的喜爱。

从鲁艺的实践性上看，教育的本质是"育人"，是培养活生生的人才。高等艺术教育是培养高层次的高素质的艺术人才，鲁艺音乐系的办学思想定位恰恰就落实在这个基本点上。实践证明，鲁艺的创新实践是成功的育人实践。鲁艺办学之初就充分地认识到，认识是活生生的，是有思想、有感情、有精神境界的，尤其高层次艺术人才必定具有优秀的思想品质。因而鲁艺音乐系在教学安排上，敢于突破传统的教学模式，注重启发学员的原始创新能力，培养出一批又一批杰出的音乐人才。鲁艺和其他音乐院校的不同之处就在于重视理论和实践相联系，她规定学员们在学习理论的同时，开始进行歌曲的创作实践活动，安排一定的时间去工厂、机关做辅导工作，开展歌咏活动。郑律成的《延安颂》就是在这样的历史背景下诞生的不朽之作。

在音乐创作上，鲁艺师生们先后创作出以陕北民间音乐为基调的《兄妹开荒》《夫妻识字》，以河北民间音乐为基调的《白毛女》等一批戏剧音乐作品；受陕北民歌中《千里雷声万里闪》《打开清涧城》《刘志丹》等带有雄浑的进行曲风格的乐曲的影响，师生们还先后创作出《胜利鼓舞》《战斗，生产》《没有共产党就没有新中国》《团结就是力量》等气势雄壮的进行曲。鲁艺给学员们提供足够的时间，根据当时艰苦的抗日斗争的需要来改进教学计划，使课内教学时数进一步压缩，实践教学时数得到增加并尽早安排，而属于个人自由支配的时间也相应地大量增加。这样就使学员有机会将课堂的知识与火热的社会实践结合起来，从中体味到民族战争的紧迫与伟大，进而在新思维的基础上，创作出伟大的音乐作品。《黄河大合唱》这部中华民族的艺术经典作品正是这一新教学实践成果的产物。

总结鲁艺的教学实践经验，给我们以重大启示：真正认识实践教学的重要性这一决定性的作用和先导性的因素，采取充分的落实措施，因材施教，提倡高要求、广内容、好方法、宽余地，发挥学员的个性、主动性和创造性；社会实践和生产实践是一个广阔的育人天地，将实践教学与课堂教学有机地结合，新时期的高层次的艺术人才一定会脱颖而出。

8. 中国大学之精神因中华文化的博大精深而彰显其独特魅力

岁月悠悠，以萌发于清朝末期的中国大学理念来计算，距今已有几百年历史。在几百年甚至几千年的岁月更迭中，中国的大学与中国的历史一道经历无数灾难。从中国古代孔子的"有教无类"到《大学》中的"大学之道，在明明德"，从北京大学的"思想自由，兼容并包"、清华的"自强不息，厚德载物"到今天开放、多元办学格局下的民主、创新等，一路走来，中国大学之精神伴随着中国大学一起成长。

如今的我们，在谈及大学精神时，或许也有一些淡淡的忧思与无奈。大学是社会精神的象征，大学要追求科学真谛和学术自由，但实际上，我们今天却身处复杂的生存条件和成长环境——大学氛围的商业化、大学文化的世俗化、大学校园的浮躁与急功近利，等等。在教育产业化的今天，大学校园不可避免地受到各种文化思潮的渗入已是极为正常的事情。大学精神作为一所大学内在、本质的东西，其影响力和旗帜般的作用似乎为一部分人所忽视。于是，呼唤大学精神、张扬大学精神、重塑大学精神已经演化成一种历史的责任和从事高等教育人的使命。"鲁艺"精神的可贵，绝不仅仅是鲁艺人在战火硝烟的年代以艺术为武器，抗击侵略，保卫祖国，更重要的意义在于鲁艺人表现出的万众一心、众志成城、救祖国于危难时刻的强烈爱国情怀，在于鲁艺人不畏险阻、迎难而上、积极乐观的英雄主义气概和团结向上的精神。这对于当代大学的建设与发展、对于今天大学精神的构建与塑造，有着深远的意义。今天的大学呼唤"鲁艺"精神的延续与发扬，"鲁艺"精神是中国大学精神不可或缺的历史财富和重要内涵！

中国的大学任重而道远。鲁艺所代表和传递的精神在中国大学精神塑造中，应血脉相传、贯穿始终、绵延不断。鲁艺所开启的爱国情怀、强烈的民族气节以及彰显的中华民族的优良传统，应当得以很好的保存与发扬。我们无法想象一所大学其精神内涵中脱离了祖国、脱离了自己的民族却可以良好地发展。爱国主义教育、民族气节教育以及由此引发的中国人勇敢乐观、团结进取的精神，应当深深植根于大学精神之中，无论时代如何变换，这种鲁艺所代表与倡导的精神是不应改变的。

　　在距离那段硝烟弥漫的战争岁月越来越远的今天，在科学教育发挥着重要作用的崭新时代，在我国高等教育迅速发展壮大的新形势面前，我们追忆鲁艺的历史，畅谈并发扬"鲁艺"精神，并非"无事生非"或"杞人忧天"。相反，"鲁艺"精神犹如一盏明灯，让我们在这极速发展的时代，在精神并物质相互撞击与冲突的社会和校园中，沉思静想，找到方向。

　　　　（作者系沈阳音乐学院原党委书记，沈阳化工大学原党委书记，教授）

附录

FU LU

附录 1：

辽宁省爱国主义教育示范基地名单

一、国家级爱国主义教育示范基地名单（22 个）

沈阳"九·一八"历史博物馆

沈阳抗美援朝烈士陵园

沈阳铁西老工业基地展览馆

沈飞航空博览园

沈阳审判日本战犯法庭旧址陈列馆

大连旅顺万忠墓纪念馆

大连关向应故居纪念馆

大连旅顺日俄监狱旧址博物馆

鞍钢集团博物馆

抚顺雷锋纪念馆

抚顺战犯管理所旧址陈列馆

抚顺平顶山惨案遗址纪念馆

本溪东北抗联史实陈列馆

辽宁东北抗日义勇军纪念馆

丹东抗美援朝纪念馆

丹东鸭绿江断桥

锦州辽沈战役纪念馆

锦州黑山阻击战烈士陵园

阜新万人坑死难矿工纪念馆

辽阳雷锋纪念馆

朝阳赵尚志纪念馆

葫芦岛市塔山烈士陵园

二、省级爱国主义教育示范基地名单（109个）

沈阳市（15）

周恩来少年读书旧址纪念馆

张学良旧居博物馆

沈阳科学宫

中共满洲省委旧址纪念馆

沈阳故宫博物院

沈阳二战盟军战俘营旧址陈列馆

中国医科大学校史馆

沈阳建筑大学建筑博物馆

沈阳辽中谢荣策烈士陵园

法库县秀水河子烈士陵园

东北航空历史纪念馆

东北陆军讲武堂旧址陈列馆

沈阳市城市规划展示馆

锡伯家庙

沈阳大学自然博物馆

大连市（7）

大连自然博物馆

大连现代博物馆

黑岛甲午海战遗址

苏军烈士陵园

大连英雄纪念公园

旅顺博物馆

大连市烈士陵园

鞍山市（5）

鞍山烈士纪念馆

鞍钢孟泰纪念馆

鞍山市烈士陵园

鞍钢雷锋纪念馆

鞍山市博物馆

抚顺市（5）

抚顺西露天矿矿史陈列馆

抚顺三块石革命根据地

辽宁石油化工大学雷锋精神育人展馆

抚顺清原满族自治县王仁斋烈士陵园

雷锋学院

本溪市（5）

本溪烈士纪念馆

南芬区"万人坑"纪念园

李秋实纪念馆

本溪市博物馆

本溪湖工业遗产群

丹东市（7）

大鹿岛甲午海战古战场

辽宁省荣军事迹展览馆

凤城市大梨树村史展览馆

丹东毛岸英纪念馆

丹东抗美援朝烈士陵园

志愿军公园

宽甸县天桥沟抗联遗址

锦州市（5）

凌海市萧军纪念馆

锦州老兵义务电影放映队展览馆

锦州苹果廉政文化教育基地

锦州市解放锦州烈士陵园

北镇市大朝阳博物馆

营口市（7）

营口西炮台遗址

营口市蟠龙山革命烈士陵园

营口市博物馆

中国红十字运动发源地（营口）纪念馆

营口市雷锋文化博物馆

中共奉天支部营口小组纪念馆

七一红色文化展览馆

阜新市（6）

海州露天矿国家矿山公园博物馆

"三沟精神"党员党性教育基地

董福财精神党性教育基地

阜新蒙民大队纪念馆

新邱烈士陵园

阜新蒙古族自治县民族博物馆

辽阳市 (5)

李兆麟将军故居

辽阳市烈士陵园

辽阳博物馆

九一八事变密谋地警示馆

白乙化故居

铁岭市 (6)

铁岭市周恩来少年读书旧址纪念馆

铁岭市博物馆

铁岭雷锋纪念馆

铁岭市开原安业民烈士纪念馆

杨靖宇抗联一军三师城子山抗日游击根据地

中共满洲省委开原支部党史陈列馆

朝阳市（10）

北票市日伪时期死难矿工纪念馆

朝阳市革命烈士陵园

朝阳市北塔博物馆

牛河梁遗址博物馆

朝阳市德辅博物馆

朝阳北票市东官营村村史馆

喀喇沁左翼蒙古族自治县东蒙博物馆

龙城区大平房惨案警示馆

北票市博物馆

朝阳鸟化石国家地质公园

盘锦市（5）

盘锦市烈士陵园

盘锦甲午末战殉国将士墓

侵华日本关东军护路守备队旧址

沙岭战役烈士陵园

中共盘锦市第一个支部

葫芦岛市（5）

百万日侨大遣返陈列馆

南票下五家子惨案遗址陵园

辽西抗日义勇军事迹展示馆

辽宁财贸学院马克思主义中国化传承体验馆

建昌县革命烈士陵园

省（中）直单位（12）

辽宁省博物馆

辽宁政协文史馆

辽宁省档案馆

陈云旧居

沈阳市消防救援支队启工消防救援站队史馆

大连理工大学校史馆

大连海事大学展馆

沈阳理工大学兵器博物馆

辽宁古生物博物馆

沈阳工学院雷锋精神育人基地

沈飞航空博览园

辽河油田石油精神教育基地

沈阳铁路局（4）

铁路抗美援朝博物馆

沈阳铁路陈列馆

中共沟帮子支部旧址纪念馆

沈阳铁路局党史教育基地

附录2:

辽宁省中共党史教育基地名单

（按归属地排列，共72家）

省直机关（2）

陈云旧居（沈阳特别市军事管制委员会旧址）

辽宁省档案馆

沈阳市（9）

中共满洲省委旧址纪念馆

沈阳周恩来少年读书旧址纪念馆

沈阳抗美援朝烈士陵园

沈阳"九·一八"历史博物馆

沈南第一个党支部纪念馆

中共新民特别支部旧址纪念馆

沈阳工业博物馆

沈阳审判日本战犯法庭旧址陈列馆

秀水河子歼灭战纪念馆

大连市（7）

大连中华工学会旧址

关向应纪念馆

普兰店市唐房革命烈士陵园

旅顺日俄监狱旧址博物馆

普兰店市烈士陵园

周恩来总理在大连纪念展馆

都元和烈士墓园

鞍山市（6）

黄显声故居纪念馆

鞍钢孟泰纪念馆

鞍钢集团博物馆

鞍山烈士纪念馆

鞍山烈士陵园

海城烈士陵园

抚顺市（5）

抚顺雷锋纪念馆

抚顺平顶山惨案纪念馆

抚顺战犯管理所旧址陈列馆

中共沈抚县委旧址纪念馆

东北抗联三师纪念馆

本溪市（6）

东北抗日联军第一军第一次西征会议遗址

东北抗联史实陈列馆

本溪烈士纪念馆

李秋实纪念馆

辽宁东北抗日义勇军纪念馆

东北抗联精神育人主题展馆

丹东市（5）

抗美援朝纪念馆

新开岭战役纪念碑

丹东市抗美援朝烈士陵园

毛岸英纪念馆

东北抗联一军军部旧址陈列馆

锦州市（7）

辽沈战役纪念馆

朱瑞烈士陵园

中共沟帮子铁路支部纪念馆

萧军故居

黑山阻击战纪念馆

辽沈战役——配水池战斗遗址

东北野战军锦州前线指挥所旧址

营口市（3）

大石桥市烈士陵园

营口市雷锋文化博物馆

中共奉天支部营口小组纪念馆

阜新市（3）

海州露天矿国家矿山公园

董福财先进事迹陈列馆

阜新"万人坑"死难矿工纪念馆

辽阳市（3）

李兆麟将军故居

辽阳雷锋纪念馆

白乙化故居

铁岭市（5）

铁岭市周恩来同志少年读书旧址纪念馆（银冈书院）

铁岭市革命烈士陵园

铁岭雷锋纪念馆

铁岭党史馆

高崇民生平事迹陈列馆

朝阳市（4）

赵尚志纪念馆（赵尚志烈士陵园）（朝阳县）

陈镜湖烈士纪念馆

赵尚志纪念馆（朝阳市）

朝阳烈士陵园

盘锦市（3）

盘锦烈士陵园

沙岭战役烈士陵园

中共盘锦市第一个支部党员教育基地

葫芦岛市（4）

建昌县革命烈士陵园

塔山革命烈士陵园

下五家子惨案遗址陵园

建昌县脱贫攻坚展览馆

附录3：

辽宁省不可移动革命文物名录（第一批）

序号	行政区域		名称	级别	备注
	市名	县名			
1	沈阳市	和平区	中共满洲省委旧址	全国重点文物保护单位	
2	沈阳市	皇姑区	审判日本战犯特别军事法庭旧址	全国重点文物保护单位	
3	大连市	旅顺口区	中苏友谊纪念塔	全国重点文物保护单位	
4	大连市	旅顺口区	南子弹库旧址	全国重点文物保护单位	
5	抚顺市	望花区	雷锋墓和雷锋纪念碑	全国重点文物保护单位	
6	抚顺市	顺城区	抚顺战犯管理所旧址	全国重点文物保护单位	
7	丹东市	振兴区	鸭绿江断桥	全国重点文物保护单位	
8	丹东市	宽甸县	抗美援朝下河口公路断桥遗址	全国重点文物保护单位	
9	营口市	西市区	西炮台遗址	全国重点文物保护单位	
10	盘锦市	大洼区	甲午战争田庄台遗址	全国重点文物保护单位	
11	沈阳市	和平区	刘少奇同志秘密居址	省级文物保护单位	
12	沈阳市	和平区	宋任穷旧居	省级文物保护单位	
13	沈阳市	和平区	中山广场雕像	省级文物保护单位	
14	沈阳市	和平区	中共奉天市委旧址	市级文物保护单位	
15	沈阳市	和平区	陈云旧居	市级文物保护单位	
16	沈阳市	和平区	张廷枢公馆旧址	市级文物保护单位	
17	沈阳市	和平区	王铁汉办公旧址	市级文物保护单位	
18	沈阳市	和平区	车向忱旧居	市级文物保护单位	
19	沈阳市	和平区	东北解放纪念碑	市级文物保护单位	
20	沈阳市	和平区	奉天纺纱厂办公楼旧址	一般不可移动文物	
21	沈阳市	皇姑区	抗美援朝烈士陵园	省级文物保护单位	
22	沈阳市	皇姑区	苏军阵亡将士纪念碑	省级文物保护单位	
23	沈阳市	皇姑区	苏军烈士陵园	市级文物保护单位	
24	沈阳市	皇姑区	昭陵革命烈士陵园	一般不可移动文物	
25	沈阳市	沈河区	奉天基督教青年会旧址	省级文物保护单位	
26	沈阳市	沈河区	于济川公馆旧址及附属建筑	省级文物保护单位	
27	沈阳市	沈河区	肇新窑业公司办公楼	省级文物保护单位	
28	沈阳市	沈河区	东北讲武堂礼堂及营房	市级文物保护单位	
29	沈阳市	大东区	东北陆军讲武堂	省级文物保护单位	
30	沈阳市	大东区	"九·一八"事变炸弹碑	市级文物保护单位	
31	沈阳市	于洪区	于洪区革命烈士公墓	区级文物保护单位	
32	沈阳市	沈北新区	雷锋生活旧址	市级文物保护单位	
33	沈阳市	沈北新区	马刚烈士陵园	市级文物保护单位	
34	沈阳市	康平县	康平革命烈士陵园	县级文物保护单位	
35	沈阳市	康平县	张强革命烈士陵园	一般不可移动文物	
36	沈阳市	法库县	秀水河革命烈士陵园	市级文物保护单位	

续表

序号	行政区域		名称	级别	备注
	市名	县名			
37	沈阳市	法库县	二龙山革命烈士陵园	县级文物保护单位	
38	沈阳市	新民市	文荟中学旧址	一般不可移动文物	
39	沈阳市	新民市	新民烈士陵园	一般不可移动文物	
40	沈阳市	辽中区	谢荣策革命烈士墓	市级文物保护单位	
41	沈阳市	辽中区	辽中县革命烈士纪念塔	一般不可移动文物	
42	大连市	沙河口区	大连中华工学会旧址	省级文物保护单位	
43	大连市	沙河口区	张世兰烈士墓	一般不可移动文物	
44	大连市	甘井子区	阎世开墓	市级文物保护单位	
45	大连市	甘井子区	石磊墓	市级文物保护单位	
46	大连市	金普新区	关向应故居	省级文物保护单位	
47	大连市	金普新区	董秋农故居	一般不可移动文物	
48	大连市	金普新区	万毅故居	一般不可移动文物	
49	大连市	金普新区	曲氏井	市级文物保护单位	
50	大连市	普兰店区	连承基墓	市级文物保护单位	
51	大连市	普兰店区	顾人宜墓	市级文物保护单位	
52	大连市	瓦房店市	张筠烈士陵园	县级文物保护单位	
53	大连市	庄河市	史春英烈士陵园	市级文物保护单位	
54	大连市	庄河市	吕其恩故居	一般不可移动文物	
55	大连市	庄河市	都元和烈士墓	一般不可移动文物	
56	鞍山市	海城市	海城同泽中学	省级文物保护单位	
57	鞍山市	海城市	海城烈士纪念馆	县级文物保护单位	
58	鞍山市	海城市	牛庄烈士纪念塔	县级文物保护单位	
59	鞍山市	海城市	中共海城县委旧址	县级文物保护单位	
60	鞍山市	海城市	析木镇革命烈士陵园	县级文物保护单位	
61	鞍山市	海城市	腾鳌革命烈士陵园	县级文物保护单位	
62	鞍山市	海城市	震建渡槽	一般不可移动文物	
63	鞍山市	海城市	拦河渡槽	一般不可移动文物	
64	鞍山市	海城市	上夹河堡垒	一般不可移动文物	
65	鞍山市	海城市	金甲台碉堡	一般不可移动文物	
66	鞍山市	台安县	张学良出生地纪念馆	市级文物保护单位	
67	鞍山市	台安县	台安县烈士陵园	县级文物保护单位	
68	鞍山市	台安县	陈德生烈士陵园	县级文物保护单位	
69	鞍山市	台安县	桓洞镇烈士陵园	一般不可移动文物	
70	鞍山市	台安县	潘恩良塑像	一般不可移动文物	
71	鞍山市	台安县	张学良将军铜像	一般不可移动文物	
72	鞍山市	台安县	高力房镇烈士陵园	一般不可移动文物	
73	鞍山市	台安县	整治辽河纪念碑	一般不可移动文物	
74	鞍山市	台安县	少帅陵	一般不可移动文物	
75	鞍山市	岫岩满族自治县	西山烈士陵园	市级文物保护单位	
76	鞍山市	岫岩满族自治县	爱国将领黄显声故居	县级文物保护单位	
77	鞍山市	岫岩满族自治县	邓铁梅抗日旧址	县级文物保护单位	
78	鞍山市	岫岩满族自治县	大河南革命烈士墓	县级文物保护单位	

续表

序号	行政区域		名称	级别	备注
	市名	县名			
79	鞍山市	岫岩满族自治县	赵平阶烈士墓	县级文物保护单位	
80	鞍山市	岫岩满族自治县	哨子河烈士墓	县级文物保护单位	
81	鞍山市	岫岩满族自治县	东北民众抗日自卫军司令部旧址	县级文物保护单位	
82	鞍山市	岫岩满族自治县	沈相荣烈士墓	县级文物保护单位	
83	鞍山市	岫岩满族自治县	土围子遗址	一般不可移动文物	
84	鞍山市	岫岩满族自治县	青城县政府办公旧址	一般不可移动文物	
85	鞍山市	岫岩满族自治县	中共辽南地委旧址	一般不可移动文物	
86	鞍山市	岫岩满族自治县	老虎洞南飞机标旧址	一般不可移动文物	
87	鞍山市	岫岩满族自治县	高岭战役旧址	一般不可移动文物	
88	鞍山市	岫岩满族自治县	新开岭飞机标旧址	一般不可移动文物	
89	鞍山市	铁东区	焦耐院办公楼	市级文物保护单位	
90	鞍山市	铁东区	烈士山战斗遗址	一般不可移动文物	
91	鞍山市	铁东区	胜利宾馆	一般不可移动文物	
92	鞍山市	立山区	孟泰铜像	一般不可移动文物	
93	鞍山市	立山区	灵山给水塔旧址	一般不可移动文物	
94	鞍山市	千山区	宝石山飞机堡	县级文物保护单位	
95	鞍山市	千山区	孟家村烈士陵园	一般不可移动文物	
96	鞍山市	千山区	老虎山飞机库旧址	一般不可移动文物	
97	鞍山市	千山区	老虎山碉堡群	一般不可移动文物	
98	鞍山市	千山区	旧堡碉堡	一般不可移动文物	
99	鞍山市	千山区	汤岗子火车站旧址	一般不可移动文物	
100	鞍山市	风景名胜区	朝日山公园旧址	一般不可移动文物	
101	鞍山市	风景名胜区	东山军事工事旧址	一般不可移动文物	
102	鞍山市	风景名胜区	铁架山战斗遗址	一般不可移动文物	
103	鞍山市	高新区	七岭子烈士陵园	市级文物保护单位	
104	鞍山市	经开区	郎家厂烈士陵园	县级文物保护单位	
105	鞍山市	鞍钢集团	孟泰纪念馆	一般不可移动文物	
106	鞍山市	鞍钢集团	雷锋纪念馆	一般不可移动文物	
107	抚顺市	新抚区	抚顺解放纪念碑	市级文物保护单位	
108	抚顺市	新抚区	抚顺人民烈士纪念碑	市级文物保护单位	
109	抚顺市	新抚区	抚顺矿务局职工殉职烈士塔	区级文物保护单位	
110	抚顺市	新抚区	李文生、刘洪林同志殉职纪念碑	区级文物保护单位	
111	抚顺市	抚顺县	海浪烈士陵园	一般不可移动文物	
112	抚顺市	抚顺县	景家峪烈士墓	一般不可移动文物	
113	抚顺市	抚顺县	阁老战壕	一般不可移动文物	
114	抚顺市	抚顺县	后沟烈士墓	一般不可移动文物	

序号	行政区域		名称	级别	备注
	市名	县名			
115	抚顺市	抚顺县	抚顺县革命烈士纪念碑	一般不可移动文物	
116	抚顺市	抚顺县	夏家碉堡	一般不可移动文物	
117	抚顺市	抚顺县	三块石抗联住址	县级不可移动文物	
118	抚顺市	抚顺县	金斗峪哨所址	县级不可移动文物	
119	抚顺市	抚顺县	刘广全烈士墓	一般不可移动文物	
120	抚顺市	抚顺县	马圈子革命公墓	县级不可移动文物	
121	抚顺市	抚顺县	马圈子炮台	县级不可移动文物	
122	抚顺市	抚顺县	沈抚县委旧址	县级不可移动文物	
123	抚顺市	抚顺县	五打救兵台遗址	一般不可移动文物	
124	抚顺市	新宾满族自治县	猴石地区抗联密营遗址群	县级文物保护单位	
125	抚顺市	新宾满族自治县	南杂木革命烈士陵园	一般不可移动文物	
126	抚顺市	新宾满族自治县	上夹河革命烈士陵园	一般不可移动文物	
127	抚顺市	新宾满族自治县	木奇革命烈士陵园	一般不可移动文物	
128	抚顺市	新宾满族自治县	黑瞎子望抗联烈士墓	一般不可移动文物	
129	抚顺市	新宾满族自治县	黑瞎子望抗联密营	一般不可移动文物	
130	抚顺市	新宾满族自治县	平顶山镇烈士陵园	一般不可移动文物	
131	抚顺市	新宾满族自治县	苇子峪镇烈士陵园	一般不可移动文物	
132	抚顺市	新宾满族自治县	磨石青山洞抗联野战医院旧址	一般不可移动文物	
133	抚顺市	新宾满族自治县	大四平烈士陵园	一般不可移动文物	
134	抚顺市	新宾满族自治县	新宾人民解放战争殉难烈士纪念碑	县级文物保护单位	
135	抚顺市	新宾满族自治县	新宾抗日英烈纪念碑	一般不可移动文物	
136	抚顺市	新宾满族自治县	永陵镇革命烈士陵园	一般不可移动文物	
137	抚顺市	新宾满族自治县	旺清门烈士陵园	一般不可移动文物	
138	抚顺市	新宾满族自治县	响水河子烈士陵园	一般不可移动文物	
139	抚顺市	新宾满族自治县	北四平革命烈士公墓	一般不可移动文物	
140	抚顺市	新宾满族自治县	红庙子烈士陵园	一般不可移动文物	
141	抚顺市	新宾满族自治县	大马路沟抗联遗址	一般不可移动文物	

序号	行政区域		名称	级别	备注
	市名	县名			
142	抚顺市	清原满族自治县	柳木桥抗联密营遗址	省级不可移动文物	
143	抚顺市	清原满族自治县	王仁斋烈士墓	市级不可移动文物	
144	抚顺市	清原满族自治县	南山城烈士陵园	县级不可移动文物	
145	抚顺市	清原满族自治县	北三家烈士陵园	一般不可移动文物	
146	抚顺市	清原满族自治县	草市烈士陵园	一般不可移动文物	
147	抚顺市	清原满族自治县	南口前烈士陵园	一般不可移动文物	
148	抚顺市	清原满族自治县	清原县革命英烈纪念碑	一般不可移动文物	
149	抚顺市	清原满族自治县	土口子烈士陵园	一般不可移动文物	
150	抚顺市	清原满族自治县	湾甸子烈士陵园	一般不可移动文物	
151	抚顺市	清原满族自治县	吴希孟烈士墓	一般不可移动文物	
152	抚顺市	清原满族自治县	夏家堡烈士陵园	一般不可移动文物	
153	抚顺市	清原满族自治县	英额门烈士陵园	一般不可移动文物	
154	本溪市	本溪满族自治县	东北抗联第一军第一次西征会议遗址	省级文物保护单位	
155	本溪市	本溪满族自治县	老边沟东北抗联密营遗址	市级文物保护单位	
156	本溪市	本溪满族自治县	和尚帽子东北抗联石刻	市级文物保护单位	
157	本溪市	本溪满族自治县	马骥烈士纪念碑	市级文物保护单位	
158	本溪市	本溪满族自治县	中共东南满省委密营遗址	县级文物保护单位	
159	本溪市	本溪满族自治县	外三保抗日民主政权遗址	县级文物保护单位	
160	本溪市	本溪满族自治县	宋铁岩烈士纪念碑	县级文物保护单位	
161	本溪市	本溪满族自治县	李敏焕烈士纪念碑	县级文物保护单位	
162	本溪市	本溪满族自治县	东北抗联摩天岭战斗遗址	县级文物保护单位	
163	本溪市	本溪满族自治县	东北抗联老边沟战斗遗址	县级文物保护单位	
164	本溪市	本溪满族自治县	东北抗联大青沟战斗遗址	县级文物保护单位	

序号	行政区域		名称	级别	备注
	市名	县名			
165	本溪市	本溪满族自治县	隋相生烈士纪念碑	县级文物保护单位	
166	本溪市	本溪满族自治县	龙道沟东北抗联密营遗址	县级文物保护单位	
167	本溪市	本溪满族自治县	关门山东北抗联密营遗址	县级文物保护单位	
168	本溪市	本溪满族自治县	东北抗联第一军第二次西征会议遗址	县级文物保护单位	
169	本溪市	本溪满族自治县	邓铁梅将军纪念碑	县级文物保护单位	
170	本溪市	本溪满族自治县	陈英烈士纪念碑	县级文物保护单位	
171	本溪市	本溪满族自治县	徐家忠烈士纪念碑	县级文物保护单位	
172	本溪市	本溪满族自治县	本溪满族自治县革命烈士陵园	县级文物保护单位	
173	本溪市	桓仁满族自治县	抗联烈士纪念塔	市级文物保护单位	
174	本溪市	桓仁满族自治县	桓仁烈士陵园	市级文物保护单位	
175	本溪市	桓仁满族自治县	抗联宿营地	市级文物保护单位	
176	本溪市	桓仁满族自治县	二户来革命烈士陵园	市级文物保护单位	
177	本溪市	桓仁满族自治县	二层顶抗联教导团遗址	县级文物保护单位	
178	本溪市	桓仁满族自治县	铧尖子革命烈士陵园及纪念碑	县级文物保护单位	
179	本溪市	桓仁满族自治县	仙人洞桓兴县委地下活动遗址	县级文物保护单位	
180	本溪市	桓仁满族自治县	中共南满省委机关遗址	县级文物保护单位	
181	本溪市	桓仁满族自治县	八里甸子统一抗战联合会议旧址	县级文物保护单位	
182	本溪市	桓仁满族自治县	韩震烈士牺牲地遗址	县级文物保护单位	
183	本溪市	桓仁满族自治县	东刀尖岭抗日游击根据地遗址	县级文物保护单位	
184	本溪市	桓仁满族自治县	歪脖旺抗联战斗遗址	县级文物保护单位	
185	本溪市	桓仁满族自治县	辽宁民众自卫军誓师大会会址	县级文物保护单位	
186	本溪市	桓仁满族自治县	辽宁民众自卫军总司令部遗址	县级文物保护单位	
187	本溪市	桓仁满族自治县	砍川岭阻击战遗址	县级文物保护单位	

序号	行政区域		名称	级别	备注
	市名	县名			
188	本溪市	桓仁满族自治县	侯家堡子战斗遗址	县级文物保护单位	
189	本溪市	桓仁满族自治县	中共安东省委省政府办公旧址	县级文物保护单位	
190	本溪市	桓仁满族自治县	砬门抗联遗址	县级文物保护单位	
191	本溪市	桓仁满族自治县	望天洞抗联遗址	县级文物保护单位	
192	本溪市	桓仁满族自治县	唐聚五抗日会议会址	县级文物保护单位	
193	本溪市	桓仁满族自治县	小冰壶沟抗联游击连遗址	县级文物保护单位	
194	本溪市	桓仁满族自治县	大南沟抗联遗址	县级文物保护单位	
195	本溪市	桓仁满族自治县	西河套伏击战遗址	县级文物保护单位	
196	本溪市	桓仁满族自治县	海青伙洛抗联遗址	县级文物保护单位	
197	本溪市	桓仁满族自治县	洼泥甸子姜家大院	县级文物保护单位	
198	本溪市	桓仁满族自治县	解放桓仁县城战斗遗址	县级文物保护单位	
199	本溪市	桓仁满族自治县	高俭地山城内抗联遗址	一般不可移动文物	
200	本溪市	桓仁满族自治县	中共高俭地村党支部遗址	一般不可移动文物	
201	本溪市	平山区	革命烈士纪念碑	市级文物保护单位	
202	本溪市	平山区	平山区烈士陵园	一般不可移动文物	
203	本溪市	平山区	桥头"忠魂碑"遗址	一般不可移动文物	
204	本溪市	平山区	刘仁故居	县级文物保护单位	
205	本溪市	平山区	东庙山火药库遗址	一般不可移动文物	
206	本溪市	平山区	金家沟军事阵地	一般不可移动文物	
207	本溪市	溪湖区	本溪市"八二三"煤铁工人大罢工旧址	一般不可移动文物	
208	本溪市	溪湖区	中共本溪特别支部旧址	一般不可移动文物	
209	本溪市	溪湖区	本溪煤矿"特殊工人"党支部旧址	一般不可移动文物	
210	本溪市	溪湖区	中共本溪湖大冶厂地下党小组旧址	一般不可移动文物	
211	本溪市	溪湖区	本溪煤矿"特殊工人"武装暴动旧址	一般不可移动文物	
212	本溪市	溪湖区	中共辽宁省分委和本溪市委机关旧址	一般不可移动文物	
213	本溪市	溪湖区	红石砬子高射炮阵地遗址	市级文物保护单位	
214	本溪市	明山区	本溪烈士纪念馆	一般不可移动文物	
215	本溪市	明山区	高台子镇革命烈士陵园	一般不可移动文物	
216	本溪市	明山区	辽东军区领导机关旧址	一般不可移动文物	
217	本溪市	明山区	辽宁省第二次各界人民代表大会旧址	一般不可移动文物	
218	本溪市	明山区	林枫、凯丰旧居	一般不可移动文物	
219	本溪市	明山区	彭真、罗荣桓旧居	一般不可移动文物	
220	本溪市	明山区	平顶山战斗遗址	市级文物保护单位	

序号	行政区域		名称	级别	备注
	市名	县名			
221	本溪市	明山区	水楼子山战斗遗址	一般不可移动文物	
222	本溪市	明山区	萧劲光、伍修权旧居	一般不可移动文物	
223	本溪市	明山区	中共中央东北局和东北民主联军总部机关旧址	一般不可移动文物	
224	本溪市	南芬区	大冰沟抗联密营遗址	县级文物保护单位	
225	本溪市	南芬区	苗可秀烈士陵园	县级文物保护单位	
226	本溪市	南芬区	苗可秀故居旧址	一般不可移动文物	
227	本溪市	南芬区	南芬革命烈士陵园	县级文物保护单位	
228	本溪市	高新区	石桥子烈士陵园	一般不可移动文物	
229	本溪市	高新区	柜子山战壕遗址	一般不可移动文物	
230	本溪市	高新区	张其寨革命烈士陵园	一般不可移动文物	
231	丹东市	元宝区	辽东省人民政府旧址	省级文物保护代为	
232	丹东市	元宝区	抗美援朝烈士陵园	市级文物保护单位	
233	丹东市	元宝区	元宝区抗美援朝烈士陵园	市级文物保护单位	
234	丹东市	振兴区	中国人民志愿军第十三兵团炮兵指挥所旧址	省级文物保护单位	
235	丹东市	振兴区	辽东解放烈士纪念塔	省级文物保护单位	
236	丹东市	振兴区	中朝人民空军联合司令部指挥所旧址群	市级文物保护单位	
237	丹东市	振兴区	浪头机场师级轮战指挥所旧址群	市级文物保护单位	
238	丹东市	振兴区	丹东市鸭绿江上桥—中朝友谊桥	市级文物保护单位	
239	丹东市	振兴区	抗美援朝战争安东铁路战时指挥所旧址	市级文物保护单位	
240	丹东市	振兴区	丹东市抗美援朝烈士陵园	市级文物保护单位	
241	丹东市	振兴区	中国人民志愿军入朝前司令部旧址	市级文物保护单位	
242	丹东市	振兴区	丹东市文化宫	市级文物保护单位	
243	丹东市	振兴区	安东市公署旧址（安东市人民政府旧址）	市级文物保护单位	
244	丹东市	振兴区	锦江山公园历史建筑遗址群	市级文物保护单位	
245	丹东市	振兴区	中朝人民空军联合司令部	一般不可移动文物	
246	丹东市	振兴区	浪头机场洋子泡机窝群遗址	一般不可移动文物	
247	丹东市	振兴区	四道沟抗美援朝烈士墓群	一般不可移动文物	
248	丹东市	振兴区	站前广场毛主席雕像	一般不可移动文物	
249	丹东市	振兴区	苏联红军楼旧址	一般不可移动文物	
250	丹东市	振兴区	志愿军总医院警卫排驻地旧址	一般不可移动文物	
251	丹东市	振兴区	丘沟烈士墓群	一般不可移动文物	
252	丹东市	振兴区	振兴区烈士陵园	县级文物保护单位	
253	丹东市	振兴区	王文斌烈士墓	一般不可移动文物	
254	丹东市	振安区	任国桢故居	省级文物保护单位	
255	丹东市	振安区	马市村浮桥遗址	省级文物保护单位	
256	丹东市	振安区	鸭绿江浮桥遗址	省级文物保护单位	
257	丹东市	振安区	青枫林七烈士墓	市级文物保护单位	
258	丹东市	振安区	振安区烈士陵园	市级文物保护单位	
259	丹东市	振安区	汤山城烈士陵园	市级文物保护单位	
260	丹东市	东港市	抗美援朝战争大东沟机场空军轮战部队指挥所遗址群	市级文物保护单位	
261	丹东市	东港市	抗美援朝战争大孤山机场地下指挥所遗址	市级文物保护单位	
262	丹东市	东港市	衙门山战役遗址	市级文物保护单位	
263	丹东市	东港市	薛家大院包围战纪念地	市级文物保护单位	
264	丹东市	东港市	油盘沟伏击战纪念地	市级文物保护单位	
265	丹东市	东港市	前阳烈士陵园	市级文物保护单位	

序号	行政区域		名称	级别	备注
	市名	县名			
266	丹东市	东港市	解岭战役遗址	市级文物保护单位	
267	丹东市	东港市	东土城开拓团团部旧址	市级文物保护单位	
268	丹东市	东港市	邓铁梅司令部旧址	市级文物保护单位	
269	丹东市	东港市	甲午海战无名将士墓	市级文物保护单位	
270	丹东市	东港市	周桓故居	县级文物保护单位	
271	丹东市	东港市	孤山烈士墓	县级文物保护单位	
272	丹东市	东港市	龙王庙烈士纪念碑	县级文物保护单位	
273	丹东市	东港市	下岗烈士墓	县级文物保护单位	
274	丹东市	东港市	窟窿山军火接收处	县级文物保护单位	
275	丹东市	东港市	老妈洞遗址	县级文物保护单位	
276	丹东市	东港市	义勇军围攻大孤山十二神庄司令部	县级文物保护单位	
277	丹东市	东港市	韩学信烈士墓	一般不可移动文物	
278	丹东市	东港市	刘东城烈士墓	一般不可移动文物	
279	丹东市	东港市	王义烈士墓	一般不可移动文物	
280	丹东市	东港市	孤山乡烈士墓	一般不可移动文物	
281	丹东市	东港市	太平山烈士墓	一般不可移动文物	
282	丹东市	东港市	范家山烈士墓	一般不可移动文物	
283	丹东市	东港市	宋家堡无名烈士墓	一般不可移动文物	
284	丹东市	东港市	北赵堡烈士墓	一般不可移动文物	
285	丹东市	东港市	周志林烈士墓	一般不可移动文物	
286	丹东市	东港市	庙岭烈士墓	一般不可移动文物	
287	丹东市	东港市	金崮烈士墓	一般不可移动文物	
288	丹东市	东港市	刘同先墓	一般不可移动文物	
289	丹东市	东港市	前阳机场油料库旧址	一般不可移动文物	
290	丹东市	凤城市	凤城义勇军活动纪念地	市级文物保护单位	
291	丹东市	凤城市	凤北抗联活动旧址	市级文物保护单位	
292	丹东市	凤城市	凤凰山解放纪念塔	市级文物保护单位	
293	丹东市	凤城市	解放战争新开岭战役遗址遗迹群	市级文物保护单位	
294	丹东市	凤城市	红军洞金日成革命活动纪念地	县级文物保护单位	
295	丹东市	凤城市	热河茔	县级文物保护单位	
296	丹东市	凤城市	尖哨山北坡烈士墓	县级文物保护单位	
297	丹东市	凤城市	王珉贞烈士墓	县级文物保护单位	
298	丹东市	凤城市	凤城市烈士陵园	县级文物保护单位	
299	丹东市	凤城市	西山烈士墓群	县级文物保护单位	
300	丹东市	凤城市	大湾烈士陵园	县级文物保护单位	
301	丹东市	凤城市	郭天禄烈士墓	县级文物保护单位	
302	丹东市	凤城市	通远堡烈士陵园	县级文物保护单位	
303	丹东市	凤城市	刘长英烈士墓	县级文物保护单位	
304	丹东市	凤城市	包乾烈士墓	一般不可移动文物	
305	丹东市	凤城市	望马山战壕	一般不可移动文物	
306	丹东市	凤城市	龙台山工事	一般不可移动文物	
307	丹东市	凤城市	太阳村烈士墓	一般不可移动文物	
308	丹东市	凤城市	苇子沟门烈士墓	一般不可移动文物	
309	丹东市	凤城市	张立忠烈士墓	一般不可移动文物	
310	丹东市	凤城市	二道河烈士墓	一般不可移动文物	
311	丹东市	凤城市	弟兄山镇烈士陵园	一般不可移动文物	

续表

序号	行政区域		名称	级别	备注
	市名	县名			
312	丹东市	凤城市	李鸿杰烈士墓	一般不可移动文物	
313	丹东市	凤城市	车家岭烈士墓群	一般不可移动文物	
314	丹东市	宽甸满族自治县	抗联统战指挥部旧址	市级文物保护单位	
315	丹东市	宽甸满族自治县	抗联遗址	市级文物保护单位	
316	丹东市	宽甸满族自治县	杨洞抗联旧址	市级文物保护单位	
317	丹东市	宽甸满族自治县	水丰大坝	市级文物保护单位	
318	丹东市	宽甸满族自治县	峥嵘山革命烈士纪念塔	市级文物保护单位	
319	丹东市	宽甸满族自治县	青椅山机场	市级文物保护单位	
320	丹东市	宽甸满族自治县	宽甸抗联游击区根据地遗址群	市级文物保护单位	
321	丹东市	宽甸满族自治县	抗美援朝战争长甸遗址群	市级文物保护单位	
322	丹东市	宽甸满族自治县	张海川故居	县级文物保护单位	
323	丹东市	宽甸满族自治县	梁基瑕墓	县级文物保护单位	
324	丹东市	宽甸满族自治县	口袋沟门义烈碑	县级文物保护单位	
325	丹东市	宽甸满族自治县	柳麟锡墓	县级文物保护单位	
326	丹东市	宽甸满族自治县	左子元烈士墓	县级文物保护单位	
327	丹东市	宽甸满族自治县	誓报血仇碑	县级文物保护单位	
328	丹东市	宽甸满族自治县	小陀山革命烈士陵园	县级文物保护单位	
329	丹东市	宽甸满族自治县	新开岭战役四纵队炮团阵地遗址	县级文物保护单位	
330	丹东市	宽甸满族自治县	灌水烈士陵园	县级文物保护单位	
331	丹东市	宽甸满族自治县	大川头革命烈士陵园	县级文物保护单位	
332	丹东市	宽甸满族自治县	杨木川革命烈士陵园	县级文物保护单位	
333	丹东市	宽甸满族自治县	黑沟烈士墓	一般不可移动文物	
334	丹东市	宽甸满族自治县	左子元驻地旧址	一般不可移动文物	
335	丹东市	宽甸满族自治县	钓鱼台伏击战斗址	一般不可移动文物	

序号	行政区域		名称	级别	备注
	市名	县名			
336	丹东市	宽甸满族自治县	左子元部整编纪念地	一般不可移动文物	
337	丹东市	宽甸满族自治县	步达远街战斗遗址	一般不可移动文物	
338	丹东市	宽甸满族自治县	杨家店抗联遗址	一般不可移动文物	
339	丹东市	宽甸满族自治县	长条沟抗联遗址	一般不可移动文物	
340	丹东市	宽甸满族自治县	大错草沟抗联战士牺牲地	一般不可移动文物	
341	丹东市	宽甸满族自治县	立碑岭战役旧址	一般不可移动文物	
342	丹东市	宽甸满族自治县	牛毛坞争夺战纪念地	一般不可移动文物	
343	丹东市	宽甸满族自治县	梁基瑕牺牲地	一般不可移动文物	
344	丹东市	宽甸满族自治县	朝鲜独立军四道沟密营遗址	一般不可移动文物	
345	丹东市	宽甸满族自治县	抗联旅长于万利牺牲地遗址	一般不可移动文物	
346	丹东市	宽甸满族自治县	狗鱼汀战斗遗址	一般不可移动文物	
347	丹东市	宽甸满族自治县	磐岭阻击战遗址	一般不可移动文物	
348	丹东市	宽甸满族自治县	抗联统战大会纪念地	一般不可移动文物	
349	丹东市	宽甸满族自治县	尖哨山工事遗址	一般不可移动文物	
350	丹东市	宽甸满族自治县	通江工事遗址	一般不可移动文物	
351	丹东市	宽甸满族自治县	马架子后山烈士墓	一般不可移动文物	
352	丹东市	宽甸满族自治县	东山工事遗址	一般不可移动文物	
353	丹东市	宽甸满族自治县	四道沟朝鲜义军战士墓	一般不可移动文物	
354	丹东市	宽甸满族自治县	高丽沟抗联临时野战医院遗址	一般不可移动文物	
355	丹东市	宽甸满族自治县	二道沟古庙遗址群	一般不可移动文物	
356	丹东市	宽甸满族自治县	韩家大院旧址	一般不可移动文物	
357	丹东市	宽甸满族自治县	张海川家族墓地	一般不可移动文物	
358	丹东市	宽甸满族自治县	西堡子烈士墓	一般不可移动文物	

序号	行政区域		名称	级别	备注
	市名	县名			
359	丹东市	宽甸满族自治县	郎大户抗联烈士墓	一般不可移动文物	
360	丹东市	宽甸满族自治县	街上烈士墓	一般不可移动文物	
361	丹东市	宽甸满族自治县	韩家大院烈士墓	一般不可移动文物	
362	丹东市	宽甸满族自治县	老人沟烈士墓	一般不可移动文物	
363	丹东市	宽甸满族自治县	龙庙砬子山烈士墓	一般不可移动文物	
364	丹东市	宽甸满族自治县	马道遗址	一般不可移动文物	
365	丹东市	宽甸满族自治县	新开岭战役指挥部遗址	一般不可移动文物	
366	丹东市	宽甸满族自治县	新开岭战役四纵队第十师指挥部遗址	一般不可移动文物	
367	丹东市	宽甸满族自治县	青椅山烈士陵园	一般不可移动文物	
368	丹东市	宽甸满族自治县	王长民烈士墓	一般不可移动文物	
369	丹东市	宽甸满族自治县	夹板沟烈士墓	一般不可移动文物	
370	丹东市	宽甸满族自治县	墩台山烈士墓	一般不可移动文物	
371	丹东市	宽甸满族自治县	四两银子沟烈士墓	一般不可移动文物	
372	丹东市	宽甸满族自治县	西山烈士墓	一般不可移动文物	
373	丹东市	宽甸满族自治县	小蒿子沟工事遗址	一般不可移动文物	
374	丹东市	宽甸满族自治县	黄花甸烈士墓	一般不可移动文物	
375	丹东市	宽甸满族自治县	太平哨后山烈士墓	一般不可移动文物	
376	丹东市	宽甸满族自治县	腰带后山烈士墓	一般不可移动文物	
377	丹东市	宽甸满族自治县	杉松沟烈士墓	一般不可移动文物	
378	丹东市	宽甸满族自治县	青山沟烈士陵园	一般不可移动文物	
379	丹东市	宽甸满族自治县	石柱子烈士墓纪念碑	一般不可移动文物	
380	丹东市	宽甸满族自治县	楼山烈士墓	一般不可移动文物	
381	丹东市	宽甸满族自治县	大台子吕广平烈士墓	一般不可移动文物	

序号	行政区域		名称	级别	备注
	市名	县名			
382	丹东市	宽甸满族自治县	前山烈士墓	一般不可移动文物	
383	丹东市	宽甸满族自治县	西山工事遗址	一般不可移动文物	
384	丹东市	宽甸满族自治县	步达远烈士墓	一般不可移动文物	
385	丹东市	宽甸满族自治县	桦树岭烈士墓	一般不可移动文物	
386	丹东市	宽甸满族自治县	张家堡子烈士墓	一般不可移动文物	
387	丹东市	宽甸满族自治县	铁路子烈士墓	一般不可移动文物	
388	丹东市	宽甸满族自治县	何家街西山战斗遗址	一般不可移动文物	
389	丹东市	宽甸满族自治县	酒局子革命烈士墓	一般不可移动文物	
390	丹东市	宽甸满族自治县	柳树杨沟烈士墓	一般不可移动文物	
391	丹东市	宽甸满族自治县	袁峰汉烈士墓	一般不可移动文物	
392	丹东市	宽甸满族自治县	东山工事遗址	一般不可移动文物	
393	丹东市	宽甸满族自治县	井湾沟烈士墓	一般不可移动文物	
394	丹东市	宽甸满族自治县	拉古哨烈士陵园	一般不可移动文物	
395	丹东市	宽甸满族自治县	台山子工事遗址	一般不可移动文物	
396	丹东市	宽甸满族自治县	曲吕川抗美援朝烈士陵园	一般不可移动文物	
397	丹东市	宽甸满族自治县	龙头烈士墓群	一般不可移动文物	
398	丹东市	宽甸满族自治县	大北沟烈士墓	一般不可移动文物	
399	丹东市	宽甸满族自治县	白家沟烈士墓	一般不可移动文物	
400	丹东市	宽甸满族自治县	北山革命烈士陵园	一般不可移动文物	
401	丹东市	宽甸满族自治县	宽甸抗美援朝烈士陵园	一般不可移动文物	
402	丹东市	宽甸满族自治县	虎山烈士纪念碑	一般不可移动文物	
403	锦州市	义县	朱瑞将军牺牲地	市级文物保护单位	
404	锦州市	义县	马子丹牺牲地	市级文物保护单位	
405	锦州市	义县	义县烈士陵园	县级文物保护单位	
406	锦州市	黑山县	黑山阻击战101高地遗址	省级文物保护单位	

续表

序号	行政区域 市名	县名	名称	级别	备注
407	锦州市	黑山县	黑山天主教堂（二十八师战时指挥所）	省级文物保护单位	
408	锦州市	黑山县	辽沈战役四十二军烈士墓	市级文物保护单位	
409	锦州市	黑山县	励家烈士陵园	县级文物保护单位	
410	锦州市	黑山县	黑山烈士陵园	县级文物保护单位	
411	锦州市	黑山县	黑山阻击战"九五"高地遗址	县级文物保护单位	
412	锦州市	黑山县	小东革命烈士纪念塔	县级文物保护单位	
413	锦州市	黑山县	佟屯渡槽	县级文物保护单位	
414	锦州市	黑山县	红旗高灌站	县级文物保护单位	
415	锦州市	黑山县	双山子烈士墓	一般不可移动文物	
416	锦州市	古塔区	梁士英炸地堡遗址	省级文物保护单位	
417	锦州市	古塔区	白老虎屯战斗遗址	省级文物保护单位	
418	锦州市	古塔区	交通大学战斗遗址	市级文物保护单位	
419	锦州市	松山新区	生生果园	市级文物保护单位	
420	锦州市	凌海市	萧军墓	省级文物保护单位	
421	锦州市	凌海市	凌海市烈士陵园	县级文物保护单位	
422	锦州市	凌海市	沈家台镇烈士墓	一般不可移动文物	
423	锦州市	凌海市	四烈士陵园	一般不可移动文物	
424	锦州市	凌海市	余积镇烈士陵园	一般不可移动文物	
425	锦州市	凌海市	大凌河桥头战斗烈士陵园遗址	一般不可移动文物	
426	锦州市	凌海市	三台子镇革命烈士纪念碑	一般不可移动文物	
427	锦州市	凌海市	彭屯革命烈士陵园	一般不可移动文物	
428	锦州市	凌海市	萧军故居	市级文物保护单位	
429	锦州市	北镇	中共沟帮子铁路党支部活动旧址	省级文物保护单位	
430	锦州市	北镇	小东沟革命烈士纪念塔	县级文物保护单位	
431	锦州市	北镇	棉花山革命烈士纪念塔	县级文物保护单位	
432	锦州市	北镇	富屯乡革命烈士纪念塔	县级文物保护单位	
433	锦州市	北镇	汪家坟革命烈士纪念塔	县级文物保护单位	
434	锦州市	北镇	抗日义勇军第十二军指挥部旧址	县级文物保护单位	
435	锦州市	北镇	万紫山革命烈士纪念塔	县级文物保护单位	
436	锦州市	北镇	旧站山革命烈士纪念塔	县级文物保护单位	
437	锦州市	古塔区	辽沈战役纪念馆辽沈战役革命烈士纪念塔	省级文物保护单位	
438	锦州市	古塔区	辽沈战役纪念馆配水池战斗遗址	省级文物保护单位	
439	锦州市	古塔区	辽沈战役纪念馆东北野战军锦州前线指挥所旧址	省级文物保护单位	
440	营口市	大石桥市	大石桥市烈士陵园	县级文物保护单位	
441	营口市	大石桥市	路公墓	县级文物保护单位	
442	营口市	大石桥市	水源镇烈士陵园	县级文物保护单位	
443	营口市	大石桥市	宋光墓	县级文物保护单位	
444	营口市	大石桥市	丁隽一墓	县级文物保护单位	
445	营口市	盖州市	杨运墓	市级文物保护单位	
446	营口市	盖州市	罗长维烈士塔	县级文物保护单位	
447	营口市	盖州市	英雄岗烈士陵园	县级文物保护单位	
448	营口市	盖州市	穆岳烈士墓	县级文物保护单位	
449	营口市	盖州市	盖州烈士陵园	县级文物保护单位	
450	营口市	盖州市	万福烈士陵园	一般不可移动文物	
451	营口市	老边区	老边区烈士陵园	一般不可移动文物	

序号	行政区域		名称	级别	备注
	市名	县名			
452	营口市	站前区	营口市革命烈士纪念碑	一般不可移动文物	
453	阜新市	阜新蒙古族自治县	敖龙胡同烈士陵园	一般不可移动文物	
454	阜新市	阜新蒙古族自治县	苍土烈士陵园	一般不可移动文物	
455	阜新市	阜新蒙古族自治县	苑九占烈士墓	一般不可移动文物	
456	阜新市	阜新蒙古族自治县	腰沟烈士陵园	一般不可移动文物	
457	阜新市	阜新蒙古族自治县	佛寺烈士陵园	一般不可移动文物	
458	阜新市	阜新蒙古族自治县	胡宝吐烈士陵园	一般不可移动文物	
459	阜新市	阜新蒙古族自治县	县烈士陵园	一般不可移动文物	
460	辽阳市	宏伟区	白乙化故居	市级文物保护单位	
461	辽阳市	宏伟区	辽阳烈士陵园	县级文物保护单位	
462	辽阳市	太子河区	金凤信纪念碑	一般不可移动文物	
463	辽阳市	白塔区	雷锋纪念碑	一般不可移动文物	
464	辽阳市	弓长岭	弓长岭烈士陵园	县级文物保护单位	
465	辽阳市	弓长岭	贾彬烈士墓	县级文物保护单位	
466	辽阳市	文圣区	庆阳厂部楼	一般不可移动文物	
467	辽阳市	辽阳县	响山子英雄集体纪念碑	一般不可移动文物	
468	辽阳市	辽阳县	马伊屯烈士陵园	县级文物保护单位	
469	辽阳市	辽阳县	谢东屏烈士陵园	县级文物保护单位	
470	辽阳市	辽阳县	刘二堡烈士陵园	县级文物保护单位	
471	辽阳市	辽阳县	郭家烈士陵园	一般不可移动文物	
472	辽阳市	灯塔市	铧子烈士墓	县级文物保护单位	
473	辽阳市	灯塔市	赵毅旧居	一般不可移动文物	
474	辽阳市	灯塔市	李靖宇纪念碑	县级文物保护单位	
475	辽阳市	灯塔市	李兆麟将军塑像	县级文物保护单位	
476	辽阳市	灯塔市	上柳烈士陵园	一般不可移动文物	
477	辽阳市	灯塔市	佟二堡烈士墓	一般不可移动文物	
478	辽阳市	灯塔市	李兆麟将军故居	省级文物保护单位	
479	辽阳市	灯塔市	五顶山烈士陵园	一般不可移动文物	
480	铁岭市	铁岭县	阿吉烈士陵园	县级文物保护单位	
481	铁岭市	铁岭县	蔡牛革命烈士陵园	县级文物保护单位	
482	铁岭市	铁岭县	鸡冠山烈士陵园	县级文物保护单位	
483	铁岭市	铁岭县	熊官屯烈士墓	县级文物保护单位	
484	铁岭市	铁岭县	郭长贵烈士墓	一般不可移动文物	
485	铁岭市	铁岭县	李向臣烈士墓	一般不可移动文物	
486	铁岭市	铁岭县	英树沟村后岭烈士墓	一般不可移动文物	
487	铁岭市	铁岭县	大甸子烈士陵园	一般不可移动文物	
488	铁岭市	铁岭县	朝阳洞烈士陵园	一般不可移动文物	
489	铁岭市	铁岭县	李秋来烈士墓	一般不可移动文物	
490	铁岭市	铁岭县	李广成烈士墓	一般不可移动文物	

续表

序号	行政区域		名称	级别	备注
	市名	县名			
491	铁岭市	铁岭县	抗日英雄烈士墓	一般不可移动文物	
492	铁岭市	铁岭县	沙坨子战役烈士墓	一般不可移动文物	
493	铁岭市	开原市	八宝镇烈士陵园	县级文物保护单位	
494	铁岭市	开原市	八棵树烈士塔	县级文物保护单位	
495	铁岭市	开原市	白裕章烈士墓	县级文物保护单位	
496	铁岭市	开原市	红岭村革命烈士墓	县级文物保护单位	
497	铁岭市	开原市	冯云岫烈士墓	县级文物保护单位	
498	铁岭市	开原市	周建华烈士墓	县级文物保护单位	
499	铁岭市	开原市	中清河八路坟	县级文物保护单位	
500	铁岭市	开原市	保安村八路坟	县级文物保护单位	
501	铁岭市	开原市	孤榆树村烈士墓	县级文物保护单位	
502	铁岭市	开原市	莲花村烈士墓	县级文物保护单位	
503	铁岭市	开原市	马家寨烈士墓	县级文物保护单位	
504	铁岭市	开原市	开原烈士塔	县级文物保护单位	
505	铁岭市	开原市	爱民模范孙忠杰烈士墓	县级文物保护单位	
506	铁岭市	开原市	北富屯村革命烈士墓	县级文物保护单位	
507	铁岭市	开原市	砬子山冰洞国防工事	县级文物保护单位	
508	铁岭市	开原市	金沟子供销社旧址	一般不可移动文物	
509	铁岭市	开原市	金沟子镇三道沟机耕队原址	一般不可移动文物	
510	铁岭市	开原市	金沟子电灌站	一般不可移动文物	
511	铁岭市	开原市	下清河老村部	一般不可移动文物	
512	铁岭市	开原市	保安村老村部	一般不可移动文物	
513	铁岭市	开原市	马家寨水库输水工程	一般不可移动文物	
514	铁岭市	开原市	南城子水库	一般不可移动文物	
515	铁岭市	开原市	蚂蚁岭栋房民居（青年点）	一般不可移动文物	
516	铁岭市	开原市	英石寨子青年点	一般不可移动文物	
517	铁岭市	昌图县	大洼爱国保田自卫战争殉国烈士纪念碑	县级文物保护单位	
518	铁岭市	昌图县	老城革命烈士纪念塔	县级文物保护单位	
519	铁岭市	昌图县	许芝革命烈士纪念塔	县级文物保护单位	
520	铁岭市	昌图县	昌图县许芝烈士陵园	县级文物保护单位	
521	铁岭市	昌图县	通江口镇烈士陵园	一般不可移动文物	
522	铁岭市	昌图县	三江口镇烈士陵园	一般不可移动文物	
523	铁岭市	昌图县	太阳山烈士陵园	一般不可移动文物	
524	铁岭市	昌图县	八面城烈士陵园	一般不可移动文物	
525	铁岭市	昌图县	东嘎村北地烈士墓	一般不可移动文物	
526	铁岭市	昌图县	东双金山堡战役烈士墓	一般不可移动文物	
527	铁岭市	昌图县	朝阳革命烈士墓	一般不可移动文物	
528	铁岭市	昌图县	毛家店山嘴子烈士墓	一般不可移动文物	
529	铁岭市	昌图县	南山八路坟烈士墓地	一般不可移动文物	
530	铁岭市	昌图县	獾子洞无名烈士墓	一般不可移动文物	
531	铁岭市	昌图县	中共昌图县委旧址	一般不可移动文物	
532	铁岭市	昌图县	通江口乡革命烈士墓	一般不可移动文物	
533	铁岭市	昌图县	付家林场烈士墓	一般不可移动文物	
534	铁岭市	昌图县	刘海廷烈士墓	一般不可移动文物	
535	铁岭市	昌图县	七家子烈士墓地	一般不可移动文物	
536	铁岭市	昌图县	腰四家子烈士墓	一般不可移动文物	

续表

序号	行政区域		名称	级别	备注
	市名	县名			
537	铁岭市	昌图县	后窑乡烈士陵园	一般不可移动文物	
538	铁岭市	昌图县	前双井子烈士陵园	一般不可移动文物	
539	铁岭市	昌图县	桂园"双堆子"烈士坟	一般不可移动文物	
540	铁岭市	昌图县	王子村烈士墓	一般不可移动文物	
541	铁岭市	昌图县	大兴庄战役烈士纪念碑	一般不可移动文物	
542	铁岭市	昌图县	何家油房烈士墓	一般不可移动文物	
543	铁岭市	西丰县	杨靖宇东北抗联第一军第三师城子山根据地遗址	县级文物保护单位	
544	铁岭市	西丰县	杨靖宇东北抗联第一军第三师老头山伏击战遗址	县级文物保护单位	
545	铁岭市	西丰县	杨靖宇东北抗联第一军第三师红草沟军民联席会议遗址	县级文物保护单位	
546	铁岭市	西丰县	西丰镇烈士陵园	县级文物保护单位	
547	铁岭市	西丰县	松树烈士塔	一般不可移动文物	
548	铁岭市	西丰县	郜家店烈士塔	一般不可移动文物	
549	铁岭市	西丰县	营厂烈士陵园	一般不可移动文物	
550	铁岭市	西丰县	振兴镇烈士陵园	一般不可移动文物	
551	铁岭市	西丰县	凉泉镇烈士纪念碑	一般不可移动文物	
552	铁岭市	西丰县	房木革命烈士陵园	一般不可移动文物	
553	铁岭市	西丰县	常隆基及无名烈士纪念碑、烈士墓	一般不可移动文物	
554	铁岭市	调兵山市	沙后所烈士陵园	一般不可移动文物	
555	铁岭市	调兵山市	调兵山市革命烈士陵园	一般不可移动文物	
556	朝阳市	凌源市	绿豆沟抗战活动旧址	市级文物保护单位	
557	朝阳市	凌源市	草帽山战壕	一般不可移动文物	
558	朝阳市	凌源市	达子洞遗址	一般不可移动文物	
559	朝阳市	凌源市	东庄围子遗址	一般不可移动文物	
560	朝阳市	凌源市	石佛沟围子遗址	一般不可移动文物	
561	朝阳市	凌源市	陈国瑞家地窖	一般不可移动文物	
562	朝阳市	凌源市	凌源烈士陵园	一般不可移动文物	
563	朝阳市	凌源市	西大岭阻击战	一般不可移动文物	
564	朝阳市	凌源市	大河北围子	一般不可移动文物	
565	朝阳市	北票市	朝阳寺	市级文物保护单位	
566	朝阳市	北票市	北票市烈士陵园	一般不可移动文物	
567	朝阳市	北票市	大板镇烈士陵园	一般不可移动文物	
568	朝阳市	北票市	西官烈士陵园	一般不可移动文物	
569	朝阳市	北票市	北塔子烈士陵园	一般不可移动文物	
570	朝阳市	北票市	马友营烈士陵园	一般不可移动文物	
571	朝阳市	北票市	长皋烈士陵园	一般不可移动文物	
572	朝阳市	北票市	常河营烈士陵园	一般不可移动文物	
573	朝阳市	北票市	五间房烈士陵园	一般不可移动文物	
574	朝阳市	北票市	上园烈士陵园	一般不可移动文物	
575	朝阳市	建平县	陈镜湖烈士陵园	市级文物保护单位	
576	朝阳市	建平县	聂耳慰问义勇军旧址	市级文物保护单位	
577	朝阳市	建平县	高体乾故居	一般不可移动文物	
578	朝阳市	建平县	东街烈士纪念碑	一般不可移动文物	
579	朝阳市	建平县	热水烈士纪念碑	一般不可移动文物	

续表

序号	行政区域 市名	行政区域 县名	名称	级别	备注
580	朝阳市	建平县	孔耀庭烈士墓	一般不可移动文物	
581	朝阳市	建平县	黑水革命烈士纪念碑	一般不可移动文物	
582	朝阳市	建平县	达子山革命烈士纪念碑	一般不可移动文物	
583	朝阳市	喀喇沁左翼蒙古族自治县	大城子烈士纪念碑	县级文物保护单位	
584	朝阳市	喀喇沁左翼蒙古族自治县	李天德故居	一般不可移动文物	
585	朝阳市	喀喇沁左翼蒙古族自治县	新沟门人圈遗址	一般不可移动文物	
586	朝阳市	喀喇沁左翼蒙古族自治县	凌建县委旧址	一般不可移动文物	
587	朝阳市	喀喇沁左翼蒙古族自治县	毙人沟纪念碑	一般不可移动文物	
588	朝阳市	喀喇沁左翼蒙古族自治县	柏木山烈士纪念碑	一般不可移动文物	
589	朝阳市	喀喇沁左翼蒙古族自治县	南公营子烈士陵园	一般不可移动文物	
590	朝阳市	喀喇沁左翼蒙古族自治县	杜德根烈士墓	一般不可移动文物	
591	朝阳市	喀喇沁左翼蒙古族自治县	醒世碑	县级文物保护单位	
592	朝阳市	朝阳县	赵尚志将军故居	市级文物保护单位	
593	朝阳市	朝阳县	赵尚志将军烈士陵园	市级文物保护单位	
594	朝阳市	朝阳县	文家沟烈士陵园	一般不可移动文物	
595	朝阳市	朝阳县	田杖子语录碑	一般不可移动文物	
596	朝阳市	龙城区	召都巴忠字塔	市级文物保护单位	
597	朝阳市	双塔区	朝阳南大桥	市级文物保护单位	
598	盘锦市	盘山县	王铁汉故居	省级文物保护单位	
599	盘锦市	盘山县	辽宁省五七干校一营旧址	市级文物保护单位	
600	盘锦市	盘山县	胡家革命烈士陵园	市级文物保护单位	
601	盘锦市	盘山县	于喜彬革命烈士纪念碑	市级文物保护单位	
602	盘锦市	盘山县	高升革命烈士陵园	市级文物保护单位	
603	盘锦市	盘山县	鲜丰五七干校旧址	市级文物保护单位	
604	盘锦市	盘山县	廿家子五七干校旧址	市级文物保护单位	
605	盘锦市	盘山县	甜水五七干校旧址	市级文物保护单位	
606	盘锦市	盘山县	后鸭厂商业部五七干校旧址	市级文物保护单位	
607	盘锦市	盘山县	沙岭革命烈士纪念碑	市级文物保护单位	
608	盘锦市	盘山县	南井子知青俱乐部旧址	市级文物保护单位	
609	盘锦市	盘山县	盘锦市第一个党员教育基地	县级文物保护单位	
610	盘锦市	盘山县	沙岭镇六间村林枫和丁文选烈士墓碑	县级文物保护单位	
611	盘锦市	盘山县	张冬梅烈士纪念塑像	一般不可移动文物	
612	盘锦市	双台子区	盘锦市烈士陵园	市级文物保护单位	
613	盘锦市	大洼区	辽河油田第一口探井	省级文物保护单位	
614	盘锦市	大洼区	盘锦农垦局旧址	省级文物保护单位	
615	盘锦市	大洼区	田庄台烈士陵园	市级文物保护单位	
616	盘锦市	大洼区	平安烈士陵园	市级文物保护单位	

续表

序号	行政区域		名称	级别	备注
	市名	县名			
617	盘锦市	大洼区	东风烈士陵园	市级文物保护单位	
618	盘锦市	大洼区	大洼烈士陵园	市级文物保护单位	
619	盘锦市	大洼区	清水革命烈士纪念碑	市级文物保护单位	
620	盘锦市	大洼区	宋任穷同志旧居	市级文物保护单位	
621	盘锦市	大洼区	赵圈河苇场旧址	市级文物保护单位	
622	葫芦岛市	连山区	塔山阻击战烈士纪念塔	省级文物保护单位	
623	葫芦岛市	连山区	连山烈士陵园	省级文物保护单位	
624	葫芦岛市	连山区	歼灭侵华日军古贺联队遗址	县级文物保护单位	
625	葫芦岛市	连山区	钟卿烈士墓	县级文物保护单位	
626	葫芦岛市	龙港区	重庆号巡洋舰起义烈士墓	市级文物保护单位	
627	葫芦岛市	南票区	歼灭松尾辐重队遗址	县级文物保护单位	
628	葫芦岛市	南票区	浑酒沟反扫荡纪念地	一般不可移动文物	
629	葫芦岛市	南票区	公主坟北山藏兵洞	一般不可移动文物	
630	葫芦岛市	南票区	营盘山烈士陵园	一般不可移动文物	
631	葫芦岛市	南票区	火台子村烈士陵园	一般不可移动文物	
632	葫芦岛市	绥中县	东洼子县政府	县级文物保护单位	
633	葫芦岛市	绥中县	辽西第一个党支部遗址	一般不可移动文物	
634	葫芦岛市	绥中县	绥中县烈士陵园	一般不可移动文物	
635	葫芦岛市	绥中县	刘福余烈士墓	一般不可移动文物	
636	葫芦岛市	绥中县	小柳烈士陵园	一般不可移动文物	
637	葫芦岛市	绥中县	小户尚烈士陵园	一般不可移动文物	
638	葫芦岛市	绥中县	山嘴子烈士墓	一般不可移动文物	
639	葫芦岛市	绥中县	李家烈士墓	一般不可移动文物	
640	葫芦岛市	绥中县	宽邦烈士陵园	一般不可移动文物	
641	葫芦岛市	绥中县	加碑岩烈士纪念碑	一般不可移动文物	
642	葫芦岛市	绥中县	黄土坡烈士纪念碑	一般不可移动文物	
643	葫芦岛市	建昌县	辽西第一党小组旧址	市级文物保护单位	
644	葫芦岛市	建昌县	建昌革命烈士陵园	县级文物保护单位	
645	葫芦岛市	建昌县	要路沟革命烈士墓地	一般不可移动文物	
646	葫芦岛市	兴城市	兴城烈士陵园	县级文物保护单位	
647	葫芦岛市	兴城市	陈英烈士墓	一般不可移动文物	
648	葫芦岛市	兴城市	三道沟乡兴城县民主政府办公旧址	一般不可移动文物	
649	葫芦岛市	兴城市	药王乡兴城县民主政府办公旧址	一般不可移动文物	
650	葫芦岛市	兴城市	三道沟乡小五沟抗日义勇军活动旧址	一般不可移动文物	